W・ブライアン・アーサー

テクノロジーとイノベーション

進化／生成の理論

有賀裕二監修
日暮雅通訳

みすず書房

THE NATURE OF TECHNOLOGY

What It Is and How It Evolves

by

W. Brian Arthur

First published by Free Press, New York, 2009

テクノロジーとイノベーション◆目次

はじめに

十代や二十代の頃に解決できなかった問題を、その後の人生で引きずる……そういうことは、よくあるのではないだろうか。当時いささか若い大学生として——入学したのは、やっと十七歳になったばかりのときだ——電気工学を勉強していた私は、試験でかなりいい点を取っていたが、それは単に数学の問題を解くコツを知っていたからというだけのことだった。自分は勉強していることの本質を理解していないのだ、ということに、何となく気づいていた。つまり、テクノロジーの本質が何かということを、わかっていなかったのだ。教授たちは、さまざまに定義してくれた。いわく、テクノロジーとは科学《サイエンス》の応用である。経済で使われる機械類と方法論の学問である。工業プロセスに関して社会がもつ知識である。工学《エンジニアリング》技術の実践法である……。だが、そのどれも私を満足させることはできなかった。どれもみな、テクノロジーのテクノロジーたるゆえんを説明してはいない。私は質問の答えを得られずに終わったのだった。

その後、大学院に進む段になって、私は工学《エンジニアリング》から離れた。経済がどのように発展・拡大していくかに興味を惹かれたからだ。私にとって、経済とは少なからずそれがもつテクノロジーから生まれるものであった。結局のところ、ある意味、経済というのは私たちが必要とするものを供給するためのテクノロジーをうまく組織したものにすぎない。したがって経済のテクノロジーが進化するにつれて、経済も進化すると考えられる。だが、もしそうだとするならば、テクノロジーはどんなふうに進化するのだろう。そして、テクノロジーはいったいどこから発生するのだろう。経済は、そのテクノロジーをどのようにして生み出すのか？　そもそも、テクノロジーとは厳密には何なのか？　私は以前と同じ疑問を抱くことになったのだった。

その後長いあいだ、私はその疑問をほとんど検討せずにいた。ところが一九八〇年代初頭になって、経済における収益逓増《インクリーシング・リターンズ》という問題を研究しているとき、再びテクノロジーに関心を惹かれたのだった。テクノロジーは、新たな工業製品と工程という形をとって――初期の自動車産業を考えて欲しい――利用され採用されることにより進歩し、その進歩がさらなる利用と採用に結びつき、ポジティブ・フィードバック、あるいは収益逓増を生み出していく。だが収益逓増は、経済にとってある種の問題を引き起こす。もし収益逓増が働くとき二つの製品（私の場合は二つのテクノロジー）が競合すれば、そのうちの先んじたほうがさらに先んじることになるので、市場を支配できることになる。だが勝者はその二つのうちのどちらになることもありうる。結果は複数ありうるのだ。とすれば、いかにしてそのどちらかが選択されるのか？　私がとったアプローチは、ランダムな事象が固有のポジティブ・フィードバックにより拡大され、時がたつうちに結果を確率的に選択するのではないかというものだった。収益逓増の状態は、それを（部分的に）確率過程として見るならば、分析できるだろうと。このアイデアはうまくいった。

適切な例を見つけるため、一九八一年に私はいくつかのテクノロジーに注目し、それがどう発達していくかを見守った。その結果は私の理論を証明するものだったのだが、そのとき注意を惹かれたのは、収益逓増とは直接関わりのない、初めのうちは漠然としかわからないことだった。新しいテクノロジーとは、どこからともなく現れる〝発明《インベンション》〟のようなものではないということに、気づいたのだ。私が注目した例はいずれも、すでに存在するテクノロジーを寄せ集め、組み立てて創造されたものだった。言い換えるなら、テクノロジーとは、それとは別のテクノロジーから成り立つものであり、ほかのテクノロジーの〝組み合わせ《コンビネーション》〟として生まれるものなのである[1]。この認識は非常にシンプルなものだったので、当初は特に重要と思えなかった。しかし、もし新しいテクノロジーが既存のものから組み立てられるのなら、総体的に考えれば、テクノロジーは自分自身を創造していくということになると、私は気づいた。のちにフランシスコ・ヴァレラとウンベルト・マトゥラーナの自己産出《セルフプロデューシング》システムに関する研究と出会った私は、テクノロジーはオートポイエーシス的な(あるいは自己創出《セルフクリエイティング》をする)ものであると言えるようになるわけだが、一九八〇年代なかばはまだヴァレラやマトゥラーナのことを知らなかった。当時の私にできたのは、オブジェクトが自らを創出する宇宙を凝視して、こうして自己創出された結果に驚嘆することだけだった。

そのうち、テクノロジーの発明と進化の現実的なメカニズムという、それまでの理論では十分に扱われてこなかったことを理解するためのキーは、〝組み合わせ《コンビネーション》〟にあるのではないかということが、しだいにはっきりしてきた。ある種のメカニズムに関しては、この考えがぴったりすることが一九九

○年代にわかったが——一九九四年に私は〝構造の深化《ストラクチュラル・ディープニング》〟という考えを発表した——ほかのメカニズムについては漠然としかわかっていなかった。

一方、一九九〇年代の私はほかの問題に熱中していた——主に経済における複雑性と認知の問題を研究していたのだ。そして二〇〇〇年頃になってから、再びテクノロジーがいかにして創造されるかということを体系的に考えはじめ、その結果しだいに気づきはじめたのは、〝組み合わせ〟以外の要素が関係しているということだ。テクノロジーは、アセンブリ（組立部品）と下位アセンブリという〝パーツ〟から成っており、そのパーツ自身もまたテクノロジーである。したがって、テクノロジーは再帰的構造をもっている。そしてすべてのテクノロジーは、それ自身が利用するある種の効果としての現象——たいていは複数の現象——に、基づいている。総体的に考えるなら、テクノロジーは現象を取り込んでそれを活用することによって、発展していくのである。私はまた、経済とは昔自分が暗黙のうちに教えられていたようなテクノロジーの〝容器〟などではないという見方もしはじめていた。経済はテクノロジーの結果として生じるものだ。経済は私たちがニーズを満足させるために使う生産方法と、法的および組織的な取り決めから生じる。したがって経済は、さまざまな現象とその組み合わせの結果を取り込むことで生まれていくのである。

こうした考えを追求するうち、私はスタンフォード大学の図書館書庫でテクノロジーに関する著作を読み漁るようになった。最初のうち、それは膨大な量に思えたが、総体としてのテクノロジーの複雑さや興味深さの程度は経済学や法律学と同程度だということを考えれば、不思議なくらい小規模なのだということに気づいた。特定のテクノロジー、たとえばコンピュータ技術やバイオテクノロジーといった最先端の分野については、多くの著作が——大量のテキストブックがある。だが、テクノロジーの本質、イノベーションの本質、イノベーションが誘発するテクノロジーの進化の本質といったことになると、その数は少ないのだった。エンジニアやフランスの哲学者による、テクノロジーについての瞑想を扱った本。あるいはテクノロジーの選択と普及の研究書。社会がテクノロジーに与える影響とテクノロジーが社会に与える影響の理論。そしてテクノロジーがいかに立案され発達していくかの研究。そうした著作はあるが、私が求めていたのはもっと深いものだった。私が欲しかったのは、テクノロジーの背後にある原理《プリンシプル》や、テクノロジーを構造化しその発展のしかたを決定づける共通のロジックに関する議論だったが、そうしたものは見つからなかった。テクノロジーの全体を扱った理論はなかったのだ。

この本で書いていくのは、そうした、私がようやく見つけたテクノロジーに関する議論である。それらはみな、哲学者やエンジニア、社会科学者、歴史家などわずかな数の思索家グループによって生み出されたものだ。しかも、そのすべてが有用なものである。しかし、その中でも最も有用なものは、歴史家たちによる、特定のテクノロジーがいかに生まれていくかについての詳細にわたる美しいケーススタディだった(2)。テクノロジーの本質とそのイノベーションについて多くを発言するのが、なぜよりにもよって歴史家なのだろうと、私は戸惑いを覚えたものだ。だが、のちに気づいたのは、世界での出来事は戦争と条約からよりもテクノロジーから発生する場合のほうがはるかに多く、世界がどのように自身を形づくってきたかについて歴史家が興味を抱くのは当然だ、ということだった。したがって、テクノロジーがいかに生まれるかについて彼らが興味を抱くのも、自然のことだというわけである。

この本では、テクノロジーとは何か、そしてそれがいかに進化するかを論証した。それは、私が過去に行った二セットの講義、つまり一九九八年のサンタフェ研究所におけるスタニスラフ・ウラム記念講演『デジタル化と経済』と、二〇〇〇年のアイルランド国立大学ゴールウェイ校におけるケアンズ講演『先端技術と経済』に、端を発する。いずれの連続講義からも題材を拾っているが、主としてケアンズ講演のほうから論を築いたと言えよう。

本書の執筆に先だって、いくつか決心しなくてはならないことがあった。ひとつは、平易な（平易になっていることを願うのだが）書き方をすること。私は職業柄、そして生来の理論家であることから、そうしなくてはと考えると、いささか恐慌をきたした。堅い内容を一般読者向けの本として書くことは百年以上の昔から普通にあることだが、今日ではそのためには、飾りなしに書くという義務を負うことになる。私の得意分野である経済とエンジニアリングの本であれば、これまで何度もやってきたように、専門的で神秘的な術語で論を展開することによって、あっぱれな腕前を披露できるものなのに。

それでも、いくつかの理由から、堅い内容でありながら一般読者にも読んでもらえる本にするという考えのほうがまさった。まず、もともと飾らず取り組めるテーマだからそうできるのだということ。これまでにあまり詳しく掘り下げられたことのないテーマだから、専門的な奥義などは必要ないのだ。また、テクノロジーはあまりにも重要であり、専門家だけに任せておくわけにはいかないし、一般読者が関わるべきものであると、私は思っている。そして特に、私が大いに美しいテーマだと思うもの、自然のロジックに支えられていると思うものについて、広く関心をよび起こしたいという気持ちもあった。

テクノロジーにおいてやっかいなのは、その用語である。そのことには、あらかじめ私も気づいていた。多用される用語の多く、つまり〝テクノロジー〟そのものから、〝イノベーション〟〝テクニック〟といった語は、意味のうえで重なり合い、しばしば矛盾する。〝テクノロジー〟には主なものだけでもざっと五つ六つの意味があり、そのうちいくつかは相容れないものだ。さらに、感情的な連想を含む用語もある。〝発明《インベンション》〟といえば、発明家がひとりでガラクタ相手に苦心している図を彷彿させ、新たなテクノロジーはとんでもない天才のひたいから湧き出すものであって特定の起源をもつものではないという通俗的な考えをあおるだろう。テクノロジーを考察するうえでの困難は、その多くが用語の不明確な使い方にあると、私は気づきはじめた。そこで、議論を展開しながら、気がつくとまるで数学者のように用語をきっちり定義しては、しかるのちそこから論理的に導かれる結果や特性を書き表すようになっていた。結果として、読んでおわかりのとおり、一貫して――そして必然的に――用語と、それがテクノロジーにおいてどう使われるかにこだわっている。また、若干の新しい用語も導入せざるをえなかった。それは避けたかったのだが、議論に不可欠だったためそっとすべり込ませたものもある。

もうひとつ決心しなくてはならなかったのが、事例についてで、できるだけ広範囲から選ぶことにした。事例を限られた範囲にとどめて私の言わんとするところを例証するほうが、もっと都合はよかったのかもしれない。先見の明ある出版者のひとりは、鉛筆のような単純な事例にとどめておいたほうがいいと提案してくれた。しかし、コンピュータ・アルゴリズムからビールの醸造、発電所、鉛筆製造、携帯端末、そしてDNA配列技術まで、テクノロジーにはあらゆる種類の例にあてはまるロジックが存在するというのが、私の主張である。したがって、事例はあらゆる分野に及ぶことになった。理解しやすくするため、また余計な説明を省くため、読者になじみのありそうなテクノロジーを選んだつもりだ。

この本が扱っていないことについても、ひとつふたつ書いておきたい。本書には、社会とその環境の未来においてテクノロジーが約束することや、それがもたらす脅威については、書いていない。これらは重要なことではあるが、私が議論する内容ではないからだ。また、本書は特定のテクノロジーや、これから供給に出されてくる新たなテクノロジーに関する本でもない。エンジニアリングの過程を包括的に概観するようなものでもない。そうしたことはすでに十分になされているからだ。テクノロジーの創造における人間の役割を議論するものでもない。テクノロジーが生み出される過程のあらゆるステップにおいて、確かに人間は必要となる。だがここでは、そのプロセスを駆動する人間でなく、ロジックだけに集中しているのだ。ごく初期から私は、自分の主張に直接関係のあるトピックのみを議論することに決めていた。したがって、いくつかの価値あるトピックについては、話のついでに言及するにとどまっている。イノベーションの社会科学、テクノロジーの選択と普及、コスト主導か需要主導かのアイデア、機関と学会の役割、テクノロジーの歴史などだ。これらはみな重要な話題だが、本書では議論していない。

また、本書にはテクノロジーに関する著作に触れることも多いが、それらを批評するものではない。本書のような分野の研究は、陸路によって初めて北米の太平洋岸北西部に到達した、あのルイスとクラークの探険のようなものではなかろうか、と私は思う。彼らはよく知ったテリトリーからスタートし、すぐに未知の土地に入りこんだが、あちこちで、すでに先住民がいる地域にぶつかった。この本における探険も同じようなものだ。私たちもまた、かつてこのテリトリーにいた先住民に出会う——ここにはハイデガーがすでに足跡を残していたし、シュンペーターの足型はいたるところにあるのだ。そのつど私は彼らのことに言及するが、先人たちの著作に関する議論は、主として注に書くだけにしておくつもりである。このテリトリーをかつて旅した探険者で、私が見逃している人物があれば、お詫び申しあげるしかない。

最後に免責事項をひとつだけ。テクノロジーに関する本を書いたからといって、私がテクノロジーに好意的であるとは考えないでいただきたい。腫瘍学者はガンに関する本を書くが、だからといって、読者がガンになって欲しいと思っているわけではない。私はテクノロジーとそれがもたらすものに関しては、懐疑的なのである。ただ、認めなければならないこともある。私はサイエンスを熱愛しているし、テクノロジーのもたらすマジックに魅了されてもいるのだ。そして白状するが、大の飛行機好きである。さらには、旧式の無線機器も。

W・ブライアン・アーサー
ニューメキシコ州、サンタフェ研究所
カリフォルニア州、パロアルト研究所　インテリジェント・システム・ラボ

第1章　疑問

テクノロジーに接するときの私の態度は、さまざまだ。テクノロジーを使うことは当たり前だと思っている。便利に使っているが、不満を感じるときもある。それに、私たちの生活にとってテクノロジーとは何なのだろうと、ぼんやりとした疑念を感じている。その一方、人間が作りあげてきたテクノロジーというものに対して、驚異の念を覚えもする。つい最近、ピッツバーグ大学の研究者たちは、猿の脳に電極を埋め込み、猿が機械の腕を動かせる技術を開発した。(1) その猿は顔を動かしたり瞬いたりせず、体も動かさずに、考えただけで腕を動かせるのだった。

この技術の背後にある仕組みは、とてつもなく複雑なわけではない。それを構成しているのは、猿の脳の信号を感知する回路と、信号を機械的な動きに変換するプロセッサと機械的作動装置、猿の脳に触覚をフィードバックする別の回路という、電子工学とロボット工学技術の標準的パーツだ。本当にすぐれているのは、動きを「意図する」神経回路を理解して適切に活用し、これらの回路を使って猿が腕を動かせるようにしたことである。このテクノロジーが機能障害をもつ人々にとって朗報であることは、明らかだ。しかし、私が感嘆するのはそこではない。私が感嘆するのは、回路と機械的リンケージ――つまるところ、シリコン部品と銅の配線、金属片と小さなギアだ――を統合して、ただ考えるだけで反応して動くようにしたことなのである。

こんなことができるのかと目を見張るものは、ほかにもある。金属合金の部品と化石燃料を組み合わせて、音速に近い高速で空を飛ぶこと。原子核のスピンのかすかな信号を体系づけて、脳の中の神経回路の映像を作りあげること。酵素の一種を使ってＤＮＡの小さな分子を切り取り、細菌の細胞内に移植すること。こんなことが可能だとは、二、三世紀前には想像すらできなかった。私たちがそれを可能にしてきたことに、感嘆の念を覚えるのだ。

ほとんどの人は、立ち止まってテクノロジーについてじっくり考えたりしない。テクノロジーは役に立つが、私たちの世界の裏に隠れているものだ。しかしまた――私にまた別の驚異の念を起こさせることでもあるが――裏に隠れているテクノロジーがその世界を作りあげてもいる。私たちが住んでいる人間界を作りあげているのだ。ある朝目覚めると、不思議な魔法のせいで過去六〇〇年に出現したテクノロジーが突然消え失せてしまっていたと想像して欲しい。トイレやコンロ、コンピュータや車が消えているだけでなく、鉄とコンクリートのビルや大量生産品もなく、公衆衛生も存在しない。蒸気機関もなければ近代農業もなく、株式会社も印刷機械も存在しない。現代世界も消滅してしまっている。しかし、そんなことが私たちすべてに降りかかったとしても、まだ私たちにはアイデアと文化があるし、子供たちと伴侶がいる。それに、テクノロジーも残っている。水車もあるし、鋳造所も牛車もある。麻布もフード付き外套もあるし、大聖堂を建設できる洗練されたテクノロジーさえもっている。とはいえ、私たちは再び中世に生きることになるのだ。テクノロジーは、私たちを中世と隔てるものである。それこそが、五万年前の生活から私たちを隔てている。私たちの世界を作りあげているのは、ほかの何よりもテクノロジーだ。それが私たちの富や経済、それに私たちの存在そのものを作りあげているのである。

では、テクノロジーはなぜそれほど重要なのだろうか。テクノロジーの本質とは何であり、その核心部分にあるのは何なのだろうか。それは何に由来し、どのように進化するのだろう。

私が本書で問いかけていくのは、こうした疑問である。

テクノロジーを単に受け入れるだけで、その背後にある大きな疑問などあまり気にしないこともできるだろう。だが私は——実は熱烈に——テクノロジーとは何なのか、どのようにして生まれたのかを理解することが大切だと信じている。テクノロジーが私たちの世界のほとんどを作りあげているから、という理由だけではない。私たちが注目していようといまいと、歴史における現在の段階のテクノロジーは私たちに大きくのしかかっており、懸念を抱かせているからだ。確かにテクノロジーは、以前なら死んだかもしれない状況にいる子供たちを生き延びさせてくれた。私たちの寿命を延ばし、二、三世紀前の祖先たちよりはるかに快適な生活を可能にしてくれた。テクノロジーは、繁栄をもたらしてくれた。しかし同時に、きわめて大きな不安ももたらしている。

この不安の理由は、テクノロジーが問題を解決するたびに新たな問題を起こすという怖れがあるからだけではない。より深く、もっと無意識の部分から湧きあがってくるものだ。私たちはテクノロジーに期待している。生活をより良いものにし、問題を解決し、窮地から救い出し、自分自身と子供たちのために望む未来を提供してくれると期待している。しかしそれでも、人間としての私たちが適応しているのは、期待しているものではなく――つまりテクノロジーではなく――少し違うものなのだ。私たちが人間という存在の深い部分で適応しているのは、自然や元々の環境、人類の根源的な生存条件だ。自然には慣れ親しんでいるし、三〇〇万年も昔からその中で生きてきたという信頼感をもっている。自然を信用しているのだ。幹細胞再生医療などの技術に頼ったりするとき、私たちは期待感をもつ。だがほとんどすぐに、その技術がどのくらい自然なのかを考えてしまいもする。そして、テクノロジーへの大きな希望と人間としての自然への深い信頼感という、巨大で無意識な二つの力のはざまに捕らわれてしまう。この二つの力は、地殻構造プレートのようにゆっくりと長い時をかけて衝突しながら、互いを浸食していくのだ。

その衝突は今に始まったことではないが、ほかの何よりも、今という時代の特徴である。現代の重要問題と変動を絶え間なく生み出しているのは、テクノロジーだ。私たちが住む世界は、移り変わろうとしている。人の移動速度を速めたり、汗をかかせなくしたり、衣服を縫ったりというように、機械が自然の力を手助けする時代から、遺伝子工学や人工知能、体に埋め込む医療機器のように、自然を模倣し、代替するテクノロジーの時代へと移り変わっていく。テクノロジーの使い方を学ぶことで、自然の利用から、自然への直接介入へと変わりつつある。つまり、今世紀について語ることは、テクノロジーがもたらすものと、私たちが安心だと感じるものの衝突を語ることになる。テクノロジーの特質と仕組みが単純だと主張する人はいないし、経済や法律の特質と仕組みより単純だと考える理由もない。とはいえ、その特質と仕組みは、私たちの将来と懸念を決定づけつつあるのだ。

本書は、テクノロジーの利益や害悪については語らない。それについては、ほかに本がある。本書が取り組んでいくのは、私たちの世界の大半を作りあげ、無意識の不安の多くを生み出しているテクノロジーを理解することだ。

そこで、再び同じ疑問に立ち戻ることになる。テクノロジーとは何なのか。深い意味での本質とは何なのか。特性と原理は何なのか。それは何から生まれ、どのように生まれるのか。どう発展するのか。そして、どのように進化するのか、という疑問に。

欠けているもの――テクノロジーの「学《オロジー》」

出発点としては、テクノロジーについて本当は何を知っているかを問うことがいいだろう。読者はここでわかりやすい答えが示されると期待するかもしれないが、そうはいかない。実のところ、答えはほとんどパラドックスなのだ。私たちはテクノロジーについて多くを知っているが、同時にほとんど知らない。個々のテクノロジーについてはかなり知っていても、テクノロジーの全般的理解という面では、それほどでもないのだ。個々のテクノロジーの方法と手順の特性と、使っている機械についてはすべてを知っている――少なくとも、設計者たちは知っている。コンピュータのマイクロプロセッサ製造段階をすべて知っているし、プロセッサのどの部分についても、部品のどの部分についても知っている。プロセッサがどう働くかを正確に知っているし、内部を電子がどう動いていくかも知っている。それだけでなく、プロセッサがコンピュータの部品にどう装着されるのか、どのようにＢＩ

OSチップと連動し、コントローラに割り込むかを知っている。これらのことを正確に——それぞれのテクノロジーの中身を正確に——知っている。なぜなら、こまごまと配置したのは私たちなのだから。事実、テクノロジーは人類が経験した中で、最も完璧に知られているもののひとつだ。しかしその本質については——深部にある性質については——ほとんど知らないのである。

内容は知っているのに、原理についてはあまり知らないというのは、さほど珍しいことではない。二世紀ほど前、フランスの動物学者ジョルジュ・キュヴィエの時代、生物学は（当時は博物学と呼ばれていた）さまざまな種とその比較解剖学、種同士の相互関係について膨大な知識を誇っていた。キュヴィエは一七九八年に「比較解剖学は完璧の域に達し、一本の骨を調べるだけでその綱を、ときにはその動物の属までも判定できるまでになった」と書いている。[2] キュビエは少しだけ大げさだった。博物学者は実際に詳細な知識をもち、動物における系統の関連性についても深く認識していた。しかし彼らには、その知識を統合する原理のもち合わせがなかった。どのように動物が生まれたかという明確な見解をもたず、もし進化について知っていたとしても、進化が働くメカニズムについては未知だった。動物がその体の一部を変えていくことがあるのか、あるいはその変化はどのようにして起こりうるのかについて、明確な見解をもっていなかった。これらのことはすべて、のちの時代に原理が発見されてから明らかになったのだ。

テクノロジーに対して、私たちは彼らと同じ立場にある。個別のテクノロジーの歴史を知っているし、それらがどのようにして生まれたかを詳しく研究している。設計過程の分析もしている。経済的要素が技術設計にどう影響したのか、受容過程はどうだったのか、経済の中でテクノロジーはどのように普及していったのかについて、すばらしい研究が行われている。社会がテクノロジーをどのように形づくり、テクノロジーが社会をどう形づくったかという分析もしている。そして、テクノロジーの意味について、また人間の歴史を決定したものとして——あるいは決定しなかったものとして、テクノロジーについて熟考している。しかし、「テクノロジー」という言葉が意味するものについての合意も、テクノロジーがどのようにして生まれたのかという総合理論も、「イノベーション」を構成するものについての深い理解も、テクノロジーにとっての進化理論ももち合わせがない。テクノロジーの論理的構造、例に挙げたような課題に答える手助けとなる構造、つまりは全般的な諸原理が欠けているのである。

言い換えると、テクノロジーの理論——テクノロジーの「学《オロジー》」が存在しないのだ。

どうしてそうなのか、はっきりとした理由はない。しかし私が強く疑っているのは、テクノロジーはもっと有名な兄弟分野である科学の陰に隠れているため、重きを置かれていない——そのせいで、あまり研究されていないのではないか、ということだ。それに私たちが、テクノロジーは世界の不調和の多くの原因であり、知的にもつまらないと無意識に感じているからではないか——たぶん、詳しい研究をする価値がないと思われているのだ。さらに、テクノロジーを作ったのは私たちなのだから、すでに理解していると感じているのではないだろうか。

別の理由もある。最も真剣にテクノロジーについての全般的な疑問に取り組むのは、ほとんど社会科学者や哲学者であり、当然のことながら彼らには、テクノロジーを単独の対象物として外部から眺める傾向がある。蒸気機関や鉄道、ベッセマー製鋼法、発電機などは、どれも内側が見えない箱に閉じ込められた対象物だ——経済学者のネイサン・ローゼンバーグの言葉によると、ブラックボックスだ。このように外部から見る研究でも、テクノロジーが経済の中にどのように入り込み、広がっていったかを知りたいのなら充分に役に立つ。しかし、私たちに関係のある根本的な疑問には答えてくれない。それはまるで、動物界をキツネザルやマカクザル、シマウマ、カモノハシなどの種が入った、別々のブラックボックスの集まりとして捉えるようなものだ。これらの動物たちのあいだに明白な関係がつけられず、内部の生体構造が比較できなければ、それらが種としてどのように関連しているのか、そもそもどうやって生まれたのか、その後どう進化していくのかを考えることは難しい。テクノロジーについても同じだ。互いがどう関係しているのか、どうやって生まれたのか、その後どう進化していくのかを知りたいのなら、箱を開けて内部構造を見る必要がある。

ちょっとここで、発言が不公正にならないように付け加えておこう。社会科学者はすべてのテクノロジーに内部構造があることを知っているし、多くの場合、それらがともに働いてテクノロジーを作り出すことも認識している。そして歴史学者の中にも、テクノロジーの内側を詳しく調べて、それがどのようにして生まれ、どう変化していったかを考えた人がいる。しかし、この「内部思考」のほとんどは、無線、レーダー、インターネットなどの特定テクノロジーについてであり、全般的なテクノロジーについてではなかった。テクノロジー思想家の主流がエンジニアだったとしたら、状況は違っていたかもしれない。彼らはごく自然に、内側からテクノロジーを見ているからだ。以前、著名な科学技術者のウォルター・ヴィンセンティに、なぜ自分の分野についての理論基盤を固めようとするエンジニアがほとんどいないのか、と質問したことがある。彼はこう答えた。「エンジニアは、解決できる問題が好きなんですよ」

テクノロジーにおける進化

私が解明したい問題のひとつは、確実にテクノロジーについての最大の疑問のひとつである、「どのように進化するか」だ。あるいは、〝はたして〟進化するのか、と言ったほうがいいかもしれない。なぜなら、テクノロジーが進化するかどうかは議論なしで明確にならないからだ。「進化」という言葉には、二つの一般的な意味がある。[3] ひとつは、バレエやイングランドのマドリガル〔無伴奏の多声重唱曲〕の「進化」のように、何かが段階的に発展すること。これは狭い意味での進化、あるいは「発展」と呼ぼう。もうひとつは、初期集団からの共通の系譜という結びつきで関連している集団がたどってきた過程だ。これが完全な意味での進化であり、これからはこの意味で進化という言葉を使っていく。

私にとって、テクノロジーがいかに進化するかは、テクノロジーにおける核心の疑問だ。その理由は、進化なしでは――共通した関係という認識なしでは――テクノロジーは独立して生まれ、ほかとは無関係に向上したように見えてしまうからだ。どれもが、説明のできない思考過程や「創造力」、「箱の外側からの思考」によって生み出され、別々に発展していったことになる。進化があれば（その働きを見いだすことができれば）、新しいテクノロジーは、知的労働という大きな手助けを得たとしても、以前のものから続く明確な過程をたどって生まれ、作り変えていくという、理解可能な過程を通じて発展していくことになる。言い換えるなら、進化を理解することができれば、この経過の中で最も神秘的な部分である、イノベーションを理解できるのだ。

テクノロジーにおける進化という考えは、昔からあった。ダーウィンの『種の起源』からわずか四年後には、イギリスの小説家サミュエル・バトラーが、「機械のあいだで動物界や植物界のような自然淘汰が行われる機械界」という理論を提唱していた。彼のエッセイ『機械の中のダーウィン *Darwin Among the Machines*』には、当時の熱狂があふれている。「夢中になったわれわれ国民が何よりも望んでいるのは、二つの蒸気機関のあいだの繁殖力ある結合だ。今この時点においても、機械が子をもうけ、みずからに似た機械の親になっていることは本当だが、恋愛や求愛、婚姻という時代はまだはるか先にある」。もちろんこれは、大げさというものだ。しかしこのエッセイを真面目に考えてみると、バトラーはテクノロジーを適切とは言えない狭い枠組みの中に——ダーウィンの生物学的進化に——無理に押し込めようとしていると感じるのは否定できない。

歴史的文献から明らかなのは、ある特定テクノロジーの現代型は初期の形態に由来しているという〝事実〟だ。バトラーから七〇年後、社会学者のS・コラム・ギルフィランは、丸木船から帆船、さらに彼の時代の近代的蒸気船までの系譜をたどった。[4] ギルフィランが属していた小さなアメリカ学派は、当時の一九二〇年代から三〇年代のテクノロジーと発明に大きな関心を抱く歴史学者と社会学者の集まりだった。彼は船に精通しており、シカゴの科学産業博物館の船舶担当の学芸員でもあった。彼が一九三五年に詳しく調べたのは、外板と肋材、締め具、竜骨、大三角帆、横帆というそれぞれの「発明」が、どのように生まれたかという歴史的経過と（彼はガフスル〔ガフ（斜桁）に張った縦帆〕の起源について四ページも割いている）、これらの発明がどのようにして原始的な浮遊物体をしだいに帆船へと変えていったのか、そしてさらなるイノベーションがどのように帆船を近代的な蒸気船に変容させたのかだった。

これは完全な意味での進化ではない。段階的な発展という狭い意味での「進化」であり、形態の系譜だ。ギルフィランが示したのは、船では確かにそうだったように、いくつかのテクノロジーは系譜を詳しくたどれるということだ。

完全な進化理論を打ち立てるためには、さらに必要なものがある。一部ではなくすべてのテクノロジーが初期のテクノロジーに由来しているという論拠が必要だし、これを起こす明確なメカニズムも必要だ。このような試みはほとんど行われておらず、成功もしていない。ほとんどはバトラーのように理論というよりむしろ提案であり、論法の基礎はダーウィンの理論に基づいている。中心となるアイデアは次のようなものだ。たとえば機関車というテクノロジーには、ある特定時期に多くの変種が存在していた。なぜなら、満たすべき種々の目的があり、異なる環境で運用され（適応するべき異なる「生息地」と言ってもいい）、異なる考えをもつさまざまな設計者がいたからだ。これらの変種の中から、ほかより性能の高いものがさらなる利用と発展のために選択され、それぞれの小さな差異は次の型に伝えられた。つまり、ダーウィンにならうとこうなる。「それは自然淘汰による不断の蓄積であり、このような差異が個体にとって利益になるとき、さらに重要な構造変異が生まれる」。このようにして、テクノロジーは進化するのだ。

この主張は合理的に聞こえるが、すぐ難点にぶつかる。レーザーやジェットエンジン、無線、コンピュータのクイックソート・アルゴリズム、機関車など、不意に出現したテクノロジーがいくつかある。本当は不意でなかったとしても、少なくともそう見えるし、生物学的な新しい種とは違って、以前に存在していたものの変種ではない。ジェットエンジンは内燃機関あるいはそれ以前の何かの変種ではないし、先祖の小さな変化が間断なく累積することによって生まれたものでもない。こうなると、突然発生した斬新な「新型」を説明することは、テクノロジー進化論者にとってきわめて難しくなる。[5]根本的に異なる斬新なテクノロジー——生物学上の新種に相当するもの——の出現は、説明できないのだ。

かなり極端ではあるが、ひとつの解決法はダーウィンにさらに依存し、あるテクノロジーで異なる設計者が別の変種を生み出したとしたら、これらの変種の一部とその背景にあるアイデアは根本的に異なっているかもしれないと主張することだ。そうすると、変化とは根本的に異なるものであり、不意に出現するものであり、また同時に漸進的でもありうる。これはもっともらしく聞こえるが、実際にどのような根本的なイノベーションにも必要となるものを検討してみると、これでは説得力が足りない。レーダーは無線に「由来」する。しかし、一九三〇年代の無線回路を徹底的に変えても、レーダーは生まれない。さらに、無線回路の考え方を根本的に変えたとしても、やはりレーダーが生まれることはない。レーダーには、無線とは異なる原理が必要なのだ。

テクノロジーにおける変種や選択を無視したいわけではない。テクノロジーには確かに複数の型が存在し、確かにすぐれた性能のものが選択される。そのため実際に、後期の型はこのようなやり方で初期のものから生まれている。しかし、根源的に斬新なテクノロジーがどのようにして生まれたのかという核心となる疑問——生物学における、新種はどのようにして生まれたのかというダーウィンの疑問と同じもの——については、行き詰まってしまう。ダーウィンのメカニズムでは説明できないのだ。

組み合わせ進化

テクノロジーがどのように進化していったかを理解できる道はあるが、そこへ至るには考え方を変えなければならない。本当に探すべきは、ダーウィンのメカニズムがテクノロジーでどう働いて根本的に斬新なものを生み出したのかではなく、「遺伝的特質」がテクノロジーでどのような役割を果たすのかだ。テクノロジーでは完全な意味での進化が起こらないのであれば、斬新なものを含めたあらゆるテクノロジーは、それ以前のテクノロジーにある程度由来しているに違いない。つまり、それらは以前の特定のテクノロジーとつながりがある――「生み出された」――はずなのだ。別の言葉で言うと、進化には「遺伝的特質」というメカニズム、つまり過去と現在をつなぐ関連が必要なのだ。このメカニズムを外側から見ること、つまりブラックボックス的な装置として見ることはできない。外から見ていると、どのようにしてレーザーがそれ以前のテクノロジーから発生したのかを言うことは難しいのだ。

では、テクノロジーの中をのぞいてみるとどうなるだろうか。新型がテクノロジーの中でどう作用しているかを教えてくれる何かを見つけることができるだろうか。テクノロジーの進化についての適切な理論を打ち立てる何かを見いだすことが、できるだろうか。

ジェットエンジン（専門的に言うなら航空機用ガスタービン動力装置）を開けてみると、内側にはコンポーネント（構成部分）がある――コンプレッサにタービン、燃焼システムだ。それ以前に存在していた装置を開けると、いくつか同じコンポーネントが見つかる。二〇世紀初期の発電システムの内部には、タービンと燃焼システムがある。同時期の工業用低圧圧縮装置の内側には、コンプレッサがある。新しいテクノロジーはそれ以前のテクノロジーから一部を受け継ぐのだから、そのような部分を一緒にすることは——組み合わせることは——いかにしてテクノロジーが生まれるかに大いに関係があるに違いない。そうなると急に、まったく新しいテクノロジーが突然現れることは、むしろ突然とは思えなくなる。その理由はともかく、テクノロジーは既存のものの新たな組み合わせ《コンビネーション》として生まれてくるに違いない。

今のところ、新テクノロジーの説明に使える唯一の手がかりはこれだけだ。しかし、これを適切に構築していくことが、私の議論の中心となる。新テクノロジーは、何らかの方法で既存のテクノロジーを組み合わせることによって生まれるに違いないのだ。

実のところ、進化そのもののように、この考えも決して新しくはない。この考えは百年以上にわたってさまざまな人々によって議論されており[6]、その中にはオーストリア人の経済学者ヨーゼフ・シュンペーターがいる。一九一〇年、二七歳のシュンペーターが大きな関心を抱いていたのは、テクノロジーにおける組み合わせではなく、経済における組み合わせだった。彼はこう言っている。「生産とは、手に入れられる素材と力を組み合わせることを意味する……別のものを、あるいは同じものを異なる方法で生産することは、これらの素材と力を異なるように組み合わせることを意味する」。経済における変化は「生産手段の新しい組み合わせ」からもたらされる。現代的に言い直すと、変化はテクノロジーの新しい組み合わせからもたらされると言うことができる。

シュンペーターがこのアイデアにたどり着いたのは、一見したところ単純な疑問に取り組んでいたからだ。それは、経済はどのように発展するのかという疑問だった（現代の言葉では、構造的にどのように変化するか、だろう）。当然、外部要因は経済を変化させる。原材料の新しい資源が発見されたり、新しい外国のパートナーと取引を始めたり、新しい領土を獲得したりすると、構造は変わる。しかし、シュンペーターが考えていたのは、経済そのものが外部要因なしに――純粋に内側だけで――変化できるのかということだ。そしてもし可能なら、どのようにということだった。当時優勢だった均衡的経済という学説では、それは可能ではなかった。外部からの攪乱がなければ、経済は静的なパターン、あるいは均衡状態で落ち着き、そのまわりで変動しながらもその状態にとどまる。(7) しかしシュンペーターは、「経済システムの中に、到達するかもしれない、いかなる均衡状態も混乱させるエネルギー源」があることを認識していた。その源とは組み合わせだ。経済は古いものを組み合わせることによって間断なく新しいものを生み出しており、そうすることによって、内部から常にかき回している。

シュンペーターの著書〔『経済発展の理論』〕の英語版が出版された一九三四年までには、一九二〇年代と三〇年代の人々も同じ結論に達していた。組み合わせは変化を起こす――少なくとも、テクノロジーにイノベーションを起こす。もうひとりのアメリカ学派、歴史学者アボット・ペイザン・アッシャーは一九二九年に、発明は「既存の要素を新しい統合へと建設的に融合すること」から生まれると述べている。ギルフィラン自身はより簡潔に、発明は「先行テクノロジーの新しい組み合わせだ」と語っている。(8) このアイデアはしばらく残っていたが、ときおり触れられてもあまり引き合いに出されなかったのは、誰も――シュンペーターも、アッシャーも、ギルフィランも、ほかの誰もが――このような組み合わせがどのようにして新しい発明を生み出すかを説明しなかったせいでもある。ジェットエンジンは、発明者であるフランク・ホイットルとハンス・フォン・オハインが利用できたパーツの組み合わせだと言うことは簡単だが、このような組み合わせがどのようにしてホイットルやフォン・オハインの頭に浮かんだかを説明するのは簡単にはいかない。

組み合わせは、少なくともテクノロジーに新型が生まれた方法のひとつを示唆している。しかしそれは、個別の新テクノロジーと既存の特定テクノロジーとのつながりを示すにすぎない。また、先行テクノロジーから組み立てられたテクノロジーの全体像を見せてくれるわけでもない。このため、二つめの論点を付け加える必要がある。新しいテクノロジーが本当に以前のテクノロジーの組み合わせだとしたら、既存テクノロジーの累積が組み合わせのためのパーツを提供したに違いない。つまり、初期のテクノロジーの累積こそが、さらなる累積を生み出すのだ。

このアイデアも昔からある。シュンペーターのほぼ同時代人であるアメリカ人、ウィリアム・フィールディング・オグバーンが一九二二年にそう指摘しているのだ(9)。オグバーンは社会学者であり、やはりアメリカ学派のひとりだった。彼は、社会の変化（彼の言葉では物質文化の変化）が生み出すものに魅了されていた。そしてシュンペーターと同様に、先行テクノロジーの組み合わせ——発明——を変化の源だとみなしていた。しかしまた彼は、発明は以前の発明の積み重ねによって生まれるという、違う考え方ももっていた。「物質文化のテクノロジーが大きくなればなるほど、発明の数も増えるように思われる。考案する対象が多いほど、発明の数も増える」。この考えで、より「原始的《プリミティブ》」な社会が私たちのような近代技術を発明できなかった理由を説明できた。彼らは、工夫を凝らすために必要となる材料も知識も保持していなかったのだ。「路面電車は、氷河時代の終わりに存在していた物質文化では発明できなかった。蒸気の力の発見と当時存在していた機械技術があってこそ、数多くの発明が可能だったのだ」。この洞察はすばらしい。しかし残念なことに、ここで終わってしまっている。オグバーンは彼ならたやすくできたであろうに、この洞察をテクノロジーの理論やその進化を構築に用いることがなかったのである。

新しいテクノロジーは既存のテクノロジーの組み合わせから生まれること、そして（それゆえに）現存するテクノロジーがさらにテクノロジーを生み出すこと、という二点を一緒にすると、テクノロジー進化のメカニズムへ到達することができるだろうか。私の答えはイエスだ。簡単に述べると、次のようになる。初期のテクノロジーは、既存の基本的テクノロジーをコンポーネントとして使って形づくられる。これらの新テクノロジーはやがて、さらに新しいテクノロジーを構築するために利用可能なコンポーネントに――構成要素《ビルディング・ブロック》に――なっていく。これらの一部は、さらに新しいテクノロジーを生み出すために利用できる、新たな構成要素になっていく。このようにゆっくりと時間をかけて、多くのテクノロジーが初期の数少ないテクノロジーから形づくられる。そして、より単純なテクノロジーをコンポーネントとして用いて、さらに新しいテクノロジーが形づくられる。まとまった全体としてのテクノロジーは、それ自体が少数から多数へと到達し、単純なものから複雑なものへと達する。テクノロジーは、みずからテクノロジーを作り出すと言うことができる。

私はこのメカニズムを、組み合わせによる進化、もしくは簡潔に〝組み合わせ進化〟と呼んでいく。

もちろんこの議論は、前に述べたように完全とは言えない。組み合わせが、テクノロジーの進化の背景にある唯一のメカニズムということはありえない。もしそうだとしたら、レーダーや磁気共鳴映像法（病院で使うＭＲＩ）のような現代テクノロジーは、弓錐《ゆみぎり》や陶器焼成法などのテクノロジーの時代の始まりにあったであろうものから生み出されたことになってしまう。もし弓錐や陶器焼成法が初期のテクノロジーから生み出されたとしても、それらの原始的テクノロジーはいったいどこからもたらされたのか。これでは、無限に後退することになる。何か別のもの、単なる組み合わせ以上の何かが働いて、新しいテクノロジーを作り出しているはずだ。

その何かとして私が取り上げるのは、新しい自然現象の恒常的取り込みと、特定の目的のための利用だ。レーダーとＭＲＩの場合、利用した自然現象は電磁波の反射と核磁気共鳴であり、それぞれの目的は航空機の探知と人体の診断映像だ。テクノロジーは、すでに存在していたものの組み合わせのみから作り出されるのではなく、自然現象の不断の取り込みと利用からも生み出される。テクノロジーの時代の始まりには、私たちは現象をそのまま利用した。火の熱や、黒曜石の薄片の鋭さ、動く石の勢いなどだ。私たちが達成したすべてのものが、このようなさまざまな現象を利用し、それを組み合わせて生み出された。

このような要点だけなら主張を述べるのは簡単だが、厳密にするには細部にわたって考える必要がある。明確にしなければならないのは、新テクノロジーは既存テクノロジーの「組み合わせ」ということが、本当は何を意味するかだろう。テクノロジーは既存のコンポーネントをでたらめに寄せ集めたものではないのだから、どのように組み合わせが行われるのかという詳しい仕組みを提示する必要がある――たとえば、ターボジェットはどのようにして既存のものから生まれたかだ。そうなると、さらに進んで、テクノロジーがどのような論理的構造をしているのかを見なければならない。なぜなら、組み合わせがどのように起こったとしても、構造に従って起こるはずだからだ。検討すべきなのは、無視できない人間という要素、なかでも組み合わせ過程に関わっている精神だ。新しいテクノロジーは、物質的に組み立てられる前に観念的に構築されている。その思考過程は、慎重に検討する必要があるだろう。そもそもなぜテクノロジーが生まれたのか、つまり、人間の要求がどのように新しいテクノロジーを生み出したのかに注目する必要がある。さらに、テクノロジーがさらなるテクノロジーを生むという意味を明確にしなければならない——新しいテクノロジーは既存のテクノロジーから発生したという意味を。そして、基本に立ち返って、「テクノロジー」という言葉で私たちが何を意味しているのかをはっきりと定義しなければならないのだ。

本書のテーマ

本書では、テクノロジーとは何なのか、そしてどのように進化するのかについて議論していく。打ち立てようと試みているのは、テクノロジーの理論、つまり私たちがテクノロジーの働きを説明するときに利用できる「一般命題の矛盾のないまとまり」だ[10]。なかでも特に作りあげたいと考えているのは、テクノロジーのための進化論である。

ここでは完全に白紙の状態から始めて、テクノロジーに関するすべてを当たり前だと考えないようにする。議論は、三つの基本的な原理から一歩一歩進めていく。第一点は、今まで述べてきたように、テクノロジーは——すべてのテクノロジーは——組み合わせだということだ。これは単純に、個々のテクノロジーが手近にあったコンポーネントあるいはアセンブリ、もしくは下位のシステム《サブシステム》から構成あるいは統合されたこと——組み合わされたこと——を意味する。二点目は、テクノロジーの各コンポーネントが、テクノロジーの縮小形だということだ。これは奇妙に聞こえるし、正当だと理由づける必要があるが、しばらくはそのままの意味に受け取ってもらいたい。なぜなら、コンポーネントもテクノロジー全体と同様に特定の目的を実行しているため、テクノロジーと呼ばれる資格があるからだ。そして、三点目の基本的原理は、すべてのテクノロジーは通常はいくつかの効果、あるいは現象を利用し、活用していることである。

これらの中心的な原理について、話を進めながら、さらに触れていくことになる。しかしこれらの原理は、内側のテクノロジーという観点を教えてくれることに留意してもらいたい。もしテクノロジーが組み合わせなら内部があることになり、その内部は目的にかなうパーツや、パーツの集合体で組み立てられている。そしてそれは、それぞれがテクノロジーであるパーツや下位のシステムから構成されている。新しいテクノロジーは既存のテクノロジーをまとめることによって、そしてもちろん（自然）現象を捉えることから生まれていると考えることができる。テクノロジーはその内部のパーツを変えることで、そして性能を向上させるすぐれたパーツへ交換することで発展すると考えられる。そして、テクノロジーはさまざまであっても、その内部には先行テクノロジーから引き継いだ共通のものをもっていると考えることができる。このような方法で吟味してみると、テクノロジーは「遺伝的特質」をもち始める。もちろんテクノロジーはＤＮＡや細胞の働きではないし、そのような美しい秩序があるわけではない。しかしそれでも、豊かなつながりのある祖先が存在するのだ。

このすべてが有機的に聞こえる——きわめて有機的に。そして実際、この見方が私たちを導くのは、テクノロジーは生態学的なものであると同時に機械的なものであるという観点だ。確かに、テクノロジーは生物学的な有機体ではない。当然ながら機械的なものだし、ソーティング・アルゴリズムであっても原子時計であっても、予測できる方法で互いに作用している。しかし、テクノロジーとは組み合わせであり、結合してさらなる組み合わせを作るものだと考えられるようになると、テクノロジーを機械仕掛けの個々の部品としてではなく、作業プロセスを行う集合体であり、互いに関係して新しい集合体を作るものとして見ることができるようになる。私たちは世界を、テクノロジーの集合体が新しい要素を——新しいテクノロジーを——既存のテクノロジーから形づくるものとして見ている。テクノロジーはテクノロジー自身から有機的に作られる。このことは本書のテーマのひとつなのだ。

私が提案している、観点の変更、つまりテクノロジーをそれぞれが固定した目的をもつ独立した対象として見るのではなく、無限に新しい組み合わせを作ることのできる対象として見ることは、ただの抽象化ではない。この観点は、現在大きく変化しているテクノロジーの特質を映し出しているのだ。製造業経済の特徴だった昔の工業加工技術は、製鉄の平炉や石油精製の分解蒸留など、ほとんどが固定されている。実際これらのテクノロジーは、固定した場所でひとつのことを行っていた。投入した特定の原材料を加工して、特定の工業生産物を生み出すこれらのテクノロジーは、ほとんどが孤立し独立した場所で行われていた。しかし今、このような比較的独立した加工技術は、異なる種類のテクノロジーに取って替わられている。それらのテクノロジーは簡単に組み合わせることができ、何度も使うことのできる構成要素を形づくる。瞬時に位置を特定する全地球位置把握システム（GPS）は単独で使われることはめったになく、航空機や船舶の航行や、土地調査の支援、農業管理などの要素と組み合わせて使われている。それはまるで、独自ではほとんど何もしないが、異なる組み合わせの主役として現れるきわめて反応のよい化学の構成要素――たとえば、水酸化物イオン――のようなものだ。アルゴリズム、スイッチ、ルーター、リピーター、ウェブ・サービスなどのデジタル革命でも、同じことが言える。現在の遺伝子工学やナノテクノロジーを構成する要素についても、同じことが言える。これらは、統合されて無限の組み合わせを生み出し、状況に応じて異なる目的のために随時作られ、再形成される。これもまた、連続的組み合わせのために利用できる構成要素を形づくっているのだ。

現代のテクノロジーは、比較的独立した生産手段の集合体というだけではない。むしろ、経済の構造と機能を作り出すオープンな言語になりつつある。ここ数十年の経過はゆっくりとしているが、固定した物理的生産物を生み出すテクノロジーから、主たる特徴が新たな目的のために無限に組み合わされ、形づくることのできるテクノロジーへと移り変わっている。

かつては生産手段だったテクノロジーは、今や化学になろうとしているのだ。

テクノロジーの理論を打ち立てる試みにおいて、最初の難問は、何か一般的なものを見つけることができるかどうかである。今の時点では、見つけられるかどうかはわからない。水力発電とプラスチック射出成形、養蜂という三つのテクノロジーを例にとると、共通のものは何もないように見える。だが次の章では、テクノロジーの組み合わせ方法には共通の論理があることを見ていく。それは、組み合わせがどのように働くべきなのか、どのようにテクノロジーが生まれるのか、どのように発展し、どのように進化していくのかを、教えてくれることだろう。

ただしその前に、さらに基本的な疑問を解決しなければならない。そもそも、テクノロジーとは何なのだろうか、ということだ。

第2章　組み合わせと構造

「テクノロジー」について話すとき、私たちは何について語っているのだろうか。テクノロジーとは、いったい何なのだろうか。[1]

辞書を引いても、テクノロジー思想家の著作にあたっても、その答えは腹立たしいほど不明確だ。テクノロジーは学問の一分野、あるいは科学の応用、技法の研究、慣行、さらには活動とも言われている。オックスフォード英語辞典（ＯＥＤ）は、かえって楽しくなるほどの堅苦しさで、テクノロジーとは「経済と社会を機能させるために文化が利用できる機械的技能の集合体」だと宣言している。推察するに、この「機械的技能」とは、文化がものごとを機能させるために利用する手法や慣行、装置のことだろう。

言葉にはいくつもの意味があるのだから、この定義でいいのかもしれない。しかし、この定義を受け入れたとして、テクノロジーは実際に知識であり、応用科学であり、何かの研究であり、慣行であり、集合体だということが、本当にありうるのだろうか。[2] しかも、同時にこのすべてでもあるのだろうか。テクノロジーをどう捉えるかによって、それがどのようにして生まれたのかが決まってしまうのだから、定義は重要である。テクノロジーが知識だとしたら、何らかの知識として始まったはずだ。慣行だとしたら、実践を通じて生まれたはずだ。そして応用科学だとしたら、いずれにせよ科学から派生したはずだろう。これらの定義がテクノロジーについての私たちの理解を示しているのなら、控えめに言っても意味がばらばらだし、矛盾してさえいる。

混乱は解消するべきだ。そのために、最初の原理へと立ち戻って、テクノロジーを無の状態から定義してみよう。

テクノロジーについて、本書では三つの定義を使うことにする。

第一の最も基本的な定義は、〝人間の目的を達成する手段〟というものだ。石油精製のようなテクノロジーの場合、目的ははっきりしている。コンピュータなどのテクノロジーになると、おそらく目的は漠然としており、複数存在し、しかも変わっていくのだろう。手段としてのテクノロジーは、特定の音声認識アルゴリズムや化学工学における濾過処理、あるいはディーゼル・エンジンなどの、手法や処理、もしくは装置になるだろう。ローラー・ベアリングなら単純で、波長分割マルチプレクサなら複雑だ。発電機なら有形であり、デジタル圧縮アルゴリズムなら有形でない。そのどれであっても、常に人間の目的を達成するための手段だ。

テクノロジーの二つ目の定義は、〝実践方法とコンポーネントの組み立て〟という複合語だ。この定義が関係するのは、個々のテクノロジーと実践方法の集合体、あるいはツールボックスである電子工学やバイオテクノロジーなどのテクノロジーだ。厳密に言えば、これはテクノロジー群と呼ぶべきだろう。しかしこの集合的な呼び方が一般的であるため、ここでも使っていく。

三つ目の定義では、テクノロジーは〝文化に役立てることができる装置と工学の集合体〟だ。ここでOEDの言う機械的技能の集合体、もしくはウェブスター英語辞典による「物質文化の事物を提供するために人々によって用いられる手段の総体」という定義に戻ろう。私たちがこの集合的意味を使うのは、「テクノロジー」が生活をあわただしくしたと非難するとき、あるいは人類の希望として「テクノロジー」を語るときだ。時としてこの意味は薄れ、「シリコンヴァレーとは結局はテクノロジーだ」というような場合の集団活動としてのテクノロジーの意味になる。これもまた、テクノロジーの集合的意味の変形として考慮に入れよう。テクノロジー思想家のケヴィン・ケリーは、この総体を〝テクニウム〟と呼んでおり、私はこの言葉が気に入っている。しかし本書ではむしろ、一般的な使い方が反映されている「テクノロジー」という言葉を使おうと考えている。

三つの定義が必要なのは、それぞれが互いに異なる観念や異なるカテゴリーのテクノロジーを提示しているからだ。それぞれのカテゴリーは異なる存在を生み出し、異なる進化をする。たとえば蒸気機関のような単体のテクノロジーは、新しい概念として発生し、内部のパーツを変更することによって発展する。電子工学のようなテクノロジー複合体は、一定の現象とコンポーネントの周辺で構築されることによって実現され、部品と実践方法を変更することで発展する。そしてテクノロジー全般、つまり過去や現在に存在するすべてのテクノロジーの総体は、自然現象の利用から生まれ、古いものの組み合わせで形づくられる新しい要素によって有機的に築き上げられるのだ。

テクノロジーにおける二番目と三番目のカテゴリーについては、その中でも特に、どのようにして総体としてのテクノロジーが進化するかについて、これからの章でさらに述べるつもりだ。とはいえ、その総体を構成しているのは単体のテクノロジー――個々のテクノロジー――であるため、この章ではここに焦点を当てておきたい。個々のテクノロジーとは正確にはどのようなものなのか、どのような共通の論理をもっているのかを明確にしなければならない。

すでに述べたように、テクノロジーは目的を達成する手段だ。それは装置あるいは手法、もしくは処理である。テクノロジーは何かをするものだ。それは目的を達成する。この点を強調するために、私はときどきテクノロジーを〝執行可能体《エクセキュータブル》〟として語っていく。ただ、これには、ちょっとした問題がある。リヴェットの機械は直接的に特定の仕事を実行するために作動させるものだから、これを執行可能体として考えるのは簡単だ。しかし、「作動させる」ものだと思わないテクノロジーはどうなのだろうか。たとえば、橋だ。橋は執行可能体なのだろうか。それに、ダムはどうだろう。私はこう答える。どちらにも進行中の仕事、あるいは実行すべき一連の仕事がある。橋は車輌を通すし、ダムは水を蓄えたり、エネルギーを供給したりする。両方とも、故障しない限り動いている。この意味で、どちらも仕事を実行しており、それゆえに執行可能体なのだ。

もうひとつ頻繁に使うことになる言葉がある。テクノロジーが提供する〝機能性〟だ。これは単純に、実行すべき本来の仕事を意味する。GPSは〝位置を特定する〟――これが機能性だ。GPSには、航空機運行や地上位置特定、調査などの具体的な多くの目的がある。しかし、位置特定がもつ本来の目的が必要な場合には、GPSはその機能性を提供する手段ということになる。

ここまではいいだろう。だが、テクノロジーについての私たちの定義は、まだきちんと整理されていない。目的のための手段とは装置や手法、処理だろうが、これらは非常に異なっているため、まるで違うことについて話しているように思える。しかし、本当にそうなのだろうか。手法と処理のどちらも、何かを一連の段階や手順で変化させるのだから、これらは論理的に類似しているものとしてまとめることができるのは確かだ。しかし、装置と処理は——たとえば無線受信機と石油精製は——異なるものに見える。装置とはひとつのハードウェアであり、処理とはまったく似ていない。しかしそれは、見かけだけだ。装置は常に何かを処理しており、求められる仕事を完成させるために始めから終わりまで働いている。航空機は乗客や貨物をある場所から別の場所へと「処理」しているし、さらに言うなら、かなづちは釘を「処理」しているのだ。

無線受信機も処理をしている。無線信号を拾って、入力アンテナの電圧へと変える。それから、共振回路を使って信号から特定の周波数を抽出し（たとえば、ある無線局に対応する信号）、その結果を何段階か増幅する。そして、音声や音楽（音響）情報を分離して再び増幅し、それをスピーカーやヘッドフォンへと出力する。このように、無線は信号を比喩的にではなく、文字通り処理しているのだ。[3] 空中から信号を取り出して純化し、それを音声へと変換する。これは小規模な抽出処理であり、現代では手のひらに乗るような小さな装置で行える。実際、〝すべての〟装置が何かを処理している。結局のところこれこそが、経済学者がテクノロジーを生産手段だと言う理由なのである。

今述べたことは、逆方向にも適用できるのだろうか。手法と処理を、装置として見ることができるのだろうか。答えはイエスだ。処理と手法は——石油精製やソーティング・アルゴリズムを考えればいい——連続した作業なのだから。しかし、実行するためには何らかのハードウェア、つまり作業を実際に行うある種の物理的設備が常に必要だ。この物理的設備は、一連の作業を実行する「装置」だと考えることができる。石油精製の場合では、装置はかなり大規模になる。しかし、要点は同じだ。実行する設備も含めるとしたら、処理とは装置なのである。この意味では、石油精製と無線受信機に何の違いもない。どちらも「処理」をするが、使っているのが片方は大規模な工業設備、もう一方は小さな電子部品というだけだ。

装置と処理が異なるカテゴリーではないことを確認するには、もっと一般的なやり方がある。連続した作業を具体化するテクノロジーを、私たちは「ソフトウェア」と呼んでいる。そして、これらの作業を実行するために必要となる物理的装置を、「ハードウェア」と呼んでいる。「ソフトウェア」に注目すると、処理や手法を見ることになる。そして「ハードウェア」に注目すると、物理的な装置を見る。テクノロジーはこの両方で成り立っているが、一方を他方より注目することで、処理と装置は二つの異なるカテゴリーに属しているように見えてしまう。この二つのカテゴリーは、単にテクノロジーを異なるやり方で見ているだけなのだ。

さて最後の見解だが、実際にはむしろ疑問と言える。私たちが〝テクノロジー〟について——たとえば斜張橋〔ケーブル橋〕について——語るとき、特定の装置や手法の例（フランスのノルマンディ橋など）として語っているのだろうか。それとも、その装置や手法（斜張橋の概念）の〝観念〟として語っているのだろうか。この疑問が生まれるのは、私たちが対象を抽象的に扱い、分類するときだということを認識すれば、答えは出る。ダイゼン〔チドリ科の猟鳥〕について話すとき、水辺のあたりを走っている実際の鳥を意味しているときもあれば、鳥の種類を意味しているときも、鳥の種という概念（そうすると *Pluvialis squatarola* という学名になる）のときもある。この鳥についての三つの例では、話の内容によって物質的な対象と概念を切り替えることはごく普通のことなのだ。

テクノロジーについても、同じことをしている。ハーバー・ボッシュ法〔アンモニア合成法の代表的方式〕では、ドイツのクレフェルト近くにある特定のアンモニア工場について話すこともできるし、そのテクノロジーの観念や概念について話すこともできる。それに、必要に応じて特定のものと抽象的なものを切り替えて話すこともできるのだ。これは思わぬ利点を生む。何かを抽象的な概念として受け入れれば、概念的に拡大も縮小もできる。《ボーイング787》について話すときには、ひとつのテクノロジーとしてでもいいし、より広いテクノロジーの「旅客機」としてでも、さらに広いテクノロジーの「航空機」でもいいのだ。もちろん厳密に言えば、総称である航空機は物として存在しない。しかし、航空機には私たちが考えて話すことができるある程度の共通パーツと構造があるため、抽象的概念は役に立つのだ[4]。

どのようにテクノロジーは構造化されるのか

ここで、第1章の最後に提示した疑問に戻りたいと思う。テクノロジーには――個々のテクノロジーには――共通の論理があるのだろうか。具体的に言うなら、それが作られた方法には何か共通の構造があるのだろうか。

前にも言ったように、答えが得られる見込みは少なそうだ。それでも、テクノロジーには共通の解剖学的構造があるのかどうかを、簡単にでも確認しておくべきだ。この点では、テクノロジーは《脊椎動物》のような動物の部門に似ている。脊椎動物同士は解剖学的特徴と外観が大きく異なっており、カバとヘビに似たところなどないように見える。しかし、脊椎動物すべてが分割された脊柱や、心室のある心臓、肝臓、一対の腎臓のような内臓、それに神経系を共通してもっている。すべてが左右対称の体をしており、すべてが根本的には細胞から構成されている。テクノロジーが共有している構造とは、このように同じ器官をもっていることではない。しかしそれが何であっても、これが私たちの議論の中心となるだろう。なぜなら、その規制のもとで、テクノロジーは統合されて生まれたからだ。それは、俳句の構造のもとで、言葉が組み合わされて句が生まれることと似ている。

では、解剖学的構造で共通しているものは何なのだろうか。

手始めに、テクノロジーはコンポーネントあるいはアセンブリを統合、あるいは組み合わせたものだと言うことができる。つまり、テクノロジーとはある目的のためにコンポーネントを組み合わせたものだ。この〝組み合わせ原理〟は、前の章で述べたテクノロジー三原理のうちの、第一原理にあたる。たとえば水力発電所には、いくつかの主要なコンポーネントがある。水をたくわえる貯水池、制御水門と取水管と呼ばれる吸水管のある導水システム、高圧水流によって動くタービン、タービンによって働く発電機、発生した電力を高圧に変換する変圧器、そして取り入れた水を出すための排水システムや放水管だ。このようなアセンブリ、もしくは下位のシステムあるいは下位のテクノロジー（処理技術の場合ではステージになる）は、ほぼ独立しており、他のアセンブリからほぼ分離しているコンポーネントの集まりだ。もちろん、リヴェットのように、非常に基礎的なテクノロジーにはひとつのパーツしかないものもある。しかし、このような単独要素のテクノロジーでも、数学者がひとつの要素だけから成る集合を考えるように、「組み合わせ」として考えることができるのだ（数学的に適切であるために、テクノロジーにおいてもコンポーネントがゼロで、目的もないものについても考慮すべきだろう）。

そこで、最も単純な構造は、パーツから構成されるテクノロジーということになる。そして、あるひとつのテクノロジーは常に、中心となる〝概念〟あるいは〝原理〟、つまり「ものごとの手法」もしくはそれを機能させる本質的アイデアのまわりに構築される、と考えれば、さらに構造を詳しく理解することができる。時計の原理は、ある一定の振動の拍数を数えることだ。レーダーの原理は――本質的アイデアは――高周波の電波を送りだし、それらの信号が遠く離れた物体から反射するようすを分析して、物体の位置を探知することにある。レーザー・プリンタの原理は、コンピュータ制御のレーザーを使ってコピー機のドラムの上に像を「書く」ことだ。基本的な乾式複写と同様に、トナー粒子がドラムに静電気で付着し、それが熱で溶かされて紙へ印刷されるのである。

原理を物理的に実体化するためには、物理的コンポーネントという形が必要だ。実際面では、テクノロジーは主要アセンブリ、つまり基本原理を実行する装置または手法全体のバックボーンから、構成されている。このバックボーンは、そのテクノロジーに対処し、機能を調節し、エネルギーを供給し、補助的なタスクを行うほかのアセンブリに支援されている。つまり、あるテクノロジーの根本的な構造は、その基本機能を担う主要アセンブリと、それを支援するひと組の下位アセンブリから成り立っている。

では、この方法でジェットエンジンを見てみよう。その原理はごく簡単だ。一定流量の圧縮空気の中で燃料を燃やし、作り出された高速ガスを逆に排出する（ニュートンの第三法則にしたがって、作用・反作用の力が生まれる）。これを実行するために、エンジンは吸入口、コンプレッサ、燃焼装置、タービン、噴出口という五つの主要システムから構成される主要アセンブリを使っている。空気は吸入口から取り込まれ、コンプレッサ――基本的には大型ファンを並べたもの――へと流れ、圧縮される。高圧になった空気は燃焼装置へと入って燃料と混合され、点火される。それによって生まれた高圧ガスは、ひと組のタービンを回転させ、タービンはコンプレッサを動かす。その後、噴出部分で膨張して推力を生み出すのだ（現在のターボファン・エンジンもタービンによって駆動するが、前部に大型のファンが設置されており、推力の多くを生み出している）。

これらのパーツが、中核となるアセンブリを構成している。この背後には、主要機能を支えるきわめて複雑な多くの下位システムがある。燃料供給システムにコンプレッサ・アンチストール・システム（停止防止装置）、タービンブレード冷却システム、エンジン計器システム、電気システムなどだ。これらすべてのアセンブリと下位システムは、互いに伝達しあっている。燃料供給システムのアウトプットは、燃焼装置へのインプットになり、コンプレッサはその動きを装置システムへと伝える。これを促進するために、これらのアセンブリは機能の間をとりもつ役割を果たすパイプと電線からなる複雑な迷宮に接続しているのである。

このような仕組みは、コンピュータでも同じだ。ここでも基本原理が使われている――プログラムの背後にある、中核となる概念あるいは論理だ。その概念は、命令が書かれている構成要素《ビルディング・ブロック》または関数からなるメインの集合――いくつかのコンピュータ言語ではこれを「メイン関数」というようにうまく述べている――によって実行される。そしてこれらが、他の下位関数もしくはサブルーチンを呼び出して、働きを支援するのだ。コンピュータ・ディスプレイ上にグラフィック・ウィンドウを構成するプログラムは、ウィンドウを作成する下位機能を呼び出して、大きさと位置を設定し、タイトルを表示し、内容を呼び出し、他のウィンドウの前面に配置し、仕事が終わると削除を行う。このような下位関数は、ある条件を満たせば互いを呼び出したり、利用できるため、プログラムの中のさまざまな下位パーツは、ジェットエンジンと同様、決まった相互作用、決まった対話をしている。物理的には、ジェットエンジンとコンピュータ・プログラムはかなり異なっている。一方は物質的な部品の組み合わせであり、もう一方は論理命令の一組だ。しかし、どちらも同じ構造をもっている。どちらも、基本原理を実行するための中心的なアセンブリである構成要素《ビルディング・ブロック》とともに、それを支援するために互いに連絡をしているほかのアセンブリあるいはコンポーネントで構成されているのだ。

ジェットエンジンでもコンピュータ・プログラムでも、すべてのパーツが均斉に配置されていなければならない。どちらも、相互に関係する別のパーツが設定するいろいろな制限――温度変域や流量、負荷、電圧、データ・タイプ、プロトコル――の範囲で動作することが、可能でなければならない。そしてどちらも、それに依存するコンポーネント・アセンブリのために適切な作動環境を整えなければならない。どのモジュールもコンポーネントも、ほかと釣り合うような適切な力やサイズ、強さ、重さ、性能、データ構造を提供できなければならない。したがって、どちらもほかのパーツと均斉がとれるように設計する必要がある。

このようなさまざまなモジュールとその接続が、実用的なアーキテクチャを作りあげている。ひとつのテクノロジーを理解することはその原理を理解することであり、その原理がどのように実用的アーキテクチャへと転換されているかを理解することだ。

どうしてモジュール性なのか

さて、テクノロジーにおける共通構造は確認できた。テクノロジーは、コンポーネント・システムあるいはモジュールとして組織されるパーツから成っている。そのうちの一部は中核となるアセンブリを形づくり、残りは支援する機能をもつが、それ自身もやはり下位アセンブリや下位パーツをもつことになる。もちろん、あるテクノロジーのコンポーネントがアセンブリや機能の集まりとなっていなければならないという法則はない。個々のコンポーネントのみで形づくられているテクノロジーを想像するのは、簡単なことだ。しかし、それはきわめて単純なテクノロジーに限られており、それ以上のテクノロジーは思いつかない。

なぜ、そうなのだろうか。なぜテクノロジーは、個々のパーツから形づくられるのと同じくアセンブリから形づくられるのだろうか。

何年も前のことになるが、ハーバート・サイモンが二人の腕時計職人になぞらえて、典型的な例を説明している。どちらの職人も、千個の部品で腕時計を組み立てているとしよう。個々の部品《パーツ》から組み立てている職人テンプスは、邪魔されたり、出来上がっていない時計を落としたりしたら、最初からやり直さなければならない。一方、職人ホーラはテンプスと違って、十組の組立部品《アセンブリ》から組み立てており、そのアセンブリひとつは十組の下位組立部品から、ひとつの下位組立部品は十の部品から構成されている。ホーラの場合、休憩したり邪魔されたりしても、無駄になるのは仕事の一部分だけだ。サイモンが指摘しているのは、部品をグループ化して組立部品にすることで、予期せぬ出来事にそなえられ、組み立てが容易になり、修理も簡単になるということだ。この考えをさらに進めると、組立部品としてまとめることで、あるテクノロジーのコンポーネント組織を個々に向上させられることになる。それらは特定の目的や変更のために、全体から取り外すことができるのだ。それによって、実用的機能の個別テストや個別分析もできる。組立部品は、テクノロジーのほかの部分まで分解せずに、個別テストや交換のために「取り外せる」。さらに、必要に応じて組立部品を組み入れたり外したりすることで、テクノロジーを迅速に再構成して異なる目的に適合させることができる。

　テクノロジーを機能上のグループとしてまとめることで、設計過程も単純化できる。もし設計者が何千何万ものパーツを個別に扱わなければならないとしたら、詳細図面の海に溺れてしまうだろう。しかし、テクノロジーを異なる構成要素《ビルディング・ブロック》に分割したら――たとえば、コンピュータの演算処理、メモリのシステム、電力システム――それぞれを心に留めながらも別々に集中できるため、これらの大きな部分をどう組み合わせて全体を働かせればいいかを、より簡単に考えることができる。認知心理学で〈チャンキング〉〔さまざまな情報を分類して、個々の項目をひとまとめに記憶すること〕を行うように[5]、テクノロジーをグループあるいはモジュールとして区分することで、複雑なものであっても（たとえば第二次世界大戦でも）、より理解しやすく取り扱いやすい、高位のパーツあるいはかたまり《チャンク》（戦争の前段階、戦争勃発、ソヴィエト連邦への侵略、太平洋戦争など）へと分割できるのだ。

テクノロジーのコンポーネントを個別の機能ユニットへと分割するためには、ちょっとした苦労がある——少なくとも精神的努力が必要だ。つまり、テクノロジーをこのような単位に分割するという苦労が報われるのは、繰り返し使われる場合だけ——充分な利用量があるときだけだ。これは、アダム・スミスが分業について語ったことと類似している(6)。スミスは、工場の仕事を特定の業務に区分することに価値はあるが、それは充分な生産量がある場合だけだと指摘した。テクノロジー経済におけるモジュール性は、製造業経済の分業にあたるものだと言えるが、このモジュール性はテクノロジーが使われるほど増加し、つまりは、経済が拡大すればするほど増加してくる。同じことをスミス的な言葉で正しく表現すると、テクノロジーの分割は市場拡大にしたがって増加する、ということになる。

機能ユニットが組織化される方法も、利用頻度が上がると変わっていく。モジュールあるいはアセンブリは、共同して特定の機能を果たすような個別パーツのゆるやかなグルーピングとして始まることが多い。時間がたつとグループは固定化し、特別に作られたユニットになっていく。初期のDNA増幅法（少量のDNAサンプルから何十億ものコピーを作り出す処理法）は、実験技術をゆるやかに組み合わせたものだった。現在では、特別に作られた機械で処理されている。これは一般的な法則であり、パーツのゆるやかな結びつきとして始まったものが、利用度が高かった場合は、独立したユニットへと固定化していく。テクノロジーのモジュールは、やがて標準ユニットになっていくのだ(7)。

再帰性とその結論

テクノロジーの中にある構造については、かなりわかってきた。しかし、これで終わったわけではない。構造には別の側面があるのだ。組み合わせ原理からすると、テクノロジーはアセンブリとシステム、個別パーツというコンポーネント・パーツで出来上がっている。したがって、テクノロジーは上から下へと機能コンポーネント（支援するコンポーネントなのか中核となるコンポーネントなのかは問題にしない）に、概念的に区分できる。すると、テクノロジー全体と主要アセンブリ、下位アセンブリ、下位・下位アセンブリというように、基本的パーツまで分割できる。

この階層構造は木のようなもので、(8) テクノロジー全体が幹、主要アセンブリが大枝、下位アセンブリが枝、基本的パーツは小枝ということになる（大枝と枝が――主要アセンブリと下位アセンブリが――相互に絡み合い、異なる段階で結びついているため、これは完璧な木とは言えない）。この階層の深さは、幹からいくつもの小枝へ至る大枝の数であり、時計職人テンプスの技術では、腕時計全体と基本部品という二段階だ。そしてホーラの場合は、腕時計と主要組立部品、下位組立部品、基本部品の四段階になる。現実のテクノロジーでは階層は二から十以上であり、複雑さを増すほどにテクノロジーのモジュール性が進み、階層が深まっていく。

これまでに階層であることはわかったとはいえ、構造についての普遍的な何かがわかったわけではない。しかし、まだ先がある。アセンブリにも下位アセンブリにも、パーツにも実行すべき仕事がある。仕事がなければ、そもそもそこにないはずだからだ。つまり、それぞれが目的を果たすための手段なのだ。ということは、私がすでに定義したように、それはテクノロジーだ。この意味は、アセンブリも下位アセンブリも個々のパーツも、すべてが執行可能体《エクセキュータブル》だということであり、すべてがテクノロジーなのだ。そうなると、テクノロジーはそれ自体がテクノロジーである構成要素《ビルディング・ブロック》で成り立っており、そのテクノロジーはさらに、そのものがテクノロジーである構成要素によって成り立っているという繰り返しが、最も基本的なコンポーネントの段階にまで続いていく。テクノロジーとは、別の言葉で表せば、再帰的な構造をもっているのだ。テクノロジーとは、テクノロジーの中にあるテクノロジーで構成されており、それは基本的パーツの段階まで連続している。

次に取り組む第二原則は〝再帰性〟だ。[9] この概念は、数学や物理、コンピュータ科学以外ではあまりなじみがないだろうが、構造がある程度類似したコンポーネントによって成り立っているという意味だ。当然ながら、ジェットエンジンは小さなジェットエンジンであるシステムとパーツによって構成されている、という意味ではない。そうだとしたら、馬鹿げている。この意味は単に、ジェットエンジンは（一般的にはどのようなテクノロジーでも）それ自体がテクノロジーである構成要素から成り立っており、その構成要素はやはりテクノロジーである下位のパーツから、その下位パーツもまたテクノロジーであり……という繰り返しの（再帰的な）パターンだということだ。

そうすると、テクノロジーは階層を成すテクノロジーによって構成されていることになり、このことはこのあとどのように考えていくべきかを示唆してもいる。さらにこれが意味するのは、特定のテクノロジーについて言えることはすべて、低い階層のアセンブリあるいは下位システムにも適用できるということだ。特に言えるのは、テクノロジーは主要なアセンブリと支援するアセンブリから成り立っており、それぞれのアセンブリあるいは下位システムもこのように作られているはずだということだ。

これまで述べたところでは、再帰性は抽象的なものに思えるだろう。しかし実例を見てみれば、完璧に具体的なものであることがわかる。たとえば、かなり複雑なテクノロジーである、F－35ライトニングⅡ戦闘機を考えてみよう（階層が深い軍事技術は役に立つ実例だ）。F－35戦闘機には、通常、短距離離陸垂直着陸型と空母艦載機型がある。ここで扱うのは、後者の海軍用の空母艦載機F－35Cだ。この機はエンジン一基の超音速ステルス機で、レーダーにほとんど反応しないために探知されにくい。また、ステルス機特有の鋭角的翼面をもっている。表面は滑らかで、胴体からすると大型の主翼があり、後部ならびに尾部の二カ所からは垂直方向にV字型のスタビライザーが突き出ている。

F－35Cにこのような特徴がある理由は、相反する設計目的に対応しなければならなかったからだ。この機は、空母からの発進とワイヤに引っかけて止まる着艦という、衝撃に耐えるだけの構造的強さと重さが必要であるだけでなく、高い操縦性と長距離飛行が可能な燃費を保つ必要があった。さらに、空母着艦時の超低速での制御だけでなく、音速の一・六倍という高速飛行が必要だった。また、レーダーに探知されないためには鋭角的翼面が必要だが、適正に飛行できる必要もあった。

F－35Cには、近接航空支援を行い、敵機を迎撃し、敵のレーダー防衛を抑制し、地上目標を排除するという、複数の目的がある。したがってこれは手段であり、テクノロジーである――つまり、執行可能体《エクセキュータブル》だ。

F－35Cの階層ツリーを外側の小枝へとたどっていくと、何がわかるだろうか。F－35Cの主要アセンブリは、主翼と尾部、動力装置（エンジン）、航空電子工学装置（航空機電子システム）、降着装置、飛行制御システム、油圧システムなどに分割できる。動力装置（プラット＆ホイットニーF135ターボファン）を取り出してみると、通常のジェットエンジンの下位システムである、吸気システムとコンプレッサ・システム、燃焼システム、タービンシステム、噴出システムに分けられる。吸気システムをたどってみると、二つの箱状の超音速吸気口が、胴体の両側の主翼のすぐ上に取り付けられている。この吸気口は吸い込む気流速度を調整して、エンジンが離陸時でもマッハ一・六でも似通った条件で作動するようにしている。これを行うためには、通常の超音速吸気口では可動板を組み立てた内部アセンブリを利用する。F－35Cではこれと違い、DSI（ダイバータなし超音速吸気口）という慎重に設計された突起部を、胴体にある吸気口のすぐ上に取り付けた。この装置は気流を事前調整し、衝撃波制御を手助けするものだ。これをさらに見ていくと、DSI突起アセンブリは合金の下部構造から構成されている……というふうに、続いていく。

こうして階層の一番下、執行可能体の最も基礎的な段階に到達した。個々のアセンブリの専門用語の背後に、再帰的なテーマが存在していることに注目して欲しい。システムは相互に連結し、相互に作用し、互いに均衡しているシステムで構成されている。執行可能体は執行可能体で構成され、テクノロジーはテクノロジーで構成され、個々の要素という最下層まで階層的に連なっている。

執行可能体の階層は、上方向にもたどることができる。F－35Cは、空母航空団という大きなシステムの中にある執行可能体だ。航空団はいくつかの飛行隊と支援機で構成されており、その目的は攻撃力と電子戦能力を提供することだ。航空団は、艦載される航空母艦という、より大きなシステムの一部だ。航空母艦も執行可能体で、その目的は（これだけではないが）、航空機を搭載し、発進させ、帰還させることだ。その航空母艦そのものも空母戦闘群という、より大きなシステムの中にある。この空母戦闘群は名前が表すとおり、さまざまな艦船——誘導ミサイル巡洋艦、フリゲート艦、駆逐艦、護衛艦、補給艦、原子力潜水艦——が、航空母艦を中心として集まったものだ。この群には、示威活動や軍事力行使、民間船舶の護衛などのさまざまな目的（軍事用語では任務）がある。したがって、空母戦闘群も執行可能体だ。この空母戦闘群も戦域グループというさらに大きなシステムの中にあり、地上発進航空部隊、空中給油機、海軍偵察局衛星、地上監視部隊、海兵隊航空隊に支援されている。この大きな戦域グループは流動的で変化があるが、これもやはり手段だ——海上任務を実行している。つまり、これもまた執行可能体であり、そのように見てみるとテクノロジーでもあるのだ。

このように、戦域システム全体は活動している「テクノロジー」の階層だ。階層は九層から十層の深さがある。我々はどのレベルの階層にも——どのコンポーネント・システムにおいても——入ることができ、それが執行可能であることを知る。そして、このシステムは自己相似性をもつ。もちろん異なる層の執行可能体は、その種類とテーマ、外観、目的に違いがある。吸気口システムはＦ－35Ｃの縮小型ではない。しかしどの段階においても、システムも下位システムもテクノロジーだ。それぞれが手段であり、執行可能体だ。こう考えると、自己相似性は多くの層をもつ再帰的階層の上方向にも、下方向にも見られるということになる。

この例から、数々の一般的教訓を引き出せる。

標準的な観点では——ほとんどのテクノロジー思想家が取っている観点だが——テクノロジーは大型で自己完結式の固定した構造をもち、ときにイノベーションの対象になるものだと考えられている。しかしテクノロジーについては、この観点が正しいのはテクノロジーを抽象的に捉え、実験室に隔離されているもののように捉える場合だけだ。「野生では」——つまり現実世界では——テクノロジーが固定化されていることはめったにない。常に構成が変更され、目的の変化に対応して再編成され、改良されている。空母艦載戦闘機は、ある程度独立したコンポーネントとして行動する日もあるかもしれない。その次の日には、新しい臨時グループの一部となって、レーダー偵察機の護衛任務を命じられるかもしれない。どの段階においても、新しい構造や新しい構成は、必要に応じて素早く簡単に形づくられる。現実の世界では、テクノロジーの再構成可能度はきわめて高い。テクノロジーとは流動的なものであり、決して静止したものではない。完成したものでも、完璧なものでもない。

また私たちは、テクノロジーとはある程度の規模で経済の世界に存在していると考えがちだ。テクノロジーが伝統的な処理技術だとしたら（たとえば塩基性酸素製鋼法）、ほとんどが工場の規模だ。それが装置だとしたら（たとえば携帯電話）、ほとんどが製品という規模だ。しかし今まで見てきた実例では、戦域グループは全体としてテクノロジーであり、これと同様に、航空機制御システムにある極小のトランジスタも、さらにはそのあいだにあるコンポーネントすべてもテクノロジーなのだ。テクノロジーには、特徴的な規模はない。

これは、テクノロジーには「高位」や「低位」という考えがないという意味ではない。高位のテクノロジーは、低位のテクノロジーを指示、あるいは（コンピュータ・プログラムのように）「プログラム」し、目的を実行するように下位のテクノロジーを組織する。航空母艦は、艦載機を目的を達成するように「プログラム」する。そして下位の要素（テクノロジー）は、高位が達成できることを決定する。戦域グループには、コンポーネントである艦載機が達成できる範囲という制限がある。そして空母は、艦載機が達成できることによって制限を受けている。

すべてのテクノロジーは、少なくとも潜在的には、高位のテクノロジーのコンポーネントになる用意があることもわかる。原理的には、F－35Cはひとつの任務をもつ単体の航空機だ。しかし実戦では、ひとつの空母上の航空団という大きなシステムの中核であり、この大きな背景の中で目的を果たしている。これは、すべてのテクノロジーは別の新たなテクノロジーの中の潜在的コンポーネントとして使われる準備がある、という主張への裏付けになる。

再帰性には、さらに深い意味合いもある。テクノロジーの世界では、ある段階の変化に適応するため、異なる段階でも変化が必要になることが非常に多い。F－35Cは、先行機種のF／A－18ホーネットとは異なる能力をもっている。つまり、航空機を統制し、配備する高位の航空母艦システムも、それにしたがって変更されなければならないということだ。テクノロジーの変更は別の段階での変更を要求するというテーマは、これからの章でさらに考えていきたい。このテーマは、テクノロジー全体に関係している。

この章ではテクノロジーの論理的構造について語ってきたが、テクノロジーがもつ共通点を大げさに主張したいわけではない。空母戦闘群はテクノロジーだが、ウィスキーの蒸留工程とはまるで違う。しかしそれでも、そこには特有の性質があり、テクノロジーは構造的な組織を共通してもっている。どのテクノロジーも中心原理に由来し、中核となるアセンブリがあり――実行する装置あるいは手法全体を貫くバックボーン――さらに、機能を働かせ、規制するために中核とつながっているアセンブリがある。これらのすべてのアセンブリはそれ自体がテクノロジーであり、したがって、そこにも中核となるバックボーンとそれにつながる下位アセンブリがある。構造は再帰的だ。このような構造の存在は、重要なことを示唆している。組み合わせは、目的とそれに対応する概念あるいは原理を寄せ集めるだけでは成り立たないに違いない。中核となるアイデアを実行するアセンブリあるいはモジュールから成る、中核となるひと組が必要になるはずだ。それはさらにアセンブリで支援され、そのアセンブリはさらなるアセンブリに支援されているに違いない。そして、これらすべてのパーツとアセンブリは、調和を保って協同で働くように組織されているに違いない。組み合わせとは、必然的にきわめて統制の取れた方法であるはずなのだ。

このすべての点が、テクノロジーがどのようにして生まれ、発展したかを見ていくときに非常に役に立つ。しかしその前に、前章で提示した大きな疑問のいくつかに答える必要がある。そもそも、テクノロジーをテクノロジーたらしめているのは何なのだろうか。テクノロジーの性質の最深層部にあるものは何なのだろうか。言い換えれば、テクノロジーの本質とは何なのだろうか。そして、テクノロジーに力を与えているのは何なのだろうか。原理でないことは確かだ。結局それは、ただのアイデアにしかすぎないのだから。だとしたら、何か別のものであるはずだ。

これから見ていくように、これらの疑問への答えは、現象とそれをどのようにテクノロジーが利用しているかを考えることで得られる。次の章では、現象について考えていく。

第3章　現象

考古学者がある遺跡の年代を確定したいとき、使える方法は数多くある。動物の骨などの有機物を見つけた場合は、放射性炭素年代測定法が使えるだろう。柱や横木のような木製構造物の遺構なら年輪年代測定法が、炉だったら考古地磁気年代推定法が使える。

放射性炭素年代測定法の仕組みは、次のようなものだ。有機体は、生きているときは空気や食物連鎖を通じて炭素を取り込んでいる。炭素には放射性同位元素である炭素14が少量含まれており、炭素14は一定速度で崩壊して非放射性炭素へ変わっていく。有機体が死亡すると炭素の取り込みが止まるため、そこに含まれている炭素14の割合は一定の割合で減少していく。したがって、炭素14の相対含有量を計測すると、標本のかなり正確な年代が特定できるというわけだ。

次は年輪年代測定法の仕組みだ。年輪は降雨量が変わる季節ごとに幅が異なり、ある気候地域で同じ年月を経た樹木は似通った年輪を形成する。この年輪をすでに年代が判明している同地域のものと比較すると、その構造物に使われた木材の年齢が正確に証明できるのだ。

その次の考古地磁気年代推定法が使えるのは、地球の磁場方向が徐々に変化していったことがわかっているからである。炉の粘土などの素材は、火が消えて冷えると弱い磁気を帯びる。この磁気は地球の磁場と同じ方向であるため、炉が最後に使われただいたいの年代が特定できるのだ。

このほかにも、カリウム・アルゴン年代測定法、熱ルミネセンス年代測定法、水和層年代測定法、核分裂トラック年代測定法などの方法がある。ここで注目してもらいたいのは、どの方法も、ある特定の自然界の効果に依存していることだ。

テクノロジーは一般的に、効果に依存している。テクノロジーは常に（物理）現象、つまり自然の理に依存しており、それを目的達成のために活用または利用できる。ここで「常に」と言ったのは、何も活用しないテクノロジーは何も達成しないという場合も含めるという単純な理由からだ。これは私が提案しているテクノロジーの第三原則であり、第一原則の「組み合わせ」、第二原則の「再帰性」と同様に、議論において重要なものだ。その原理は、どのようなテクノロジーを調べたとしても、中心には常にテクノロジーが利用している何らかの効果があるということだ。たとえば石油精製は、原油成分の蒸発温度が異なるという現象に基づいている。ありふれた道具であるかなづちは、運動量の伝達という現象を利用しているのだ（動く物体であるかなづちから、止まった物体である釘へ伝達される）。

たいていの場合、効果ははっきりしている。しかしテクノロジーを知り尽くしていると、逆にわからなくなるときがある。トラックが利用している現象は何なのだろうか。トラックは、ある特定の自然法則に基づいているわけではない。しかしそれでも、やはり現象を——二つの現象と言うべきだろう——活用している。トラックとは要するに、自家動力で楽々と動き回れる荷物台だ。自家動力の中心となる現象は、特定の化学物質（ディーゼル燃料など）は、燃えるときにエネルギーを発生させるということだ。そして、容易な動きの中心となるのは、転がる物体は滑る物体に比べてきわめて低い摩擦しか生じないという「現象」である（もちろん車輪やベアリングに使われている）。この最後の「現象」は、自然法則というわけではなく、単に役に立つ――どういうことのない――自然の効果だ。しかしこれは強力な効果で、車輪や回転する部品が使われる、あらゆる場所で活用されている。

現象はテクノロジーが生まれてくるために不可欠な源だ。[1] 単純であろうと複雑であろうと、すべてのテクノロジーは利用した効果――通常はいくつかの効果――をきれいに整えたものだ。

簡単には計測できないものを測らなければならない場合を想像すると、この考えに納得がいくだろう。無重力の宇宙空間で、小さな金属部品の質量を測らなければならないと考えてみよう。秤に乗せることも、振り子にすることも、バネにつけて揺らすこともできない――どれも重力が必要だ。二つのバネに繋いで揺動させたり、なんとか加速させて、それに必要な力を測ることを思いつくかもしれない。これなら、間接的に質量を測ることができる。しかしここで注目して欲しいのは、測る物体によって変化する現象や効果を探していることだ。テクノロジーすべてがそうであるように、ある方法を確立するためには信頼できる効果が必要なのだ。

いま挙げた例は、気圧計と糸の玉、鉛筆、封蠟を使って建物の高さを求めよというような、大学の学部試験によく出てくる物理のテスト問題にも共通する。ここで、やはり物理のテスト問題風の実例をもうひとつ挙げよう。ある問題でスタートし、解決のために使える効果へと至るものだ。四つの基本的効果に依存している、現実世界のテクノロジーである。

その問題とは、はるか遠くの星の周りを軌道を描いて回っている惑星（太陽系外惑星）をいかにして見つけるかというもので、私がこれから説明する技法は、一九九〇年代に天文学者のジェフリー・マーシーとポール・バトラーによって開発された[2]。つい最近まで、望遠鏡では太陽系外惑星を直接見ることはできなかった――あまりにも離れていたからだ。そのため天文学者は、惑星の間接的な証拠を探すことしかできなかった。マーシーとバトラーは、単純だがかすかな現象から手を着けた。何光年も遠くの宇宙に浮かんでいる星を想像して欲しい。惑星は自分がその周りを回転している恒星に対し、かすかな引力という効果を及ぼしており、これによって恒星は一定の前後運動を繰り返している。恒星の振動は毎秒数メートルというわずかなものだ。さらに、数カ月や数年にもなる惑星の公転周期上で起こる振動は、ゆっくりしている。しかし、もし天文学者が振動を探り当てることができれば、惑星の存在が推測できるのだ。

では、どうすればこのゆっくりとした振動（あるいは、天文学者の言うウォブル〔ぐらつき〕）を見つけられるだろうか。ここで、さらに二つの効果が関係してくる。恒星からの光は、それぞれ独特の色の帯（すなわち光周波数）をもつスペクトルに分かれる。恒星が私たちに対して動いていると、これらの帯は少し変化する（有名なドップラー効果だ）。これらの二つの効果を付け加えたマーシーとバトラーは、選んだ恒星に向かって望遠鏡を合わせ、その光をスペクトルに分け、数カ月あるいは数年という期間にスペクトルの帯に現れる前後変化を探し、ウォブルを計測しようと試みた。このやり方は簡単そうに聞こえるが、難しい。光スペクトルに反映される恒星の変化は、ごくごく小さい。スペクトルのある周波数線が音符の中央ハ音〔ピアノ中央のドの音〕に対応すると考えると、マーシーとバトラーが探していたのは中央ハ音と中央ハ音シャープのあいだの一億分の一に当たる変化なのだ。光スペクトルのこれほど微少な変化を、どうやって計測すればいいのだろうか。

マーシーとバトラーは四つ目の効果を利用した——これぞ、彼らの大きな貢献だ。彼らは、恒星の光を調節してヨウ素ガス・セルに通した。ガス・セルを通過する光は、そのガスの特定周波数で吸収されるため、恒星の光スペクトルはスーパーマーケットのバーコードのような黒い「吸収帯」を示す。ヨウ素セルは移動しないため、その帯は固定した物差しとして働き、かすかなスペクトル線の変化から、恒星が観測者から離れているのか近づいているのかを識別できる。この技法にはかなりの精緻さが要求され、マーシーとバトラーは完璧にするまでに九年を要した。その甲斐あって彼らの技法は、太陽系外惑星の存在の推測に必要とされる毎秒十メートルほどの恒星の動きを計測できるほど高感度だった。

この技法はきわめて精巧な装置を駆使したものというより、むしろ間に合わせの物理実験という趣があるが、まさにそうだったわけだ。しかしこれは、目的を達成するために効果を組み合わせた好例だ。利用されたのは四つの効果で、恒星のウォブルは惑星の存在によって引き起こされること、恒星の光はスペクトル線に分離できること、もし恒星が動く（ぐらつく）場合にはスペクトル線が観測者に対して位置を変えること、ガスを通過した光は固定された吸収線を描くこと（恒星の光スペクトルのどのような変化にも基準として働く）というものだった。これらの効果を捉え、実際のテクノロジーに適切に応用することで、約一五〇の新しい太陽系外惑星が発見されたのだ。

テクノロジーが概念あるいは原理に基づいていることは、すでに述べてきた。ではこれは、テクノロジーは現象に基づくこととどう整合するのだろうか。原理と現象は同じものなのだろうか。答えはノーだ――少なくとも私が使っている意味の「原理」とは違う。テクノロジーはある原理、つまりその仕組みの基本アイデアを構成する「ものごとのある手法」に基づいて構築されている。原理が構築される際には、効果（もしくは複数の効果）が活用される。振り子や水晶振動子などの物体が、一定の周期で振動することは現象だ。この現象を計時に〝使う〟ことが原理であり、生み出されたのが時計である。高周波電波信号が金属物質の存在に対して変動や反響を示すことは、現象だ。この現象を〝使って〟信号を送り、反響を探知して航空機を見つけることが原理で、生み出されたのがレーダーだ。現象は単なる自然の効果であり、人間やテクノロジーとは無関係に存在している。現象の〝使用〟が人間やテクノロジーに付着してしまうことはない。これとは対照的に、原理とは〝ある目的のために現象を利用するというアイデア〟であり、人間界に数多く存在し、広く使われている。

現実となると、テクノロジーに活用するためには、現象を利用して適切に働くようにする必要がある。現象をそのままの形で利用できることはめったにない。現象をうまく制御しないと満足に働かないかもしれないし、ごく限られた条件でしか働かないかもしれない。つまり、意図する目的を果たすためには、調整する支援手段との適切な組み合わせを見つける必要があるのだ。

ここで、前の章で説明した支援技術の出番になる。私が述べたように、その多くは基本原理のためにエネルギーを供給し、管理し、調節するためにある。しかし、その多くは利用している現象を支援し、現象に必要となる機能をきちんと行うように調整もしている。マーシーとバトラーのヨウ素ガス・セルは正確に摂氏五〇度に保つ必要があり、この調節には加熱装置が必要だ。恒星のスペクトルは分光計の中でごくわずかぼけてしまうため、補正するためにコンピュータの手法が必要となる。地球自体も宇宙空間を移動しているため、補正するにはデータにもとづいたアルゴリズムが必要だ。恒星の光が突然激しくなることもあるかもしれない。そうなると、本当の変化を識別するためにさらにコンピュータの手法が必要となる。こうしたものすべてが、それぞれのアセンブリとコンポーネントを必要とする。加熱装置には、断熱と温度管理部品が必要だ。コンピュータ手法には特別に書かれたソフトウェアが必要だ。現象を活用するためには、あらゆるアセンブリと支援するテクノロジーが必要なのである。

これは、以前述べたように、テクノロジーは設計を便利にする「チャンキング」やアセンブリより、モジュールで構成する方が好ましいという深い理由になる。現象を特定の目的のために使えるようにする下位システムはテクノロジーであり、そのテクノロジーはそれ自体の現象に依存している。したがって、実用的なテクノロジーは協同して働く多くの現象から構成されている。無線受信機はただの部品の集合体ではないし、単なるミニチュアの信号処理工場でもない。それは、誘導、電子引力と反発、電子放出、抵抗による電圧低下、周波数共鳴など、多くの現象が集められて特定の目的のために一致協力して働いている統合体《オーケストレーション》なのだ。

たいていの場合、組み入れた現象は別々のモジュールに割り当てなければならない。電子工学では、(望まぬ振動を起こしかねないので)誘導子をコンデンサのそばに配置しようとは考えない。航空機の動力装置では、燃焼機関を圧力低下を計測する装置の近くに配置したりしない。つまり、これらの現象は別々のモジュールに割り当てられているのだ。

テクノロジーの本質

ここまでで、テクノロジーの直接的な説明として、目的のための手段という以上のものが得られた。テクノロジーは、取り入れて使用される現象だ。より正確には、取り入れて使われている現象の〝集合体《コレクション》〟と言うべきだろう。ここでは「取り入れて」という言葉を使ったが、ほかにも同じように使える言葉がたくさんある。現象とはある目的のために利用され、捉えられ、確保され、使用され、用いられ、活用されるものだ。とはいえ、私にとっては「取り入れて使用される」が最適な言葉だ。

この考えから思い出すのは、本書の冒頭に挙げたテクノロジーの本質とは何か、という疑問だ。テクノロジーの本質には何があるのだろうか。私にとっての答えは、ちょうどいま得たばかりの「取り入れて使用される現象」というものだ。より一般的に言えば、取り入れて使用される一連の現象である。これが中心となる理由は、テクノロジーを働かせる基礎概念は、中核となる現象もしくは複数の現象を常に使っているということだからだ。その本質において、テクノロジーはある目的のためにプログラムされた特定の現象から構成されている。意図的に「プログラム」という言葉を使ったのは、テクノロジーを働かせる現象は計画的にまとめられていることを表現したいからだ。現象は使うために編成されている。

これにより、別の方向からテクノロジーの本質を述べることができる。テクノロジーとは、目的にかなうように現象をプログラムすることだ、と。

プログラムは見てわかる必要はない。外側からテクノロジーを見る場合に、それが目に見える必要もない。ジェットエンジンを外側から見たとしたら、私たちにわかるのは力を提供していることだけだ。力について考えてみよう。この段階では、推力を提供する装置である動力装置はただの手段だ。おそらくはすばらしい装置だろうが、それでも私たちは当たり前のものだと思っている。メンテナンスのために覆いが外されたときなどにさらに詳しく見てみると、絡まり合ったパイプやシステム、配線やブレードという部品の集合体だ。この段階のエンジンは、目に見える執行可能体の組み合わせだ。以前よりも印象は強いが、それでもまだ当然のものだと感じられる。動力装置は実は、協同して働くように「プログラム」された現象の集合体であり、協力して働く現象の統合体なのだ。

これらのどれも特に難解な現象ではなく、ほとんどが基本の物理的効果である。いくつか例を挙げよう。括弧内はそれを使っているシステムだ。流体の速度と圧力は、エネルギーが移動するときに流量が変わる（コンプレッサ）。特定の炭素系分子は、酸素と結びつくとエネルギーを放出し、高温になる（燃焼システム）。ソースとシンクのあいだの温度差が大きいほど、より大きな熱効率を発生させる（これも燃焼システム）。特定の分子の薄膜は、接触する素材を簡単に滑らせることができる（潤滑システム）。移動体の表面に衝突する流体は「仕事」を発生させることができる（タービン）。荷重は素材をゆがませる（特定の圧力計測装置）。荷重は物理的構造によって伝達させることができる（負荷軸受と構造部品）。流体の動きが速まると、圧力が低下する（流量測定器に使われているベルヌーイ効果）。一定の速度で排出される質量は同量の反作用を生み出す（ファンと排気の推進システム）などだ。このほかにも、多くの機械的現象を挙げることができる。さらに、エンジン制御や検出、器具のシステムの基礎をなしている電気・電子的な現象も付け加えることができる。これだけでなく、光学の例も挙げることができる。これらのシステムのすべてが現象を活用しており、各システムはフラクタル写像のように反復して埋め込まれるので、吟味される装置全体は、最も基礎的な部分の隅々まで利用する。

山のようにあるこれらすべての現象は、取り入れられて無数の装置に閉じ込められ、何千という同一の部品によって何千回も再現される。これらすべての現象を捉え、取り入れて集め、適切な温度と圧力、気流という厳格な条件で並行して働くようにする。すべてが正確なタイミングで協調して実行される。すべてが極度の振動や熱、圧力にもかかわらず持続して働き、すべてが何万ポンドの推力を生み出すために協同で働いている。こういうことは、当たり前だと思ってはいけない。まさに驚異なのだ。

そう考えてみると、働いているテクノロジーは——この場合はジェットエンジンだが——単に働いている物体とは思えなくなる。それは代謝作用《メタボリズム》になっているのだ。テクノロジーを見る方法としては、おなじみではない。しかし、テクノロジーが相互作用の複合体に——取り入れた現象の複合体に——なるという意味は、互いに支援し、互いに利用し合い、互いに「会話」し、コンピュータ・プログラムのサブルーチンのように互いに「呼び出し」ているということだ。「呼び出し」は、コンピュータが行うように、ある順序でなされる必要はない。継続して進行している相互作用だからだ。あるアセンブリはオンで、あるものはオフ、そしてあるものは継続的に働いている。あるものは順番に働き、あるものは並行して働いている。異常な状況だけで働くものもある。

航空機の動力装置などの装置技術の場合、この呼び出しは継続的で並行しており、たとえば燃焼システムでは、燃焼のために高圧空気を連続的に供給しているときに「呼びかけ」たり、実行したりする。これは、互いに「会話」しているコンピュータ・アルゴリズムの同時作業に似ており、常にオンの状態で継続的に相互作用を行っている。工業上の製法やアルゴリズムなどの技術の場合、呼び出しは順番に行う傾向が強い。これはむしろ順次処理の標準的コンピュータ・プログラムに近いが、それでも相互に作用する動的プロセス——代謝作用《メタボリズム》——なのだ。

こうして見ると、テクノロジーは単なる手段ではなくなる。目的のために現象をプログラムすることだ。テクノロジーとは、私たちが使うために現象を統合《オーケストレート》したものなのである。

ここから導かれる結論は何か。私は第1章で、テクノロジーにはきちんとした遺伝的特質はないと述べた。それは本当だ。しかしそれは、テクノロジーに遺伝子に似たものがないという意味ではない。私は、現象がテクノロジーの「遺伝子」だと提案する。もちろん正確に同じものではないが、それでもこの考え方は役に立つと考えている。生物学上の仕組みでは、遺伝子を活性化することによってタンパク質や細胞、ホルモンなどからなる身体構造を作り出している。人間の場合、およそ二万一〇〇〇もの遺伝子がある。この数はショウジョウバエと人間、人間と象のあいだでもほとんど変わらない。個々の遺伝子が特定の構造に対応しているわけではなく、目や目の色を作り出す単一の遺伝子はないのだ。現在の生物学では、遺伝子は莫大な種類の形や形態を作りあげるプログラム言語の要素として、集団的に働いていると考えられている。遺伝子の集団は、楽音〔楽器の音のように一定周期で振動する音。音楽を構成する素材〕、リズム、楽句の一定の集合がプログラミング言語として働いて、大きく異なった音楽構造を創出するのと同様に、作用する。有機体は、ほとんど同じ遺伝子の一組を異なる順序で活性化するように「プログラム」され、みずから異なる形態と種類を作り出しているのだ。

テクノロジーも同じことをしている。テクノロジーは、異なる方法で活性化するように一定の現象を「プログラム」することによって、個々のテクノロジーである構造を作り出している。もちろん、時がたつにつれて新しい現象が——新しい技術上の「遺伝子」が——加わっていく。そして、現象は直接組み合わされることはない。まず最初に取り入れられ、テクノロジーの要素として表現され、それから組み合わされる。使われる現象は、生物学的遺伝子と比べるとおそらく数が少ないだろうが、それでも、この類比《アナロジー》は成り立つ。生物学の仕組みは遺伝子をプログラムして無数の構造を生み出し、テクノロジーは現象をプログラムして無数の利用法を生み出すのだ。

目的のあるシステム

そろそろ、読者がすでに考えたことがあるはずの問題を扱ってもいいだろう。私は、テクノロジーは目的を達成する手段だと定義した。しかし、目的を果たす手段は数多くあるが、その中にはテクノロジーだとはまるで感じられないものがある。企業組織や法制度、金融システム、契約はすべて目的を果たす手段であり、そうすると、私の定義ではテクノロジーということになる。さらに、たとえば組織の部門や部署などの下位にある部分も目的を果たす手段であるため、これもまたテクノロジーの特性をもっていることになる。しかしそれらには、ある意味でテクノロジーの「テクノロジーらしさ」が欠けている。では、これらをどう扱うべきなのだろうか。もしこれらがテクノロジーではないとすれば、テクノロジーは目的を達成するための手段だという私の定義は有効ではなくなる。しかし、もしテクノロジーだと認めた場合、いったいどこで一線を引けばよいのだろうか。マーラーの交響曲はテクノロジーなのか。これも官能的な経験を提供するという目的を果たす手段だし、これにも目的を果たすためのコンポーネントがある。それでは、マーラーはエンジニアなのだろうか。彼の交響曲第二番は——だじゃれで申し訳ないが——目的を果たすための現象の統合体《オーケストレーション》なのだろうか。

この問題にぶつかったとき、これは無視してしまって、テクノロジーを装置と手法という手段をもつものに制限する誘惑にかられた。しかし、そうしたくはない。もし〝すべての〟手段が——物質的手法や装置と同様に、金融制度や契約、交響曲、法典も——テクノロジーだという考えができれば、テクノロジーの論理は今まで説明してきた装置や手法だけでなく、より幅広い物事の多くに適用できることになる。そしてそれは、私たちの議論の範囲を大きく広げてくれるのだ。

それではまず、いくつかのテクノロジーはなぜ標準的テクノロジーとは感じられないのかを考えてみよう。お金は交換という目的のための手段であり、したがってテクノロジーとみなすことができる(ここで話しているのは日常の硬貨や紙幣ではなく金融システムだ)。その原理は、稀少なら何でも交換の媒体として用いられるということだ。金や政府発行通貨がそうだし、それがだめなら煙草やナイロンストッキングでもいい。金融システムが使っている「現象」は、ほかの人々が媒体の価値を信頼している限り私たちはその価値を信頼しており、私たちはその信頼が将来も続くと信じていることだ。この現象は物質的なものではなく、行動に関するものであることに注目して欲しい。これは、お金がテクノロジーの必要条件を満たしていても、テクノロジーだとは感じられない理由の説明になる。物理的現象に基づいていないのだ。先ほど例に挙げたほかのテクノロジーらしくないテクノロジーにも、同じことが言える。それらを見てみると、基礎を置いているのは行動的あるいは組織的「効果」であり、物質的効果ではない。

つまり、こう言える。レーダーや発電のような通常のテクノロジーは、物質的現象に基づいているから、「テクノロジー」だと感じられるのだ。契約や法制度のように通常テクノロジーではないものは、非物質的な「効果」——組織的あるいは行動的効果、もしくはアルゴリズムのように論理あるいは数学的効果——に基づいているせいで、テクノロジーとは感じられない。標準的テクノロジーの特色——私たちにテクノロジーだと認識させるものは——物質的効果に基づいていることだ。

ここまではいいだろう。しかしまだ、物質に基づかないこれらのテクノロジーをどう扱えばいいかはわからない。本書の議論のためには、これらも確かにテクノロジーだと認めることができる。私はそうしようと思う。しかし逆に、私たちは日常生活において通常はそれらをテクノロジーとは考えていないと認識することもできる。マーラーの交響曲は一般的には単に美的経験だし、ソフトウェア会社は普通なら単なる組織だ。しかし次のように考えると、これらもまた「テクノロジー」であることを留意しておかなければならない。それは、マーラーは私たちの脳の中で現象を起こすように意図的に「プログラム」した、と考えることだ。具体的に言えば、マーラーは私たちの蝸牛神経核、脳幹、小脳、聴覚皮質に反応を起こすように作曲したのだ。少なくともこの意味で、マーラーはエンジニアである。

ちょっとした策略をめぐらせば、もっと楽に納得できる。本書では始めからシステムという分類について語ってきた、と考えることだ。この分類を、私は〝目的を果たすシステム〟と呼びたい。これは目的を果たすための手段すべてから成る分類であり、基づいているのが物質であろうと非物質であろうと関係ない。レーダーやレーザー、MRIなどの手段については、私たちは伝統的意味のテクノロジーと考えている。そうではない交響曲や組織については、目的を果たすシステムだと考えがちであり、たとえ形式はテクノロジーの要件を満たしていたとしても、これはテクノロジーの従兄弟のようなものだと考えたがる。このようなやり方のままで、議論のほとんどで狭い範囲の物質的テクノロジーについて語ることもできるが、そうしようと思えば、非物質的な目的を果たすシステムにまで議論を拡大することもできる。

このようなことは、本題からそれているように思えるだろう。しかしこれは、私たちが語っている物事の範囲を設定しているのだ。私たちは、たとえ物質的効果に基礎を置いていないとしても、音楽構造や金銭、法典、機構、組織——実際には〝すべての〟手段あるいは目的を果たすシステム——を議論に入れることができる。適切な変更を加えれば、私が展開している論理はこれらのものにも適用できるのだ。

現象を取り入れる

私はこの章で、現象はすべてのテクノロジーの源であり、テクノロジーの本質はそれらを目的にかなうように統合することだと主張してきた。これはわかりきった疑問をもたらす。そもそも、どのようにして現象を見いだし、どのようにして取り入れて利用したのか、という疑問だ。

現象は地下に隠れており、発見して掘り出すまで手に入らないものだ、と私は考えたい。もちろん、地下にばらばらに埋まっているのではなく、光学的現象や化学的現象、電子的現象、量子的現象など、関係した系列でかたまり、それぞれが有用な効果の地層や鉱脈を形成している。そして、それぞれの集団の効果は長い時間をかけて、ひとつひとつ、決まった順序などなしに発掘されるのだ。木を合わせてこすると熱が出て火がつくというような地表に近い効果は、偶然や簡単な調査で発見され、ごく早い時期から利用されてきた。地下深くにあるのは、化学的効果のような地層だ。その中には早い時期に達人の手によって発掘されたものもあるが、完全な発掘には系統だった調査が必要だ。核磁気共鳴やトンネル効果、誘導放出といった量子効果のような、最も深くに隠された現象を発見するには、知識の蓄積とそれを解明する現代のテクニックが必要となる。発見と回収という現代の手法——別の言葉で言えば、現代科学が。

では、科学はどのようにして斬新な効果を発見するのだろうか。新しい効果を直接的に発見できないのは確かだ。それは不可能だ——新しい効果は未知のものと定義されるのだから。科学は、予想とは異なった動きをする何かがあるという兆候を調べて、新しい効果を発見する。研究者が何かがあることに気づき、研究室では何も見つけられなくても、のちに痕跡が見つかる。レントゲンが偶然X線を見つけ出したのは、クルックス管（基本的には陰極線管）を操作しているときに、数フィート先にあるシアン化白金バリウムを塗った厚紙のスクリーンがかすかに光ったからだった。あるいは、推論によって痕跡を見つけ出すこともある。プランクが量子を「発見」したのは（より正確に言えば、エネルギーは量子化するという説を提起したのは）、黒体放射のスペクトルを理論的に説明しようと試みていたときだった。新しい効果は常に、何らかの努力の副産物として姿を現す。ワトソンとクリックがDN

Aの物理的構造の模型を作ろうと試みていたとき、副産物として発見したのが、すべての遺伝技術の中核となるＤＮＡの相補的塩基対という現象だった（塩基Ａは塩基Ｔと対になり、ＣはＧと対になる）。

まるで、科学が新しい効果をそれぞれ別々にひとつひとつ発見したように見える。しかし実際には、まったくそうではない。ある系統《ファミリー》の現象ですでに発見されていた効果が、のちの新たな効果の発見につながるのだ。一八三一年、ファラデーは電磁誘導を発見した。(3) 彼が鉄環の片面に銅線を巻き付けたコイルに電池をつなぐと、環の中に強力な磁場が生じた。もうひとつ銅線を巻き付けたコイルを作り、磁場のスイッチを入れると、二つ目のコイルに電流が「誘導」され、磁石が探知して「すぐに針に反応が出た」ほどの磁場が生まれることに気づいた。ファラデーは、変化する磁場は近くの伝導体に電流を誘導することを発見したのだ。

ファラデーは科学的洞察と実験を用いてこれを発見したと言うことができるし、それは確かである。しかしさらに詳しく見てみると、彼が電磁誘導を見つけるために用いたのは、器具と以前に発見された効果からもたらされた理解だということがわかる。電池は、すでに発見されていた電気化学効果を利用している。コイルを鉄のような磁性物質に巻き付けると、より強い磁場を発生させるという効果は、ユトレヒトのゲリット・モルが発見したばかりだった。さらに彼の電流探知器は、電流は磁針を動かすという十一年前のエルステッドによる発見を利用していた。ファラデーの発見が可能だったのは、それ以前に利用されて既存手法になり、理解されていた効果があったおかげなのだ。

これは、現象については一般的なことだ。ある系統の現象が発掘されるにしたがって、早くに発見された効果は手法と理解を作り出し、その後の効果の発見の手助けとなる。ひとつの効果が新たな効果へと導き、さらに次の効果へと至り、最終的には関連する現象のすべての鉱脈が発掘される。ひとつの系統の効果は、層や通路でつながり、次から次へと続く一連の部屋を形づくっている。そして、これですべてではない。ある場所にある一連の部屋は——ある系統の効果は——通路を通じてほかの場所の部屋、つまり別の系統へとつながっているのだ。量子的現象は、それに先立つ電気的現象の発見がなければ、発見されることはなかっただろう。現象は発掘された部屋と通路から成る連結システムを形づくっている。地下にあるシステム全体が連結されているのだ。

現象が発見されたあと、どのようにテクノロジーへと変換されるのだろうか。これについては、あとで詳しく見ていくことにしたい。今のところは、現象はその性質上何かを〝する〟こと、そして現象は誰かが潜在的可能性に気づいたときに利用されるようになるとだけ言っておきたい。そのあとで、磁場の変化が電流を誘導するという現象がどのようにして発電という手段へ変換できたかを考えるのは、それほど大仕事ではない。

もちろん、すべての現象が利用できるわけではないが、ある系統の現象が見つかると、いくつものテクノロジーが生まれてくる。主要な電気的現象は一七五〇年から一八七五年のあいだに発見された——静電効果、ガルヴァーニ電気、電磁場による電荷の偏向、電磁誘導、電磁放射、グロー放電などだ。これらの現象を取り入れて利用するために、たくさんの手法と装置が生まれた——電池、コンデンサ、誘導器、変圧器、電信、発電機、電動モーター、電話、無線電信、陰極線管、真空管などだ。早くに見いだされた効果が器具や装置という形を取り、それがさらなる効果の発見を手助けするあいだに、ゆっくりと蓄積が進んでいった。このようにして、現象の発見がさらに現象の発見を生んでいく。現象はみずからの力で集積し、前へと進んでいく。効果は取り入れられ、これらの効果を使う装置が作られ、さらに効果を発見していくのだ。

テクノロジーと科学

もちろんこのためには、理解が必要だし、少なくとも効果とそれをどう扱うかという知識が必要だ。では、このような知識は私たちの議論のどこに関係するのだろうか。はっきりしているのは、情報や事実、真実、一般原理という知識は、私たちが今まで考えてきたことすべてに必要だということだ。そこで、同じ疑問をさらに厳密に考えてみよう。現象を整えた知識、つまり科学は議論のどこに関係するのだろうか。科学は現象の利用とどう関連しているのだろうか。さらに言えば、科学はいかにしてテクノロジーそのものと関連しているのだろうか。

現代になって見つかる現象は、ずっと深い場所に隠されていた効果のかたまりだ。それを明らかにし、さらにはそこからテクノロジーを作り出すためには、科学が必要となる。科学は効果を観察する手段を提供しており、効果を扱うためには理解が必要となる。理論は効果がどのように作用するかを予測し、利用するために効果を取り入れる手法もしばしば予測できる。したがって、現代の現象を扱うときには、常に科学が必要となる。この考え方は納得できる——反論の余地がないほどだ。しかしこの考え方をすると、ある論点へとまっすぐに導かれてしまう。科学は斬新な効果を発見し、一方のテクノロジーはそれを活用するように見えるため、科学が発見し、テクノロジーが応用するように思えてしまうのだ。

ではこれは、テクノロジーは応用科学だという意味になるのだろうか。この考え方には、確実に支持者がいる。著名な工学教授だった故ジョン・G・トラクサルは、「テクノロジーは、特定の人間の目的を達成するための科学的知識の単なる応用である」と宣言しているのだ。(4)

テクノロジーは、本当に科学の応用なのだろうか。〝単に〟それだけなのだろうか。私は、違うと信じている。少なくとも、真実はこれよりずっと複雑なはずだ。まず、動力飛行をはじめとする過去の多くのテクノロジーは、科学などほとんど存在しないときに生まれた。実際のところ、テクノロジーが科学から大きな助けを得るようになったのは、一八〇〇年代なかばからにすぎない。科学がこの時代にテクノロジーに入り込んだのは、科学がさらなる洞察を与え、結果をより正確に予測できたからというだけではない。そのころ、さまざまな系統の現象が——たとえば電気や化学の現象が——かつてない規模で利用されるようになり、科学手法や機器なしの人間による直接観察だけでは世界が理解できなくなったからだ。ナポレオンの時代の通信手段である二本腕の木製信号機を作るには、常識があれば充分だった。しかし電気による通信手段(電信のようなもの)を作るためには、電気的現象の体系的な知識が必要だ。科学は現象が何層にもわたってどのように働いているかを理解する唯一の方法だったため、テクノロジストはそれを利用したのだ。

とはいえ、テクノロジストが単に応用するために科学的観念に手を伸ばしたという意味ではない。テクノロジストが科学的観念を使うやり方は、政治家が故人である政治哲学者の考えを利用するやり方とほとんど同じだ。彼らはその起源の詳細をあまり気にせずに、日常的に活用している。無知のせいではない。科学に由来する観念は時とともにこなれて、電子工学やバイオテクノロジーなど、実体のあるテクノロジーへと形を変えていくからだ。科学的観念はこれらの分野で経験と特殊応用と混じり合い、独自の理論と実践方法を作り出している。つまり、テクノロジーを「応用」科学と言うのは無邪気すぎるのだ。テクノロジーは科学とみずからの経験の両方でできている、と言ったほうがいいだろう。この二つはともに集積し、科学はそれにともなって有機的にテクノロジーの一部となる。科学はテクノロジーの中にしっかりと織り込まれているのだ。

しかし、同じくテクノロジーも科学の中にしっかりと織り込まれている。科学は観察と推論によって洞察を得るが、それを可能にするのは手法と装置だ。科学は、少なからず器具や手法を通して自然を調査している——つまりテクノロジーを通して。望遠鏡は、コペルニクスとニュートンが推論したまさにその通りの現代天文学を作りあげた。ワトソンとクリックは、X線回折法と装置、それにDNAの抽出と精製に必要な生化学の手法がなければ、DNAの構造を発見できなかっただろう（したがって、相補的塩基対も）。現象の観察と理解のための器具がなければ——顕微鏡と科学分析法、分光法、霧箱、電磁気効果の測定器具、X線回折法とその他さまざまな手法がなければ——現代科学はまったく存在していなかっただろう。これらはすべてテクノロジーだが、私たちは普通はそう考えていない。そして、科学はこれらを基にして理解を積み上げているのだ。

科学実験はどうだろうか。これもまた、テクノロジーと関係があるのだろうか。確かに、ただの運頼みの研究も中にはある。しかし、真剣な研究は自然の仕組みを組織的に調べるものだし、常に確固たる目的があって行われる。したがって、これらの実験は人間の目的を達成する手段であり、手法技術であり、物質である装置に囲われたり、組み入れられたものだ。ロバート・ミリカンが一九一〇年と一九一一年に有名な油滴実験を行ったとき、彼の目的は電子の電荷を測定することだった。彼はこのために手法を組み立て、効果を統合した。そのアイデア、つまり基本概念は、油の微少な一滴にごく少数の電子を付着させることだった。既知の強度の電荷を使うことで、彼は荷電した油滴の動きを制御することができ（荷電した粒子は電界に吸引されるか反発する）、重力に逆らって浮いたままで顕微鏡の二つの照準線のあいだをゆっくりと上下させることができた。既知の電界で油滴の動きを測定することで（そして、別々にその大きさを測ることで）、ミリカンは電子の電荷を計算することができたのである。

ミリカンの実験達成には五年かかった(5)。彼はその手法をいくつかのやり方で組み立てた。正確な計測に基づくやり方では、微細な油滴を作るために霧吹き器を使い、負の電荷が油滴に付くように調整した。それから水平顕微鏡をのぞき込み、ひとつの油滴を選んで〔顕微鏡のレンズに描かれた〕二本の水平方向の細線のあいだを重力にしたがって降下させた（電界はない）。油滴の空気中での動きの計測には、流体中の動きに関するストークスの方程式を用いて、のちにその大きさを確定できるようにした。それからやっと、正の電界のスイッチを入れることができた。これによって、負の電荷の油滴は重力と釣り合って上へと漂ったり、留まったりする。油滴の動きの速度（あるいは停止状態にするために必要な電圧）と、その大きさを知ることによって、彼はその電荷を計算することができた。この方法で何十滴もの油滴を観察して、ミリカンは電荷は付着している電子の数に対応して総量が変化することを見つけ出した。最小値は、電子一個の電荷だった。

すべての美しい実験と同じく、ミリカンの実験もエレガントにして簡素だ。しかし、それが本当は何なのかに注目して欲しい。それは目的を達成するための手段であり、技法もしくは方法テクノロジーなのだ（実験に段階があったことに注目してほしい）。これらの段階はコンポーネント・パーツの構造の中にあり（霧吹き器、霧箱、帯電板、電池、イオン源、観察用顕微鏡）、それらもまた、目的を果たすための手段である。実のところ、ミリカンの仕事で最も特筆すべきことは、構造に対する配慮なのだ。計測方法を改善するために彼が五年間も苦闘したのは、技術的な点だった。彼は装置の部品――アセンブリ――を絶えずひとつひとつ改善しなければならなかった。ミリカンは現象を研究しており、それを完璧に科学的な方法で行っていた。しかし彼はそのための手法を、つまりはテクノロジーを構築していたのだ。

科学とは、まさにこのように探るものである。特定の疑問に答えるために、器具と実験という形のテクノロジーを使う。しかしもちろん、科学はそれ以上のものだ。科学的説明と推論、理論から、世界がどう動いているかについての理解を導き出す。少なくともこれらのことは、確かにテクノロジーとはかけ離れていると言えるかもしれない。

しかし、そうとも言えない。説明は確かにテクノロジーとは思えない。しかしそれはまさに、目的をもっている構造なのだ。その目的は観察された世界の特徴の仕組みを明確にすることであり、そのコンポーネントは受け入れられた法則にしたがって組み合わされる概念的要素だ。すべての説明は、より単純なパーツによって構成されている。ニュートンが惑星の軌道を「説明」するとき、より単純なパーツから概念型を構成したのであり、それらは、質量と質量のあいだで働く引力についての初等的アイデアであり、彼自身の運動諸法則だった。言ってみれば、彼はどのように惑星が軌道を描くかについての数学上の「ストーリー」を、すでに受け入れられているコンポーネントと法則から作りあげたのだ。ニュートンの説明、あるいはその問題の別の説明的理論をテクノロジーと呼ぶのは、拡大解釈だろう。これはやはり、目的を果たすシステムと考えるほうが納得できる——テクノロジーという形になっているが、その従兄弟のようなものとして。

これらのすべての点からすると、科学はテクノロジーを使うだけではなく、テクノロジーからできていることになる。もちろんそれは、橋梁の建築や鉄鋼の製造、造船のような標準的なテクノロジーではない。科学は、それが用いている器具や手法、実験、概念的構造からできている。特に驚くようなことではないだろう。結局のところ、科学とは手法なのだ。理解や調査、説明の方法論なのだ。ひとつの手法は下位の多くの方法論から構成されている。構造の中核までたどってみれば、科学はテクノロジーの一形態なのである。(6)

この最後の考え方は、科学的な読者を動揺させるかもしれない——あるいは呆れかえらせるかもしれない。そこで、私が言っていることと、言っていないことをはっきりさせておこう。私は科学はテクノロジーから、つまり器具、方法論、実験、説明から形づくられていると言っている。これらのものは、科学の骨格だ。そして私は——断固として——科学はテクノロジーと同じだとは言っていない。科学はそれ自体で美しい。あまりにも美しい。科学は器具と実験、説明という中核構造以上のものだ。道徳的観念のまとまりだ。科学の本質は本能的に知ることができ、探究することができ、原因を選び出すことができ、現象とその示唆するものが高度に制御された経路で探究されるなら、理解が得られるものだ。科学は実践法と思考法のまとまりであり、そこには理論化とイメージ化、推測が含まれている。科学は知識のまとまりだ――過去の観察と思考から積み上げられた理解の集積だ。科学は文化だ。すなわち、信念とその実践、友好関係とアイデアの交換、意見と説得、競合と相互扶助の文化なのである。

このどれも、標準的テクノロジーとして還元することはできない。実際のところ、テクノロジーのない科学を想像することは可能だろう。望遠鏡や顕微鏡、コンピュータ、計測器具がなくても、思考と推測のみで成り立っている科学がある。しかし、まさにこの考えが、私の論点を裏付けている。テクノロジーのない科学は脆弱な科学なのだ。それは、ギリシアの思考をよりどころとした科学と、さほど変わらないだろう。

では、どうなるのか。こう言うことはできる。テクノロジーは、主として科学によって明らかにされた現象を利用することで作られている。そして同様に、科学はテクノロジーから形づくられている。いやむしろ、テクノロジーから、つまりはテクノロジーが発達させた器具、方法論、実験を用いることで形づくられていると言ったほうがいいだろう。科学とテクノロジーは、共生して共進化する。どちらも互いの創造に継続的に関わっており、互いに関わりながら取り入れ、消化し、利用している。そうしていくうちに、相手と完璧に混じり合っていく。この二つを分けることはできないし、互いに完全に依存している。科学は深く埋もれた現象を見つけ出し、理解するために必要であり、テクノロジーは科学を進歩させるために必要なのだ。

最近、経済史家のジョエル・モキルが、テクノロジーは人間が知識を得るたびに派生してきたと指摘した(7)。過去四〇〇年に苦労して積み上げられた知識は、その知識を推奨し拡散に資する社会的、また科学的な制度と相まって、産業革命と現代テクノロジーの基盤を整えてきた、と彼は言っている。

私は彼の考えに賛成だ。モキルと同じく、知識の重要性はいくら強調してもしすぎることはないと信じている。現代のジェットエンジンは、翼の上の空気の流れに関する知識なしには適切に設計することができない（この場合はタービンと圧縮機翼だ）。しかし私は、モキルの観察を違う形で表現したいと思う。現象が発見され究明されるにつれて、現象の仕組みについてあいまいであるが、部分的な理解ができるようになる。このような理解は——理論と知識は——そこからのテクノロジーの開発に大いに役立つ。実際、現在では不可欠になっている。いまという時代は、何気ない観察や常識ではとても得られないほどの規模と範囲の現象が、テクノロジーの中で使われているからだ。かつては常識から織物のための新しい装置が生み出されたが、遺伝子工学やマイクロ波送信の新しい技法は、詳細で系統的、体系的で理論的な知識でしか生み出すことができない。太陽系外惑星の探査も同じだ。しかしこれは、まだ話の半分にすぎない。新しい器具と方法論は、すでに発見されて理解された現象から形づくられている。これらのテクノロジーはさらなる知識と理解を積み重ねる手助けとなり、新しい現象を発見するのを助けているのだ。知識とテクノロジーという集団は、このようにしてともに集積していく。

この章では現象を、そして現象からどのようにテクノロジーが生まれるかを、語ってきた。ではこれは、テクノロジーが時間とともに発展していくこととどう関係するのだろうか。

自然には多くの現象の集合があり、私たちはそれらを何世紀にもわたって目的のために採掘してきた。先史時代には火と金属加工、十七世紀には光学、十八、十九世紀には化学と電気、二〇世紀には量子現象、二〇世紀後半には遺伝作用だ。これらの効果のいくつかは、テクノロジーという形で取り入れられ、利用されてきた。それらのテクノロジーは、さらなるテクノロジーの創造のための潜在的な構成要素《ビルディング・ブロック》となった。そして、いくつかのテクノロジーは（科学機器と方法論という形で）、また新たな現象の発見を手助けしている。そこには、原因と結果の好循環がある。新しい現象は新しいテクノロジーを提供し、それがさらに新しい現象を発見すると言うことができる。あるいは、新しいテクノロジーは新しい現象を発見し、それがさらに新しいテクノロジーに結びつくと言うこともできる。どちらにしても、テクノロジーと既知の現象がひとつとなり、ともに協力して発展しているのだ。

だからといって、テクノロジーは常に現象から直接的に生じるという意味ではない。ほとんどのテクノロジーは、効果の直接的利用から何段階か進んだ構成要素から形づくられている。火星探査車（Mars Rover）は、駆動モーターとデジタル回路、通信システム、ステアリングサーボ、カメラ、車輪を組み合わせたものであり、その背後にある効果は直接的に意識されていない。ほとんどのテクノロジーがそうだ。それでもすべてのテクノロジーは、たとえ惑星探査車であっても、究極的には現象に由来していると知っておくにこしたことはない。究極的には、すべてが現象の統合体《オーケストレーション》なのだ。

最後にひとつ。ここまでで、テクノロジーは現象なしでは存在しえないことがはっきりしたと思う。しかし、逆は真ではない。純粋な現象そのものは、テクノロジーとは何の関係もない。それは私たちの世界に（少なくとも自然界に）単に存在しているだけで、私たちはその形態も存在も制御するすべをもたない。私たちにできることといえば、使えるものを利用するだけだ。もし人類が異なる現象をもつ宇宙に生まれていたとしたら、異なるテクノロジーを発達させたことだろう。そして、もし私たちが歴史の中で現象を違った順序で発見していたら、違ったテクノロジーを発達させていただろう。私たちが将来、宇宙のどこかで私たちにとっての正常な現象が起こらない場所を見つけ、そこでは私たちのテクノロジーが使えないとしたら、その場所を調査するためには文字通り何かを発明して切り抜けるしかない。まるでSFのシナリオのように聞こえるが、地球に近いところで作業しようとするときにでも、重力という効果が欠けているだけで小規模ではあるがそんな状況に陥ってしまう。たとえば水を飲むような、ごく単純なことを行う手法でさえ、そこでは見直しを迫られるのだ。

化学的なもの、電気的なもの、量子的なものと、さまざまな系統をもつ現象は、採掘されて利用され、協同して無理なく働くテクノロジーのグループを生み出す。コンデンサ、誘導器、トランジスタ、演算増幅器《オペアンプ》などの、電子とその効果を扱う装置と方法論は、当然ながら電子工学としてまとまっている。これらは電子の媒体として働き、それゆえに互いに簡単に「話す」ことができる。レーザー、光ファイバー・ケーブル、光増幅器、光スイッチなど、光とその伝達を扱うコンポーネントは、光通信学のグループを作っている。これらはさまざまな作業のために、互いに光エネルギーの単位である光子をやり取りしている。このようなグループが形づくっているのが、第2章で述べたテクノロジー複合体だ。ここで、もう少しこれについて述べておきたい。特に私が主張したいのは、各グループはひとつの言語を作っており、その言語の中で個別の装置と方法論であるテクノロジーが言語表現としてまとまっていることだ。

個々のテクノロジーは、何ゆえにグループとしてまとまっているのだろうか。理由のひとつは効果の系統が共通していることだが、それだけが理由ではない。共通の目的をもつ要素は、ひとつにまとまる。斜張橋のケーブルには固着装置が必要であり、固着装置には特定の頑丈なボルトが必要だ。そのため、ケーブルと固着装置、ボルトがまとまるのは自然なことだ。物理的強度と尺度という特徴を共通してもっている要素である、梁と桁、柱、鋼桁、コンクリート平板は、強度と尺度、用途が調和している。したがって、これらは構造工学の構成要素だ。そしてこれらの要素は、下位のパーツに反復的に適用されて有効な結合を形成する。遺伝子工学では、DNA精製法やDNA増幅法、放射性同位元素標識法、塩基配列決定法、制限酵素による切断、断片のクローン化、発現遺伝子のスクリーニングといったものを構成要素としたツールボックスが形づくられ、それによって特定の手順が組み立てられる。

要素は、共通の理論をもっているという理由で集まるときもある。統計パッケージはデータを要約し分析し、統計テストを実行する演算だが、そのコンポーネントはほとんどの場合で正規分布のサンプル集団を仮定しており、したがって、処理しているデータの性質についての共通前提をもって協働している。テクノロジーのクラスターをまとめているのは、ある種の共通点であり、協力して働いているコンポーネントが共有している本来の能力だ。

テクノロジーがまとまっているこのようなクラスターを、〝ドメイン〟と呼んでいきたい。ドメインとはコンポーネントの任意のクラスターであり、実践法と知識の収集、組み合わせのルール、関連した思考様式とともに、装置や手法を形づくるために抽出されたものだ。(1)

テクノロジーがどのようにして生まれ、進化するかについての、これから先の議論を明瞭にするためには、個々のテクノロジーとドメインを区別しておくことがきわめて重要だろう。区別があいまいなときもある。レーダー（個別のシステム）とレーダー技術（工学的実践法）は、まったく同じに聞こえるが、そうではない。

テクノロジー（個別のテクノロジー）は仕事をし、目的を達成する――たいていは特定の目的だ。ドメイン（テクノロジー複合体）は、仕事をしない。それは単なるツールボックスとして存在し、そこから役に立つコンポーネントが引き出されたり、一組の実践方法が使われたりするだけだ。テクノロジーは生産物あるいは処理法を規定する。ドメインは生産物を規定することはなく、テクノロジーの一団を――互いに支援する一組を――形づくる。それらのテクノロジーが生産する企業によって代表されるとき、はじめてドメインは産業を規定するものとなる。テクノロジーは考案されるものであり、誰かがまとめ上げるものだ。ドメインは――無線工学を全体として考えて欲しい――考案されるものではなく、個々のパーツからひとつひとつ創発する。たとえば個々のコンピュータのように、テクノロジーは誰が所有していても潜在能力を提供する。そしてドメインは、たとえばデジタル技術のように、いずれ将来の富と政治力へと変わりうる可能性を経済全体に与えるのだ。

違いはほかにもある。テクノロジーには、アセンブリと下位アセンブリ、コンポーネントの階層がある。一方のドメインには下位ドメインがあり、その中にはさらに下位の下位ドメインがある。電子工学の中には、アナログ電子工学とデジタル電子工学の下位ドメインがあり、その中にはさらにソリッドステート半導体装置の下位・下位ドメインがあり、さらにその中にはガリウムヒ素とシリコンの装置という下位・下位・下位ドメインがある。

この違いを明確にするひとつの方法は、コンピュータ・プログラムがプログラム言語にとっての本体であるように、個々のテクノロジーはテクノロジーにとっての本体であると考えることだ。

ドメイン化

工学における設計は、ドメインを選ぶことから始まる。つまり、装置を作りあげるために適切なコンポーネントのグループを選ぶことだ。建築家が新しいオフィスビルを設計するとき、視覚的また構造的な理由から、花崗岩造りではなくガラスと鋼鉄の構成部品を選ぶかもしれない。つまり彼らは、異なる特徴をもつコンポーネントからどちらかを選んでいるのだ。これもまた、ドメインと呼びたい。多くの場合、この選択は自動的なものだ――私はこれを装置の〝ドメイン化〟と呼びたい。航海用レーダーの設計者は、特に悩みもせずに私たちが電子工学と呼ぶコンポーネント・グループの中から主発振器をドメイン化する。ほかのドメインは適切ではないという、単純な理由からだ。

しかし、選択を考慮すべきときもよくある。近頃の設計者がコンピュータの基本ソフトをまとめ上げるとき、リナックスとウィンドウズのどちらの機能性集合体の中でドメイン化するかを熟慮しなければならないだろう。もちろん、ある程度の規模のテクノロジーはどれも、いくつかのドメインから作りあげられている。発電所は建築構造、水力学、重電、電子のドメインから選び出されたコンポーネント・システムで構成されている。

芸術になると、ドメインの選択はほぼ様式の問題になる。作曲家は特定の感情を起こさせたり、コントラストを作るために、オーケストラの異なるドメインである管楽器や弦楽器でテーマを演奏させたり、止めたりする。テクノロジーでは、ドメイン選択が決定するのはムードや感情との連結ではなく、アセンブリの便宜性と有効性、テクノロジーが達成できること、ほかのアセンブリとの連結の容易さ、そのコストだ。テクノロジーにおけるドメイン化は、実務なのだ。

時代とともに、所定の目的のためのドメイン選択は変化していく。デジタル化される前、航空機設計者は機械技術と油圧技術の中から、翼とスタビライザーの翼面を制御するシステムを選択していた。彼らはプッシュロッドとプルロッド、ケーブル、ベルト車などの機械的連動装置を使い、パイロットによる操縦桿と方向舵の動きと、機体の操縦翼面を動かす油圧機構を連結させていたのだ。その後の一九七〇年代、設計者たちは航空機制御をフライバイワイヤー方式と呼ばれる新しいテクノロジー複合体によって、デジタル的にドメイン変更しはじめた。新しいシステムはパイロットの動作と航空機のそのときの動きを感知し、それを信号として電線（ワイヤー）を通じて、処理するデジタル・コンピュータに伝達する。それからコンピュータは再び電線を通じて、必要となる調整を操縦翼面を動かす高速油圧作動装置へと伝達する。

フライバイワイヤー方式によって、航空機の制御システムは、以前の重い機械式より軽量で信頼性の高いものとなった(2)。また、高速にもなった。新しい制御システムは、ほんの一瞬で変化に対応することができた。さらに、〝インテリジェント〟だった。コンピュータを使うフライバイワイヤー方式は人間より正確に制御することができたし、望ましくないパイロットの判断を無視することさえできた。

実際、新しいドメインは本来的に不安定になるように設計された（技術用語では「静安定緩和」〔運動性を高めるために機体の安定性を意図的に劣化させたうえで、機体の制御にコンピュータの補助を加えること〕と言う）軍用機の新しい世代を実現させている。この設計には利点があった。不安定な自転車の方が安定している三輪車より楽に動かせるように、本来的に不安定な航空機の方が安定した機より楽に操縦できるのだ。新しい制御法は、自転車に乗る人が不安定性を逆の動きで相殺して自転車を安定させるのと同じように、航空機を安定させる働きをすることができた。人間のパイロットは、このような動きを充分に素早く行うことができない。それより以前の手動技術では、本来的に不安定な航空機は飛ぶことなどできなかったのだ。

この例では、航空機制御は「イノベーション」を経験したと言うことができる。実際に革新的なことだった。しかし、より正確には、航空機制御は異なるドメインに入った——ドメイン変更された——と言うべきだろう。この区別は大切だ。歴史におけるイノベーションは、ドームを建築するより良い方法や、さらに効率的な蒸気機関など、所定のテクノロジーの向上であることが多かった。しかし、重要なイノベーションは新しいドメイン化によって行われていた。動力供給を実現していたものが、水車技術から蒸気機関技術へと変わったように、そのようなイノベーションでは、異なるコンポーネントの集合によって所定の目的が実現されたのだ。

このようなドメイン変更の力が強い理由は、目的を実行するために、まったく新しい、さらに効率的な方法を提供するからだけではない。新しい可能性を提供するからだ。一九三〇年代、海峡を越えてイギリスに接近してくる航空機を探知していたのは、コンクリート製の五メートル弱の高さの大型音響ミラーだった。これは約三二キロメートル先の音に焦点を合わせており、きわめて聴覚の鋭い人間が配置されていた。第二次世界大戦が勃発するころには、はるかに広い範囲に対して有効なレーダーが同じ仕事をするようになった。航空機探知はレーダーを採用した（あるいは仲間に入れた）と言うことができる。しかし私は、航空機探知は新しく強力なドメインである無線工学を利用したと言いたい。このテクノロジーは世界中に広がり、そのコンポーネントはさまざまな用途に使われるようになった。

ドメインを変えることは、テクノロジーが進歩する主要な方法なのだ。

新しいドメインが現れるとき、そこには直接的な重要性はほとんどないかもしれない。初期の無線はほとんど無線電信のみにしか使われていなかった――ほとんどが、電信線なしに通信文を送るという船から陸への連絡だった。しかしそれでも、新しいドメインの出現がもたらしたのは、ただそれができることだけでなく、潜在的な可能性だった。それだけでなく、当時のテクノロジストに刺激を与えた。一八二一年、チャールズ・バベッジと友人の天文学者ジョン・ハーシェルは、天文学会のために数表を準備していた。[3] 同じ古い数表をそれぞれが手計算した結果を比較したところ、高い頻度で誤りが見つかり、バベッジは腹を立てた。「蒸気力でこれらの計算が実行できたなら、どんなに良かったことか」。バベッジの言葉は今では奇妙に聞こえるし、結局のところ彼が設計した計算装置は蒸気駆動ではなく、手動式のクランクとギアで動くものだった。しかし注目すべきなのは、彼が思い描いたのは新しい装置ではなく、新しいドメインだったことだ。彼の時代の驚異のドメインのことを考えたのだ。一八二〇年代、蒸気は可能性に満ちた新しい世界を規定していた。

実際どのような時代にあっても、ドメインが規定していたのは可能になることではなく、その時代の様式だった。ヴィクトリア時代後期の空想科学小説に出てくる、宇宙船旅行の挿絵を思い浮かべて欲しい。私の頭に浮かんでいるのは、ジュール・ヴェルヌの『月世界旅行』の一八六〇年代フランス・オリジナル版の挿絵だ。この挿絵の宇宙船と打ち上げ装置を見て、すぐにジュール・ヴェルヌの時代のものだとわかるのは、その形と設計のためではない(4)。すべてが独特だからだ。時代が一八〇〇年代なかばだと認識できるのは、鉄板をかぶせるクラッド法の宇宙船、宇宙へと打ち上げる大砲、宇宙船を格納しているレンガと錬鉄の建物など、そこに描かれたコンポーネントの集合のせいだ。このようなコンポーネントの集合とその用いられ方は、その時代の様式を反映しているだけではなく、その時代の様式を〝規定〟していたのである。

時代がテクノロジーを作り出すだけではない。テクノロジーも時代を作る。そしてテクノロジーの歴史は、印刷機や蒸気機関、ベッセマー製鋼法、無線、コンピュータなどの個々の発見と個々のテクノロジーを年代順にただ羅列したものではない。その歴史は、どのようにして目的を達成してきたかによって規定される画期的な時代——すべての時代——の年代記なのだ。

もしあなたがきちんと構成された博物館の展示会場に足を踏み入れたとしたら、それを目にすることができる——いや、感じることができると言うべきだろう。多くの博物館に、歴史上のある時代を再現した特別な一室、あるいはいくつかの特別室がある。ロスアラモス歴史博物館も、戦争の時代の産物やテクノロジーを展示している。化学蒸留器や計算尺、マンハッタン計画の身分証、憲兵の制服を着た人形、ガソリン配給券、古いトラックやジープなどだ。これらすべてが、当時の仕事を行うために使われた固有な手段――テクノロジー――と関係がある。そして何よりも、これらすべてはその時代を規定しているのだ。ロスアラモスの展示そのものはささやかで、二、三室しかないとはいえ、部屋に入るとその時代に入り込むことができる。

ドメインは時代を規定しているだけではなく、その時代が影響を及ぼす範囲も規定している。バベッジの時代のドメインを使って、地震データから地質図を書くことを想像して欲しい。バベッジ自身が苦労して装置を設計しなければならないし、探査波の反響から地図を描く地震分析器も作らなければならない。出来上がった機械は驚くようなものだろう――おそらくはラッパのような聴音器が付いており、付随してガンメタルの歯車とレバー、ダイアルとインクの付いたペンがあるだろう。動きはゆっくりとしているだろう。それに、複雑だろう。そして、地震探査専門の機械のはずだ。バベッジの時代のドメインは――機械類、鉄道、初期の化学産業など――影響を及ぼす範囲が小さく、可能性の幅も狭かった。私たちの時代のドメインには、より広い可能性がある。実際、ドメインの有効性の半分はその影響力にある――切り開かれる可能性だ。有効性の残り半分は、異なる目的のために類似の組み合わせを繰り返し使うことだ。これらの組み合わせは、概念的なせいで必ずしもあらかじめ用意できない場合を除けば、昔の植字工が手許に用意していた、よく使う表現の文字組み合わせ（一七〇〇年代のフランスの印刷業者は常套句《クリシェ》と呼んでいた）のような役目を果たしている。

言語内の語句のような設計

新しい装置あるいは手法は、ドメイン内で手に入るコンポーネント――利用可能な語彙――から作りあげられている。この意味で、ひとつのドメインがひとつの言語を形づくっている。そして、ドメインのコンポーネントから作り出された新しい技術的人工物が、ドメインという言語の発話に当たる。そう考えると、全体としてのテクノロジーはいくつかの言語の集合体ということになる。なぜなら、新しい人工物はいくつかのドメインから集められたものでできているからだ。そしてこれは、テクノロジーの中核となる活動――技術的設計――は複合物だということを意味する。それは、ひとつの(あるいは複数の)言語内にある語句《エクスプレッション》なのだ。

設計について考えるとき、こんな見方は普通はしない。しかし、考えて欲しい。言語には、明瞭な発話も不明瞭な発話もある。設計にも同じことが言える。言語には適切な選択もあれば不適切な選択もあり、それは設計も同じだ。言語に簡潔さがあるように、設計にもある。言語の表現にはさまざまな度合いの複雑さがあり、やはり設計もそうだ。言語で表現される考えには単純でひとつの文で表されるものもあれば、中心テーマとそれを支える下位のテーマをもち、一冊の本が必要なものもある。設計も同じことだ。言語で意図した目的を表現するときに発話の選択肢が数多くあるように、テクノロジーにおけるどのような目的にも選択できる幅広い複合物がある。そして、言語の発話がその言語のルールにしたがって組み立てられなければならないように、設計もドメインで許容される組み合わせというルールにしたがって構成されなければならない。

このようなルールを文法と呼ぼう。文法をドメイン上の〝化学〟――許容される組み合わせを決定する原理――と考えてみよう。ここでは〝文法〟という言葉を、ごく普通の意味で使っている。ヘンリー・ジェイムズは「絵画の文法」を語り(5)、生化学者のアーウィン・シャルガフは一九四九年にDN

A化学における発見について「目の前に、生物学の文法の輪郭がぼんやりと見えた」と言った。(6) ジェイムズもシャルガフも、絵画あるいは分子生物学の特性という意味で言ったわけではなく、いかにして絵画や生物学の要素が相互に関連し、相互に作用し、組み合わされて構造を生み出すかを語っていたのだ。

ドメインの文法は、要素がどのようにして組み合わされるか、どのような条件で組み合わされるかを決定している。何が「働く」かを決定している。この意味で、電子工学の文法も、水力学の文法も、遺伝子工学の文法もある。そして、これらのより細かなドメインに、下位の文法や、さらにその下位の文法が対応しているのだ。

このような文法はどこから生まれるのだろうか。(7) もちろん、自然からだ。電子工学の文法の背後には、電子運動に関する物理学と電気的現象の法則がある。DNA操作の文法の背後には、ヌクレオチドとDNAとともに働く酵素本来の性質がある。文法のかなりの部分に、どのようにして自然が特定のドメインで働くかについての私たちの理解が反映されている。しかし、この理解は理論のみから生まれたものではない。(8) 経験によって積み上げられた実用的な処方箋からも生まれている。作業温度と圧力の数値、使用する機械と計器の設定、処理のタイミング、素材の強度、アセンブリの空間距離というような、知識の無数の断片が「製法《レシピ》」を構成しているのだ。

この種の知識は、経験則へ単純化できるときもある。航空機設計業界は長年の経験から、「成功したジェット機では、航空機の全搭載重量に対するエンジン推力の比率は、常に〇・二から〇・三のどこかになる」ことを知っている。しかし、知識がこのような法則へと要約できないことも多い。パリのコルドン・ブルー料理学校は文字で表した原理には単純化できないし、高度な電子設計もできない。料理と工学のどちらの文法もただのルールとして存在しているのではなく、当然視されて語られない種々の手順や、言葉では完全に表現することができない実地の知識として存在しているのだ。文法は経験の文化、つまり使いこなす手腕から構成されている。そして、それらが存在しているのは教科書の中ではなく、実際に仕事をしている人たちの頭の中だ。これらのものはルールとして始まるかもしれないが、やがてはテクノロジーを概念化する方法、つまり思考法へと変わっていく。

事実、話し言葉の中の明瞭な語句が文法だけに依存しているわけではないように（その言語と文化との関係からくる言葉のより深い意味に依存している）、テクノロジーの明瞭な語句もまた、文法のみに依存していない。テクノロジーにおける明瞭な言葉には、問題となるドメインについての深い知識が必要だ。使われるコンポーネントの語彙を流暢に扱えること、標準モジュールに慣れていること、先行する設計、標準素材、テクノロジーを結びつけること。何が本来のもので、何がドメインの文化に受け入れられるのかを「知悉」していること。直感的知識、相互コミュニケーション、感情、過去の使用法、創造力、センス——これらすべてが関係するのだ。

テクノロジー専門家のジェイムズ・ニューカムは、省エネサービス事業について次のように語っている。「うまく行うために必要なのは、文字通り何千ものテクノロジーの知識だけでなく、相互作用効果や制御システム、処理の意味合い、経済性はエネルギー節約と需要節約で格差があることを考慮しながら、これらのテクノロジーを特定の応用技術へと融合し、最適に組み合わせる能力だ。それは料理長の技能であって、食料品店での買い手の技能ではない」(9)

実際のところ、すばらしい設計はすばらしい詩のようだ。崇高という意味ではなく、多くの可能性の中から完璧に正しいものを選び、それぞれの部分を組み立てたという意味だ。各部分は緊密に結ばれ、正確に働き、その他の部分との相互作用に順応しなければならない。良い設計の美はその最適さに、そしてそれを最小限の努力で達成したことにある。美はすべてが適切な場所に置かれ、どの一片も動かすことはできず、過剰なものは何もないという感覚から来る。テクノロジーの美しさには、独創性はさほど必要ではない。[10] テクノロジーでは、形態も句《フレーズ》もほかの発話からかなりを取り入れているため、その意味では皮肉なことだが、設計とは常套句を組み合わせ、操作することで行われると言える。それでも美しい設計には、そのふさわしさに驚かされるような予期せぬ組み合わせが、常にいくつか含まれている。

書かれたり話されたりするテクノロジーには――あるいは高級料理には――さまざまな度合いの滑らかさや明瞭さ、自己表現がある。かけだしの建築家は、外国語初心者のように、とても不適切でない限り、同じ基本的組み合わせ――同じ句――を何度も使うだろう。ドメインの技を知り尽くした熟練建築家は、文法の概念をしたがわなければならないルールとは捉えず、直感的な知識で何を組み合わせるべきかがわかるだろう。真の名人は可能性を広げ、ドメインの中で詩を書き、そこで用いた組み合わせが慣習化することで、自らの〝署名〟を残すことだろう。

テクノロジーを意のままに操れるようになるのは、実際のところ難しい。なぜなら、テクノロジーの文法は、言語とは違って変化が速いからだ。テクノロジーの文法は、最初は原始的でぼんやりとしか認識できない。さらに、うまく働く新しい組み合わせが発見されるたびに、また実際の設計の日常使用が難しいと判明するごとに、発展していく。変化が止まることはないのだ。その結果、いかに達人だとしても、ドメインにあるすべての組み合わせ原理を完全に知ることはできない。

ドメインの中身が莫大であるため、設計者が使えるドメインすべてを考慮してテクノロジーを組み立てることはほとんどない、という結果が生まれることがある。パウル・クレーが言うように、画家は絵の具箱の中身に適応している。「画家は世界に合わせて絵を描くのではない。絵に自分を合わせているのだ」(11)。芸術がこうであるように、テクノロジーもそうだ。設計者は、自分が知っているドメインから作りあげるのである。

入り込んでいる世界

テクノロジーのドメインもしくは本体は、私が言ったように言語を提供しており、そこから設計者は語句と、コンポーネントと実践法の語彙を取り出すことができる。コンピュータ使用は(あるいはデジタル技術は)断片と部品の集合体だ。つまり、ハードウェア、ソフトウェア、伝送ネットワーク、プロトコル、言語、大規模な集積回路、アルゴリズム、さらにそこに属しているコンポーネントと実践法という莫大な語彙だ。そうすると、コンピュータ使用——あるいはそのドメイン——は、特定の使用目的のために用意されている要素の貯蔵所だ、と考えることができる。

この貯蔵所を、使うことのできる要素あるいは機能性の入ったツールボックスと考えることができる。しかし私は、〝領域〟、つまりその中で何かができる世界だと考えたい。そこへ入ると、何かが達成できる世界だ。

ドメインは想像の領域であり、そこで設計者は何ができるかを頭の中で描き出すことができる——可能性の領域もしくは世界なのだ。電子工学の設計者は、信号を増幅し、周波数を変え、雑音を取り去り、搬送波を調節し、タイミング回路を設置し、そのほかに百もの確実な作業を実行できることを知っている。彼らは、電子工学の世界で何が実行できるかという点から考えている。それだけではなく、設計の専門家はその世界に通じているため、ほぼ自動的に作業を組み合わせ、その結果を思い浮かべることができる。メーザー（レーザーのマイクロ波版でその先駆け）を発明した物理学者チャールズ・タウンズは、何年ものあいだ波と原子共鳴を扱う作業と装置を研究していた。電磁場によるイオン分離、共鳴室、高感度の高周波受信機と探知器、マイクロ波分光法などだ。そして彼はのちに、その世界の機能性を発明に使うことになる。私たちが手紙を書くときに言葉の世界へと溶け込むように、専門家はドメインの世界に「没入」し、精神的にその世界に溶け込む。彼らは目的という面から考え、それを頭の中の世界で個々の作業へと逆方向に考えていく。作曲家がまず音楽の主題を考え、それからそれを表現する楽器へと考えをめぐらすのと同じだ。

ドメインは、別の意味でも世界だ。それは、必ずしも設計者ではない使用者が日常的な仕事を実行するために手を伸ばす領域であり、ある特定の操作が可能になる世界なのだ。使用手順は常に変わらない。ある対象（あるいは活動もしくは事業過程）は物質的にこの世界へ入る。映像処理専門家は、コンピュータに映像をスキャンしたり、デジタルで撮影することで、文字通り映像を〝デジタル世界〟へと入れる。いったんそこへ入ると、対象は作業から作業へと受け渡され、手を加えられ、変換され、ときにはその世界のほかの活動や対象と組み合わされる。デジタルの世界では、映像は数値データになるため、色補正や鮮明化、脱飽和、広角レンズ効果を与えるための歪曲、背景の追加などに対応する数学的操作を受ける。ここまで完了すると、対象は再び物質的世界で使える処理形態になる。操作されたデータである処理映像は、再び現実世界の視覚映像へと戻され、コンピュータ・ディスプレイに表示されたり、保存されたり、印刷されたりする。

ドメインあるいはその世界がどのようなものであれ、この巧みな処置がドメインの本当の有用性を作りあげている。これは、何かを特定の世界に「下ろして」入れ、そこでさまざまな方法で操作し、使うために再び「取り上げる」と考えることができる。交響曲のライヴは、マイクロフォン装置を通って電子の世界へと「下ろされ」、そこで操作され――たとえば電子的に処理され、録音されて――「取り上げられて」物質的な世界に戻り、音として再び演奏される。

それぞれのドメインで何が達成できるかは、そのドメインの世界ごとに独特だ。いくつかの世界は、きわめて多くの可能性を提供している。デジタル世界は、数字記号へと単純化できるものなら、建築設計であっても、画像であっても、航空機の制御設定であっても、何でも操作できる。この世界は、莫大な算術演算や、数多くの算術的または論理的ステップを提供する。そして、これらの作業は迅速に実行される。作業はデジタル回路の超高速の切り替え速度で行われるのだ。

そのほかのドメインの世界は、デジタル世界よりできることに制限があり、限定されている。しかしそれでも、非常に役に立つ。一七〇〇年代後半の運河は、石炭や穀物、木材、石灰岩、さらに家畜などのかさばる産物を、平底の荷船に乗せてより安く簡単に輸送できる世界を提供した。かさばる品物という物質的荷物は、達成できることを求めて運河という世界に入れることができた。これは、品物は道路や陸地というドメインを文字通り離れて、荷船用馬と船頭、閘門、曳船道という水の世界へ入ったことを意味する。確かに動きはゆっくりだが、それでもその動きは滑らかで、以前の基準からすれば何の苦労もない世界だ。この世界では、積荷はいろいろな方向に振り分けることができる――陸地に広がっている脇運河や側設運河へと移動させることができるのだ。積荷の一部は、荷物をさらに積む余裕を作るために途中で降ろすことができる。そして目的地に着くと、荷物は再び道路と荷馬車というドメインに戻る――荷物が積み込まれた物質的世界へと。

今となれば歴史となった運河の世界には、多機能性がない。この世界が実際に提供しているのは、物資の運送手段というたったひとつの機能性だけで、この機能性でさえ運河が掘れる所に限られる。しかし、その機能性の狭さは費用効果で埋め合わされている。運河が現れる前は、内陸輸送は未舗装の道をがたがたと移動する、牛が引く不格好な荷車しかなかった。運河が一八〇〇年代初めにイギリスに広がると、石炭の輸送費用は八五パーセントも低下したのだった。

ドメインの世界で簡単に達成できることが、そのドメインの力を表している。コンピュータは、何かを数学的操作の数値記述へと単純化できる限り、うまく働く。運河の世界は、ある活動を荷船に積んで運搬できる何かへと単純化できる限り、有効だ。電子工学は（非デジタルのものは）、どんなやり方にせよ活動が電子の動きとして表されるときに、うまく働く。このどれも、得意なのはある特定の作業だけだ。もちろん、原理的には同じ仕事を多くの異なる世界で達成できるが、その有効性はそれぞれ異なる。顧客リストはデジタルの世界で簡単に並べ替えできる。しかし、電子工学の世界に入れて、そこで並べ替えることもできる。方法はどうあれ、異なる文字が異なる電圧で表されるようにして、これらの電圧を感知する回路を作り、振幅の順序で出力されるようにするのだ。可能は可能だが、やりにくい。また、無理やりになるが、顧客リストを運河の世界に入れて、そこで並び替えることもできる。それぞれの荷船をひとりの顧客とし、アルファベットをゆっくり呼び出すごとに、船を前へと引くのだ。これでもできるが、とても運河の世界の最も有効な利用とは言えない。

私が言ったように、異なる世界はそれぞれ別々の得意とする可能性を提供している。それぞれは、簡単に達成できる独自の作業を提供している。つまり、取り扱う対象あるいは事業活動が、各世界が達成できることを利用するために、ひとつ以上の世界へと入るのもごく自然なことだ。光学データ伝送は光通信学という世界を提供しており、そこではメッセージを光ファイバー網で送ることができる。ここでの役馬は光子の束(あるいは光量子)だ。これらは、真空では光速に近いほどのきわめて高速でメッセージを簡単に運ぶ。しかし問題がある。光子は電子とは違って電荷を運ばず、帯電しないため、操作するのが難しいのだ。それに、メッセージは数マイルごとに減少するため——ファイバーケーブル中の光は常に一部が吸収される——先に伝送する前に「繰り返し」あるいは増幅が必要だ。つまり、光子の流れは適切に復元され、大きさを変える必要がある。

初期の光通信学の世界はこれを行う直接的手段をもっておらず、メッセージは絶えず光通信学の世界から出て、メッセージを簡単に再編成して増幅し、切り替えることのできる電子工学の世界に入らなければならなかった。しかし、電子工学の世界はずっと遅かった。電場と磁場に応じて動く電子に頼らなければならないのに、電子は決して即座に反応するものではないのだ。つまり、一九八〇年代後半に適切な量子増幅器（エルビウム添加ファイバー増幅器、ＥＤＦＡ）が現れるまでは、高速道路のメッセージを数マイルごとに止め、側道で電子的操作を行い、それから再び高速道路に戻すようなものだったのだ。システムは働いたが、継続的に光通信学の世界に出入りすることにはコストがかかり、速度も遅くなった。

ここには一般的教訓がある。コストは、活動がひとつの世界を離れて別の世界に入るときに積み上げられる。貨物コンテナを船で運ぶのは高くないが、荷物を鉄道輸送のドメインから〝コンテナの世界〟での輸送に移し替えるには、終点となる貨物駅やドック、コンテナを扱うクレーン、積み卸しをする人員という、面倒で費用のかかるテクノロジーが必要となる。このような〝つなぎ技術〟は、たいていはドメインで最も扱いにくい一面だ。遅れや障害を生み出し、そのためにコストも上がる。しかし、ドメインを利用できるようにし、その世界に何が出入りできるかを統制しているのだから、つなぎ技術は必要なのだ。ドメインは能率化されて安価な少数の中核的な作業を含むものだと考えることができる――たとえば海上輸送コンテナだ。しかし、ドメインの外縁を取り囲んでいるのは、活動をその世界に入れて、終了時には出す役目を果たしている、より速度が遅く、より厄介なテクノロジー――その世界に属するドックや橋形起重機（港湾の岸壁に設置される貨物積み卸し用のクレーン）などだ。これらは、一般的に費用がかかる。

ドメインはそれが作り出す世界の力を反映していると、私は少し前に書いた。しかし実は、限界も映しだす。デジタルでの設計をドメイン化した建築家は、ほぼ瞬間的にアイデアのさまざまなバリエーションを生み出し、設計するたびに資材のコストを自動的に計算できる。しかし、デジタルのドメインが達成できることには、微妙な偏りがある。デジタルの世界に移して、そこでうまく扱えるのは、現実世界の定量化できる面だけだ。そして、デジタル建築設計は精密な数学的曲線でアーチや急降下する幾何学的面を作り出すことができるが、建築批評家のポール・ゴールドバーガーが言うように、「素朴さや気楽さ、不完全さにほとんど関心を払わない」(12)。面は定量化できるが、素朴さはできないのだ。あるいは、素朴さはまだ定量化されていないと言うべきだろう。もしそうできていたら――望んでいる素朴さの程度を出すために、画面上のつまみを動かせるとしたら――ドメインはさらに広がるだろう。しかし今のところ、それは不可能だ。ある世界で達成できないことが、その世界の限界だ。

ドメインについては(あるいは複合体という意味のテクノロジーについて)、どのようにして生まれ、時間とともにどのように発展していったかを第8章でさらに探究するつもりだ。今のところ心に留めておくべきなのは、テクノロジーを理論化するときには、テクノロジーの中間層――テクノロジーの本体――は個々のテクノロジーとは違うルールのもとで働いていると認識しなければならないことだ。テクノロジーのこれらの本体、すなわちドメインは、ある時代に可能になることを決定している。これらは、時代に固有な産業を生み出す。そして、エンジニアがそこで目的を果たせるように導く世界を提供している。

これらの世界に、静的なものは何ひとつない。達成できることは、ドメインが進化するごとに、そして基盤となる現象が拡大するごとに、恒常的に変化している。ひとつ考えられるのは、コンピュータの出現と採用、運河、DNAマイクロアレイ〔DNAチップ〕などのイノベーションは、ただ次々と採用されてきた発明が積み重なって生まれるものではないことだ。それは、旧来のタスク——会計や輸送や医療診断——を可能性を内包する新しい世界の中で、表現し直したり、ドメイン変更することなのだ。

第5章　エンジニアリングとその解決法

この章までテクノロジーの性質について探究してきた私たちは、どのような原理の基で働いているのか、本質的な意味は何なのかを考えてきた。そして、これらの原理を使ってテクノロジーの論理、つまりテクノロジーがどのように形成され、どのように世界で働いているかを教えてくれる枠組について議論を進めてきた。この章から始まるいわば第Ⅱ部では、この論理を用いてどのようにテクノロジーが生まれ、どのようにテクノロジーが進化するかを探究していくことにする。

しかし議論を進める前に、今までの議論のほぼすべての背後にあるものについて少し述べておきたい。私たちはテクノロジーをひとかたまりで存在している単独の対象物としてではなく、内部構造をもつものとして考えてきた。実際にテクノロジーを構造物、つまりコンポーネントとアセンブリの組み合わせだと認めてしまうと、その見方をせざるをえなくなる。この内部からの見方は、私たちのテクノロジーの理解に違いをもたらすのだろうか。

私は、二つの重要な点で違いをもたらすと主張する。第一の点は、どのようにしてテクノロジーはその寿命のあいだにみずからを変化させるのかに関係する。テクノロジーを単独の対象物として外側から見た場合、コンピュータ、塩基配列決定法、蒸気機関などの個々のテクノロジーは、比較的固定されたものに思える。これらのテクノロジーはあるバージョンと次のバージョンで異なっており、コンピュータがアタナソフ−ベリーのマシンからエッカートとモークリーのENIAC、EDVACへと進んだように、間欠的に変化していくのかもしれない。しかし内部から見てみると、テクノロジーの内部コンポーネントは常に変化していることがわかる。より良い部品に交換され、素材が改良され、構築する手法が向上し、テクノロジーの基礎となる現象の理解が進み、それらの親であるドメインが発展するたびに新しい要素が利用できるようになるのだ。つまり、テクノロジーは、いくつかの変種を生み出したり、折に触れて更新されるような固定化されたものではない。テクノロジーは流動的で動的、活発で高度に設定変更が可能なものであり、時間とともに激しく変化していくものなのだ。

第二の点は、私たちがテクノロジーの可能性をどう見るかに関係してくる（ここでのテクノロジーは集合的な意味だ）。外側から見ると、それぞれの集合的テクノロジーはいくつかの目的を満たすだけのものに思える。計測をしたいなら、測量の手法が必要だ。航海したいなら、GPSが必要だ。測量にできるのは特定のことであり、GPSができるのも特定のことだ。しかしこれは、テクノロジーが何であるかについての限定した見方である。テクノロジーはただ単に限定的な機能を提供するものではなく、無限にある斬新な目的のために、数限りない斬新な方法で統合される——プログラムされる——要素から成る語彙を提供しているものなのだ。

このようにテクノロジーを見ると、大きな違いが生まれてくる。未来のある時代の、コンピュータが失われてしまった文化を想像してみよう。その時代の考古学者が、一九八〇年代のコンピュータである、ぼろぼろの旧式マッキントッシュを発掘する。急いで研究室にもって帰り、コンセントにつないでみると、そのすばらしい箱は点滅して動き出す。すぐに彼らは、文書処理プログラムのMacWriteや、画像処理のMacPaint、旧式のスプレッドシートなど、実行できる既存機能を発見する。これらの独立した機能は有益で、特定の仕事をうまく実行できる。しばらくのあいだ、研究者たちは別々の仕事を実行するためにマシンを使う。

しかし、マッキントッシュはそれ以上のことができる。もっと深いところには、多目的にプログラムできる内部コマンドや、機能がひと組になっているマッキントッシュ・ツールボックスがある。これらのコマンドをある所定のやり方で統合することで、考えもしないような新しいコマンドや機能を作り出すことができるのだ。そしてこれらの新しいコマンドは、さらに別の組み合わせのために、それ自体が名前をつけられたコンポーネントとなりうる。古い記録でマッキントッシュの知識や言い伝えを調べた研究者たちはこのことを知り、内部コマンドへとアクセスする。彼らは個別のコマンドを組み合わせて新しいものを作り出すやり方を発見し、新しいコマンドのための構成要素としてこれらを使うようになる。このとき、ものごとが動き出す。研究者たちは、自分たちがマッキントッシュをプログラムできることを発見したのだ。彼らは、数限りない斬新な方法で統合できる基本コマンドの小さな集合体を使って内部を構成し、単純なコマンドから複雑なコマンドを作りあげることができた。

そのマシンは、もはやいくつかの独立した機能を提供するだけのものではない。言語表現を提供するものになった。可能性の世界の扉が開かれたのだ。

本書の後半で繰り返し触れていくことになる主題に、テクノロジーは内部パーツを変えながら変化していくこと、そして斬新な構造は新しい組み合わせを通じて生まれるという二つがある。しかし、既存のテクノロジーを組み合わせて生まれた新たなテクノロジーによってテクノロジーが進化すること、また、いずれテクノロジーとなる効果を活用するために既存テクノロジーを利用することでテクノロジーが進化するということが、あくまでも本書のメインテーマだ。これが正確にはどのようにして起こるのかについては、第9章で探究していきたい。

話を進めながら、テクノロジーについて書くときに常に現れてくる二つの派生的問題にも注目していきたいと思う。ひとつは、ダーウィンのメカニズムがどの程度テクノロジーに適用できるのか、つまり、テクノロジーの新しい〝種〟はどの程度古いものの変種として、またどの程度が適者選択によって生まれるのかという問題だ。もうひとつは、トマス・クーンの考え方は、どの程度テクノロジーに適用できるのかという問題。クーンの主張では、受け入れられた科学的パラダイムは時間経過とともに精巧になり、変則性を生み出し、新しいものと交代していく。これは、テクノロジーについても言えることなのだろうか。

さらには、イノベーションについても注目していきたい。〝イノベーション〟も、テクノロジーにおいては厄介な言葉だ。一般的には改良が実際に行われるとき、あるいはいかに些細なものであっても新しい考え方が試されるときに、イノベーションが引き起こされる。そしてこの考えは、シュンペーターによって（まぎらわしいことに、私の好みではあるが）イノベーションが商業利用される過程の説明に用いられている。私はこの言葉を、テクノロジーの斬新さという一般的な意味で使っていく。しかしこれから見ていくように、この斬新さにはいくつかの形態がある。所定のテクノロジーにおける新しい解決法や、それ自体が斬新なテクノロジー、テクノロジーの新しい実体、そして集団としてのテクノロジーに付け加えられた新しい要素などだ。これからの章では、直接的に「イノベーション」を探究するのではなく――この考えはあまりにも広く、あまりにも漠然としていて役に立たない――斬新さ、あるいはイノベーションのそれぞれの種類を探究していくつもりだ。

探究の旅の後半の始めとしてふさわしいのは、核心となる疑問、この章から先の章へと続いていく重要な疑問だ。進化が働くのは、構成要素として働く既存のテクノロジーから形成される新テクノロジーのおかげだ。では、この〝形成《フォーミング》〟は、正確にはどのようにして起こるのだろうか。どのようなメカニズムで新しいテクノロジーが生まれるのか。あるいは、もっと正確に言うなら、どのようなメカニズムが構成要素に働いて新しいテクノロジーを創出するのだろうか。簡単な答えは完全なるイノベーション――発明と言ってもかまわない――という何らかの過程を通じてということになるし、この点についてはまもなく検討していく。しかし、斬新な構成要素もまた、日常の標準的エンジニアリングから生まれている。そう初めて聞くと、驚きかもしれない。そこで、どのようにしてそれが起こるのかをこの章で考えていきたい。

まず最初に、私が何を日常の標準的エンジニアリングと言っているのかをはっきりさせておこう。

標準的エンジニアリング(1)

エンジニアは、日常の仕事として何をしているのだろうか。一般的に言うと、彼らは人工物を設計し、作っている。また彼らは、手法を開発し、テスト施設を建て、研究を行って素材がどう働くか、あるいは解決法が実際に有効かどうかを確かめている。専用の施設や研究室で取り扱う素材への理解を深めるということも、よく行っている。欠陥を調査し、その修理法を探す。管理し、法的事項について助言し、専門的意見を述べ、諮問委員会の一員を務めている。そして彼らは、問題を熟慮している――無限にあると思える問題について議論し、考え、心配している。

これらすべての仕事を、彼らは果たしている。しかし、私が焦点を当てたいと考え、〝標準的エンジニアリング〟と呼びたい中核部分とは、新しいプロジェクトを実行すること、既知であり認められた原理のもとで手法と装置を統合することだ。これを設計と施工と呼ぶことも、設計と製造と呼ぶこともある。どちらにせよ、これは計画であり、試験であり、既知のテクノロジーの新しい事例のアセンブリだ。それは斜張橋やそのほかの人工物の〝発明〟ではないが、たとえば日本の多々羅大橋〔しまなみ海道にある世界最長の斜張橋〕のような斜張橋の新しい〝バージョン〟や、エアバスのような航空機の新しいバージョンの設計と施工だ。便宜上、この活動は単純に〝設計〟と呼んでいく。

たいていのこの種の設計プロジェクトは――既知のテクノロジーの新しい型を計画し施工すること――ほぼすべての科学活動と同様に、所定の問題に既知の概念と手法を適用するものだ。しかしそれは、標準的エンジニアリングが単純だという意味ではない。難しさは多種多様で、習慣的方法と標準的コンポーネントを使う通常のプロジェクトから、実験的な実践法と部品を必要とするもの、さらにはきわめて高度な問題と特別な挑戦課題のあるプロジェクトまである。例として取りあげるのは、より挑戦的なプロジェクトだ。

標準的エンジニアリングでは――設計プロジェクトでは――実際にはどのようなことが行われるのだろうか。基本的な仕事は、一連の目的を果たすために〝形態〟、つまり構成されたひと組のアセンブリを見つけ出すことだ。要するに、目的とそれを果たすであろう構造概念を合致させ、その構造を現実化できるであろうアセンブリの組み合わせを作ることだ。この過程には、時間がかかることが多い。ほとんどの教科書では、これには三つの段階があると書いてある。設計は全体概念から始め、次にそれを達成するアセンブリとパーツの詳細設計へと入り、それから製造あるいは施行へと至る（これらの段階にはフィードバックが必要とされる）。これは再帰性と呼ぶことができるし、標準的エンジニアリングは全体概念から個々のアセンブリ、その下位のアセンブリ、その下位アセンブリの個々のパーツという、上から下へと連なる階層から成り立っており、それぞれの階層で設計過程が繰り返されていると言うことができる。

ごく簡単に言うと、ものごとはまさにこのように働いている。しかしこれは、ほんの概略だ。この過程は、望ましい特質のひと組（あるいは特に必要な物）から外部へと向かうと同時に、階層の下へも向かっている。その目的自体が、全体概念の必要条件を決定する。目的は中心となるアセンブリの必要条件を決定し、そのアセンブリは支援アセンブリの必要条件を決定し、支援するアセンブリはさらに必要条件を決定する。一九六〇年代後半にボーイング747開発の技術部長だったジョゼフ・サッターは、次のように語っている。「三五〇席の旅客機を設計したかった私たちは、広い単一の床面を考えた。エコノミーの区画で横に九席か十席並べられる幅だ。これで、胴体の幅がほぼ決まった。主翼については、機体の揚力と航続距離、望まれる燃費を最適化できるように努力した。主翼は、まずは離陸時に機体を持ち上げるための空気力学的必要条件によって決定され、それから初期の良好な巡航高度を得るための条件、そして最後にパイロットの着陸が楽になるような合理的なアプローチ速度が決まった」(2)

注目すべきは順序だ。必要条件は航空機の主たる目的から始まり——三五〇名の乗客を運ぶこと——そこから広がって、ひとつのアセンブリの必要条件が次の必要条件を決定する。それぞれのレベルのアセンブリは、互いに適合し支援していなければならない。

この過程は整然と行われ、あらかじめ計画されていた通りに一歩一歩進んでいくだろうと想像するかもしれない。そのように進んでいくプロジェクトもある。しかし、挑戦的な課題の場合には、整然と進むことはめったにない。普通はひとつではなくいくつかの概念——全体的な設計観念——が提案されており、その中には実行不能だと判断するだけのために試験や詳細設計が必要なものもあるからだ。概念を選ぶときでさえ、まずはアセンブリや実際のコンポーネントという形をとらなければならないものがあるし、その多くは特別に設計する必要がある。これらのものがどのように働くかを、設計者が正確に事前予測できるとは限らない。初期の型は予測もしない異常を起こすかもしれないし、期待通りに働かないかもしれないし、まったく動かないかもしれない。あるいは、想定以上の重量やエネルギー、コストが必要かもしれない。そこで、より良い解決策や素材という形での修正方法を探し求めることになる。さらに、アセンブリは互いに釣り合い、すべてが協同してきちんと働くようにする必要があるため、あるアセンブリでの予測外の欠陥は、ほかの部分を調整して相殺しなければならない。設計とは妥協の産物なのだ。

これらのものを機能させるには、アイデアやアセンブリ、個々のパーツを試験して釣り合いを取ってから問題が明らかになるという過程が必要なため、行きつ戻りつする多大な労力が必要となる。(3) 必須となるアセンブリが働かない場合には、プロジェクトそのものを最初からやり直さなければならないかもしれない。そして、プロジェクトがきわめて複雑な場合は——月への宇宙計画を考えてみるといい——そのテクノロジーをさまざまな実験型に分かれるステップに分解する必要があり、それらはマーカーの代用ともなる。そしてそれらの実験型はどれも先行技術から習得したものから組み立てられている。

未知の領域を探究しているプロジェクトの場合、技術上の問題は避けて通れない。一九六五年にボーイング７４７を計画したとき、その重量にはそれまでよりはるかに強力なエンジンが必要だった。必要とされたのは、標準のターボファンの単なるスケールアップ版ではなく、より高いバイパス比をもつエンジンだった（ターボジェットのコアエンジンの一対一とは違い、ほぼ六対一）。プラット＆ホイットニーはこの目的のために、推力の七七パーセントをコンプレッサの前面に設置されている直径八フィートのファン・アセンブリから発生する、ＪＴ９Ｄエンジンを再設計していた。新しい動力機関は性能が大きく向上する見込みがあったものの、革新的な特徴のために繰り返し問題が起こった。可変ステーター（コンプレッサのブレードで気流の制御を手助けするもの）は可動式連結で制御されていたが、何度も動かなくなった（解決法はＷＤ－40潤滑スプレーをたっぷり使うことだった）。以前より高くなるエンジンの燃焼温度のため、タービン冷却のためにより良い手段が必要となった。

やがて、最も難しい問題のひとつは、エンジンを主翼に搭載する方法だと判明する。エンジンが高推力に達すると、据え付けられた土台を前方へと押し出して「曲げ」、エンジンケースはわずかに楕円になる。「問題は、エンジンがあまりにも大きくて重いために、離陸時に下がってしまうことだった」と、JT9Dの副プログラム・マネージャー、ロバート・ロザーティは言う。偏角は一インチの約百分の一とあまり大きくなかったが、偏角のせいで高圧コンプレッサのブレードがケースの底をこすっていた。この種の問題は危険ではなく、ある程度の摩擦は許容できるし、損傷も起こさない。しかし効率と信頼度に対しては、受け入れがたい損失をもたらす。プラット&ホイットニーは、ケースの強化や、事前に楕円形にした摩耗に耐えるシール剤などいくつかの修理法を試したが、成功しなかった。最終的な解決法はY字フレームを逆にした取り付けだった——基本的には、たわみをあまり起こさない場所へと推力を移す手段だ。偏角は八〇パーセント低下し、目的の許容範囲となった。しかし、このつまずきによって747の計画全体に遅れが生じたのだった。最先端のプロジェクトでは、このような失敗は決して珍しくない。

747の時代に新しい機体を製造するには、何千とある計算を手で行わなければならないだけでなく、詳細図面や模型も必要だった。現在では、コンピュータがこの仕事を行っている。コンピュータは、考えた設計をほぼ瞬時に転換して詳細図面と必要となる部品を出し、バーチャルな模型を作ることができる。そして時には、部品の製造を指示することさえできる。しかし、コンピュータ支援の設計と製造であっても、やはり人間による情報は重要だ。ものごとを働かせるには、機械にはまかせられない決断が必要なのだ。設計者は、概念や構成、素材についての判断をしなければならないし、適切な強度や評価、能力についても判断しなければならない。そして、プロジェクトの数多い段階でこのすべてに取り組むためには、人間による調整が必要となる。

プロジェクトの規模そのものが、調整を難しくすることもある。異なるアセンブリは、別々のグループで設計しなければならないかもしれないし——別の会社になる場合もあるだろう——さらに、これらのバランスを取らなければならない。あるチームの解決法が別のグループの障害になることもありうるし、それらを調和させるために何度となく議論を重ねる必要があるかもしれない。この規模になると、標準的エンジニアリングは社会的組織ということになり、そこには整然としたものなどまるでない。歴史学者のトマス・ヒューズは、新しいプロジェクトが成功するかどうかは——実行可能な最終設計を生み出すかどうかは——興味をもっているネットワークが大きいかどうかに大きく左右される、と強調している。そのネットワークとは、そのテクノロジーの擁護者や経済的支援をする官僚、スポンサー、最終完成品によって権力や安全、あるいは権威を得たり失ったりする人々などだ。設計と開発は、組織と活動に関わるきわめて人間的なプロセスなのだ。

問題解決としてのエンジニアリング

少し前に、エンジニアはかなりの時間を——ほとんどすべての時間ということもある——問題解決にあてていると言った。では、どうしてそうしなければならないのだろうか。教師は教え、審判員は審判を下すのだから、エンジニアはただエンジニアリングをしているだけではいけないのか。どうして彼らは、それほど多くの時間を問題解決にかけているのだろうか。

今までの話からは、運の悪さで説明できるように思える——７４７のように、予期せぬ問題に出くわしただけでなく、プロジェクトに対して異なる興味をもつ多くのグループの調整をしなければならない問題が起こるのだ。もちろん、失敗と人間関係の難しさは重要だが、それは主要な要因ではない。エンジニアリングと問題解決は、もっと系統的な理由で密接に関係している。

私が定義したように、標準的エンジニアリングは既知のテクノロジーを取り扱うものだ。それぞれの設計ですでに知られている何かについての新しい型を——新しい実例《インスタンス》を——作るものだ（JT9Dはジェットエンジンの新しい実例だ）。しかし、新しい実例や新しい設計プロジェクトは、テクノロジーのある側面を変える必要があるときにだけ要求される（そうでないときには、既知の標準的設計をそのまま施行することになる）。新たな段階の性能が必要となるとき（JT9Dのときのように）、あるいは異なる物質的環境を設計すべきとき、もしくはより良い性能の部品や素材が利用できるようになったとき、または市場が変化したときに、テクノロジーの新しい型が要求されるのだ。どのような場合であれ、何か違うものを設計しなければならないときにだけ、新しい設計プロジェクトが始まる。

これは、〝新しいプロジェクトは常に新しい問題を提起している〟という意味になる。そして総合的な回答——最終プロジェクト——は常に解決法《ソリューション》であり、アセンブリの適正な組み合わせという考え方や特定のものが、所定の仕事を実行することになる。完成した設計は、特定のエンジニアリング問題への特定の解決法だと言うことができる。

実際には、それ以上のことが言える。総合的な解決法は新しい状況に合致していなければならないため、各段階で選ばれるアセンブリは再考される必要がある——そして、適合するように再設計される必要がある。もちろん、既存のアセンブリやモジュールを使って修正することもあるが、一般的には、既存テクノロジーの新しい型が各段階で作られるときに、それぞれの段階の各モジュールが再考される。もしそれが残りの部分と思うように適合しない場合は、再設計される必要がある。そしてさらに、その再設計にもそれぞれの問題がある。つまりより正確には、完成した設計はひと組の問題に対するひと組の解決法だと言うことができるのだ。

こう言ったからといって、すべての解決法が満足できるという意味にはならない。下手な解決法は、長引く問題を引き起こすことがあるのだ。方向舵の不調（専門用語では変則性）に悩まされていたボーイング737は、少なくとも一回の墜落を引き起こしており、理由を理解して修理するまでに、かなりの時間がかかった。実際、設計の問題がそのテクノロジーの寿命のうちに解消されないこともしばしばだ。所定の航空機に適正な制御システムを装備するという問題は、ライト兄弟のフライヤー号から現代のF35ジェット戦闘機にまで続いている。フライバイワイヤー方式が（コンピュータによる制御が）この解決法として取り入れられたが、これは採用する新しい航空機型ごとに向上し、発達していく解決法だった。

組み合わせと解決法

このようなことすべてから、より挑戦的で困難なエンジニアリングが本質的に問題解決のひとつの形である理由と、なぜエンジニアが常に問題について考えているのかという理由がわかる。

しかしこれは、新しい疑問をもたらす。もしエンジニアリングが問題に関するものであるのなら、「解決」とは、あるいは問題に対するひと組の解決法を構成するものは、正確には何なのだろうか。

私は簡単に、解決法とは所定の仕事を実行する適正な組み合わせだと言った。エンジニアリングにおけるどんな創作物も、ある目的のための構造物——要素の組み合わせだ。そこで、私たちの疑問は次のように問い直すことができる。エンジニアリングにおける解決法はどういう点において構造物なのか、そして正確にはどのような組み合わせが関わっているのか、と。

実のところ、これは私たちにとって中核となる問題だ。本書ではずっと、私たちはテクノロジーを組み合わせとして考えている——そこでは、設計は組み合わせの過程ということになる。では、組み合わせはどのように設計に関係しているのだろうか。

確かに、エンジニアは適切な部分を選び、協同して働くようにそれらを統合する——組み合わせる。しかしこれは、彼らが意図的に選んで何かを組み合わせていることを意味しないし、さらには、何かを組み合わせていることを彼らが意識しているということも意味していない。エンジニアは、自分たちは単にある目的、あるいは特定の仕様の達成に取り組んでおり、それに関わる問題を解決していると思っている。もちろん、知的部分では選択が必要だし、組み合わせを作るためにコンポーネントが選択されている。しかし、組み合わせはエンジニアリングにおける創作過程のゴールではない。ゴールは選択したものの〝結果〟であり、テクノロジーの新しい実例として要素を統合した結果なのだ。組み合わせは副産物にすぎない。

これは、考えを表現する方法との類比が成り立つ。現代心理学も現代哲学も、思考の始まりは言葉では行われないと教えてくれている。私たちは無意識のレベルから考えを——思考を——引っ張り上げ、〝それから〟それを表現する言葉の組み合わせを探す。まず思考が存在し、それから表現する言葉がついていくのだ。

もしあなたが言葉をひとつ以上話すとしたら、よく理解できるだろう。いや、よく感じられると言うべきかもしれない。あなたの会社がモスクワで仕事をしているとしよう。テーブルを囲んでいる人には、あなたとロシア語でしか話さない人もいれば、英語でしか話さない人もいる。あなたが発言するとき、まずはその考えをロシア語で言い、そのあとで同じことを英語で言う。あなたの「考え」は、言葉としてどう表現するかとは関係なく存在している。何かを言うという意図があり、潜在意識のプロセスによって表現する言葉を見つける。その結果が発話だ。それは、会話のときのように短くて自然なものかもしれないし、準備した演説のようにひとつひとつ統合された長いものかもしれない。どちらにしても、それは考えと概念の組み合わせであり、ある目的のために結びつけられ、最終的には言葉である文章と語句によって表現されたものだ。あなたが組み合わせを作ったとは考えていなくても、それでもやはり作ったのだ。

テクノロジーについても同じだ。設計者は何かを〝意図〟して、表現のためにツールボックスや言語を使い、その「心の目」で実行すべき概念と機能性を想像し、それからそれを達成するためにふさわしいコンポーネントの組み合わせを探すのだ(4)。この想像は一瞬のうちに、ほぼ自動的に起こることもある。長い時間がかかって、何度もやり直しをしながら部分を統合することもある。次の章では、このような創作がどのように行われているかを、より詳しく見ていくことにする。しかし今は、言語の場合と同じように、先に意図があり、それを満たす手段は——コンポーネントの適正な組み合わせは——あとになることを留意してもらいたい。設計とは表現なのだ。

これは、エンジニアリングとその継続が創造の場だということを示唆している。エンジニアリングは、設計が重要なほかの分野——たとえば建築や音楽——より、創造性において下に見られがちだ。もちろんエンジニアリングは現世的なものだが、建築もそうだ。エンジニアリングの設計過程は、原則として建築やファッション、あるいは音楽と何の変わりもない。創作や表現の一形態であり、それゆえに、私たちがそのような行為と関係づけているあらゆる創造性の影響を受けているのだ。

エンジニアリングがほかの創造分野より低く評価されているのは、音楽や建築とは違って、非常にうまく機能しているテクノロジーを尊重するように私たちが教育されてこなかったからだ。コンピュータ科学者のC・A・R（トニー）・ホアは、一九六〇年にクイックソート・アルゴリズムを創作した。(5) 実に美しい創作物だったが、アルゴリズムのパフォーマンスを行うためのカーネギー・ホールのような存在はなく、彼の創作に拍手喝采が贈られることもなかった。ほかにも理由がある。テクノロジーにおける創作は、ほとんどが隠れているからだ。テクノロジーの創作は内部に入り込んでいる傾向がある。携帯電話の設計者がある問題を解決した方法など、誰にもわからない。ケースの中やアルゴリズム・コードの行の中、産業プロセスの中などに隠れており、初心者の目にはまったく見えないのだ。たまには、創造性が目に見えることもある。二〇世紀初めの数十年に、スイスのエンジニア、ロベール・マイヤールが創りあげた一連の橋は、将来へ結びつく基盤技術というほど新しくはないが、ル・コルビュジエやミース・ファン・デル・ローエの創作と同じくらい革新的だった。(6) 橋というものに装飾が施され、重厚な石造りだった時代に建てられたマイヤールの橋の外見は優美だ。現代でも、かなりモダンに思える。土木エンジニアのデイヴィッド・ビリントンは、スイスのベルン近くにある一九三三年のマイヤールによるシュバントバッハ橋を、「史上最も美しいコンクリート製橋梁のひとつ」と描写している。渓谷にかかっているのではなく、まるで浮かんでいるように見えるその橋は、無謀とも思えるほどほっそりとしていて、このうえなく革新的だ。

しかし構造物としては、シュバントバッハ橋は新しい形態を用いていない。その橋はアーチの上部にある垂直材で支えられた床という形であり、マイヤールの時代に広く受け入れられていた標準型だ。素材も新しいものではなく、一八九〇年代なかばから使われていた強化コンクリートだ。そして、新しい部品も使われていない。マイヤールは、平凡な手段で優美な表現を達成したのだ。橋床を強化するために、彼は幾何解析から多くを学んだ——彼自身は数学者としての才能はなかった。幾何解析は、大きな重量（トラックなど）を橋全体に均等に配分させるために役立った。橋の物理的モデルを思い描いて欲しい。橋を支える金属片のアーチが端にある二つのブロックに渡されており、そのあいだでたわむという橋梁だ。その上に床——平らな表面材——を置く。これは、アーチに固定され、両端のブロックに留められた垂直ロッドで支えられている。橋床の一方に荷重がかかると、その側のアーチが下に押しつけられ、反対側を持ち上げる。もし橋床が柔らかければ沈み、下向きにかかる力は望ましくないことに一カ所に、つまりアーチの加重がかかった場所に集中する。しかし橋床が硬ければ、硬さでアーチの荷重がかかっていない部分へ働く上方への力に対抗でき、下へ押し下げることができる。こうして、加重は橋梁全体により均等に配分される。

この〝解決策〟は、強度を犠牲にせずにアーチと橋床の軽さを可能にした——そこに優美さがあるのだ。さらにこの軽さは、地上から建てる足場を最小限にすることも可能にした。マイヤールは強化コンクリートという新しい素材を充分に活用することも学び、重量のある石造りから解放された。彼がいかなる装飾も排除したのが、現代でもこの橋のどこを見ても現代的に感じられる理由だ。その形は効率的であり経済的だ。そして革新的だ。しかしこの橋の成功は、それ以上のものを達成したからこそだった。さまざまな部品と素材が、全体に対する流れと調和を作り出すために組み合わされている。完成した物体はテクノロジーの一例だが、同時に芸術作品でもあるのだ。

私は標準的エンジニアリングやその名人を美化したいわけではない。マイヤールの橋に見られるような名人芸は、「天才」に由来するものではない。それを生んだのは、ほかの何よりも何年にもわたってゆっくりと積み上げられてきた知識と専門的な知恵であり、これぞまさにマイヤールがもっていたものだった。そして、標準的エンジニアリングのすべての実例が、マイヤールの作品と同類である訳でもない。ほとんどのプロジェクトは、標準的な問題に対する標準的な解決法で構成されている。要求される特性や仕様は変わることもあるが、標準的な枠組での再計算や再設計以上のことが必要とされることはほとんどない。しかし、最も平凡なプロジェクトだとしても問題に対する解決法、あるいはひと組の問題に対するひと組の解決法であり、それ自体は創造性の影響を受けるのだ。

ここから、ある結論が導かれる。設計とは、解決法を選ぶことだ。したがって、それは選択の問題になる。テクノロジーのすべての部分が重量や性能、コストなどによって厳しく縛られているのだから、選択肢の数には制限があるように思えるだろう。しかし逆だ。制限は解決すべき問題をより複雑にするため、その仕事を果たすためにより多くの部分が必要になる。複雑なプロジェクトの場合、表現法の選択肢――数多くの解決法と、それらの解決法内部の解決法（下位の解決法）――は膨大なものになる。それがどのようなものであっても、テクノロジーの新しい型は新しい構成の潜在的な源であり、そこにはおびただしい数の構成があるのだ。

実際には、構成《コンフィギュレーション》の数は可能性のある数より少なくなる。エンジニアは以前に利用した解決法を――語句と式を――繰り返す傾向があり、すぐに使えるコンポーネントを用いる傾向があるからだ。そのため、ひとりのエンジニアのプロジェクトにはほとんど斬新なものがないのが普通だ。しかし斬新な解決法を生み出すために、多くの設計者が並行して取り組んでいる仕事は、特定の目的を達成するための概念であったり、ドメインの選択であったり、コンポーネントの組み合わせであったり、素材や構成だったり、製造技術だったりと、さまざまだ。これらすべてのものが積み重ねられ、既存技術とそのドメインを前へと進めていく。このようにして、新たな解決法と下部の解決法についての経験が着実に累積し、テクノロジーは時間をかけて変化し向上していく。その結果がイノベーションだ。

経済史家のネイサン・ローゼンバーグは、このような小さな改良の累積的な影響について、「このような改良は地味な設計とエンジニアリング活動によって達成されるが、その改良はかなりの生産性向上と、産業経済における消費者福利の増大という実質を作り出している」と語っている。(7) 標準的エンジニアリングは、イノベーションに大きく貢献している。

標準的エンジニアリングは〝学習する〟のだ。

構成要素となる解決法

標準的エンジニアリングがしているのは、これだけではない。テクノロジーの進化にも貢献している。私が今まで言ったことから、すでに読者はそう予想がついていただろう。たいていの場合、エンジニアリングの問題への解決法は特定のものであり、テクノロジー全般のレパートリーには入らない。しかしときに、繰り返し使われるうちに独立的にオブジェクトとして扱われるようになり、次のテクノロジーを構成するための新しい要素として用いられるものがある。

エンジニアリングのどんな手引き書を見ても、標準的問題に対する多くの解決法が載っている。私がもっている『機構と機械装置の資料集 *Mechanisms and Mechanical Devices Sourcebook*』(8)には、「回転軸を連結する十九の方法」と「十五種類のカム機構」が載っている。電子工学についての手引き書には、アームストロング発振回路、コルピッツ発振回路、クラップ発振回路、バッカー発振回路、ハートレー発振回路という五種類の発振回路が図解してある。このような手引きが提供しているのは、繰り返し起こる問題への標準的な解決法であり、特定の利用目的に応じて変更できる設計だ。これらの解決法は、未解決の問題への解答としてきちんと追究された、純粋な発明として生まれるときもある。しかしたいていは、実際に仕事をする中で見つけた新しい方法、つまり標準的な問題を解決するための既存コンポーネントの賢明な組み合わせとして生まれる。もし完成した設計が特に役立つ場合はほかのものに利用され、コミュニティに広がりはじめ、やがて一般的に使われるようになる。それは、新しい構成要素になるのだ。

このプロセスは、リチャード・ドーキンスの言うミーム(9)のように働いている。初めてドーキンスが考えついたミームは、信仰やキャッチフレーズ、ファッションのような文化表現の単位だ。ミームは模倣され、繰り返されて、社会全体に広まっていく。エンジニアリングにおける成功した解決法や考え方は、このように振る舞っている。これらもまた、模倣され繰り返されて、実際にテクノロジーにたずさわる人々のあいだに広まっていく。それらは、組み合わせに使える要素となっていくのだ。

実際、よく使われる解決法は——成功した組み合わせは——モジュールとなる。名前がつけられ、通常使用が可能なモジュールとして、装置や手法の中に埋め込まれることになる。それ自体がテクノロジーになるのだ。言語の場合に、ある複雑な思考のまとまりを要約できる新しい用語が、語彙の中に含まれていくのと同じことだ。「ウォーターゲート」や「ミュンヘン」という言葉は、はじめのうちは一連の政府の特定の悪行や交渉という複雑な行為を要約する表現だった。今では「ゲート」という接尾語や「ミュンヘン」という言葉は語彙の中に取り込まれており、政府の悪事や政治的有和全体に対して使うことができる。これらの言葉は言語の構成要素となり、英語表現で使えるレパートリーに加わったのだ。

解決法が構成要素を生み出すというメカニズムは、ダーウィンの進化論的だろうか。私が説明したように、それはダーウィン説のように〝聞こえる〟。エンジニアリングの問題解決法はさまざまで、より良い解決法が選ばれ、広がっていく。しかし私たちは、慎重に考えなければならない。新しい解決法は、生物学的変化のように一歩一歩積み重ねられることで生まれるものではない。それらは瞬時に統合することができる組み合わせであり、目的にそった問題解決法から生まれるものなのだ。

正確には、こう言うことができる。エンジニアリングにおける問題解決のプロセスは、斬新な解決法を——斬新な組み合わせを——生み出す。その方法は唐突で、ダーウィン的進化のようなゆっくりと累積した変化が匹敵できないほどだ。その後、この中からより良いものが選択され、実際のテクノロジーを通じてダーウィン流に広まっていく。その中には、次のテクノロジーの構成要素になるものもある。構成要素を作り出す第一のメカニズムは組み合わせであり、ダーウィン流のメカニズムはそのあとで選別プロセスとして働き、その中で解決法の一部だけが生き残っていくのだ。

ちなみに、この選別はテクノロジーにおける最上の——あるいは最適応な——解決法が常に生き残るという意味ではない。エンジニアリングにおける所定問題の解決にいくつかの方法が生まれた場合、それらの方法は設計者に採用されることを目指して互いに競争していると考えることができる。ひとつの解決法がほかより普及すると、ほかより目に付きやすくなり、それによって設計者に採用され、向上される可能性が高まる。偶然の出来事が——誰がいつ誰に話すのか、誰の方法が業界誌で取り上げられるのか、誰が何を奨励しているのかなどが——あるひとつの方法を早くから推し進めることになることもある。これによって、その方法はほかの設計者にさらに採用されるようになり、ドメインの中で実践方法の「ロックイン」へと至るのかもしれない。支配的になった解決法には当然ながら利点があるが、競合する解決法の中で必ずしも最善とは限らない。偶然によって広まったのかもしれないのだ。

偶然によって広まったものはさらに広まり、そしてロックインしたものになるという経過は、すでに充分に説明したので、ここでは詳しく語ることはしない。普及したテクノロジーは（あるいは解決法は）さらに優位になり、ロックインしたものとなる。ここでは、テクノロジーの「選択」にポジテイブ・フィードバックが働いている。

このポジティブ・フィードバックは、原子力発電所の設計の場合にも見られる。主要な問題のひとつは、炉心からタービンへと熱を移動させる冷却素材の選択だった。それとは別に、炉心の中性子のエネルギーレベルを制御する、減速材の選択という問題もあった。原子力発電の初期に多くの解決法が提案されていた。あるエンジニアは、試さなかった減速材はビールぐらいなものだと言っている。広く取り組まれたのは三つの方法で、冷却材と減速材の両方に軽水（H_2O）あるいは重水（D_2O）を使うやり方と、冷却材にガス（通常はヘリウムあるいは炭酸ガス）、減速材にグラファイトを使うやり方だった。

これらの方法の実験に、さまざまな国や会社が取りかかった。カナダは水力発電という手段で作れることから、重水を推進した。イギリスはガス減速材の実験を行った。しかし、どの方法も支配的にならなかった。アメリカは数種類の実験システムを立ち上げていたが、その中に海軍がハイマン・リッコーヴァー提督のもとで開発していた原子力潜水艦のプログラムがあった。リッコーヴァーは、ナトリウムの方が効率的でかさばらないにもかかわらず、潜水艦のために軽水冷却を選んだ。[10] 潜水艦の中でナトリウムが漏れるのではないかと懸念したからだ。水の中でナトリウムが爆発した場合、空気に触れると炎上する。さらに、エンジニアが経験を積んでいた加圧水では、液化ナトリウムのシステムはあまり試されていなかった。

その後の一九四九年、ソヴィエト連邦が最初の原子爆弾実験に成功した。アメリカの対応のひとつは、どんな原子炉でもかまわないから、きちんと機能する原子炉を所有していることを見せつけて、核における優位性を示すべきだという意見だった。アメリカの原子力委員会はリッコーヴァーの提案を受けて、航空母艦搭載を目的とした原子炉をペンシルヴェニア州のシッピングポートで陸上用に再設計させることにした。新しい原子炉は、海軍のものと同様に軽水を使用していた。その後のウェスティングハウスやゼネラル・エレクトリックによる原子炉は、この設計とその他の軽水の知識を利用している。そして、歴史学者のマーク・ハーツガードの言うように「軽水モデルは、その後一部の専門家が経済的にも技術的にも劣っていると示唆したにもかかわらず、その他の方法が決して太刀打ちできない有利なスタートと勢いを得て産業を先導し、将来の民間用原子炉設計における基盤を築くことになった」のだ。

一九八六年になると、世界中（ソヴィエト連邦以外）で建設されている原子炉一〇一基のうち八一基が軽水だった。軽水という解決法が支配的になった。[11] この方法はささやかな「偶然」のきっかけで先行し、将来の設計まで支配するようになったのだ。普及したことで、可能性のある「解決法」のひとつが選ばれた。しかし、のちの研究が示しているように、それは必ずしも最上のものではなかった。

「標準的エンジニアリング」について深く考える前、私はこれがテクノロジーのイノベーションや進化に大きく貢献しているとは思っていなかった。しかしこの章でわかるように、私の考え方は変わった。標準的エンジニアリングにおけるすべてのプロジェクトは一連の問題を提起しており、すべての完成品はそれらの問題に対するひと組の解決法だ。役立つ解決法は累積し、技術者のあいだに広まっていく。そして中には、テクノロジーの語彙に付け加えられるようになる解決法もある。そのような解決法は、将来のテクノロジーに利用できる要素や構成要素になっていく。標準的エンジニアリングは、イノベーションと進化のどちらにも大きく貢献しているのだ。

次の章では、今までとは異なる疑問、真の意味で斬新なテクノロジーがどのように発生するのかに移ろうと思う（既知のテクノロジーの新型と対照的なものとしてだ）。別の言い方をすると、発明はどういう働きをするのか、ということである。これについて考える前に、要点を明確にしておきたい。目的のあるシステムの多くは――労働協約や不正行為法、労働組合、金融システムなど――まったく斬新なものだ。これらは、それ以前にあった何かが新しくなったものではない。しかし、意図的に作り出されたものでもない。つまりは、標準的エンジニアリングと発明のあいだに位置している。このカテゴリーについても、どう考えるのかを決める必要がある。

私たちに言えるのは、このようなシステムは単に現れただけであり、その経過は解決法が標準的エンジニアリングから発生するときと類似しているということだ。労働協約は「発明」されたものではない。それは、相互扶助のために中世に生まれた職人団体――同業組合や職能別組合――から発生したものだ。そして、初期の史料からその形成過程をほぼ知ることができる。

けば刈り職人（毛織物から余分なけばを刈り取る職人）は、「シティ内で同じ職業に従事している使用人たちすべてとつながりがあり、彼らのあいだで結託して、雇い主と召使いあるいは使用人が同意に達するまでは、彼らのうち誰も働かないようにと命じることができた」(12)

この文章で、発生期の労働組合の明確な形を理解することができる（引用は一三〇〇年代の資料）。何世紀もかけて、社会的慣行として始まったものが強固になり、社会に広まり、状況に応じて異なる形を取るようになったのだ。

計画なしに生まれたこの種のものは、決して珍しくない。しかし、ここではそれ以上の説明はやめておこう。議論のために留意しておくべきなのは、目的のある斬新なシステムは、習慣や協約、経済や社会の問題への解決法として、事前の計画なしに生まれることがあるということだ。そして、もし役に立った場合は、より大きなシステムの中のコンポーネントになることもある。しかし私たちの主要論点は、意図的に作りあげられたテクノロジー、つまり発明にある。では、これらのものがどのようにして生まれたのかを、考えてみよう。

第6章　テクノロジーの起源[1]

ダーウィンが、自説の生物学的進化論のために解決を迫られたいちばんの問題は、新しい種がいかにして現れるかということだった。本書の理論の中でこれと同等の問題といえば、根本的に新しいテクノロジーがいかにして現れるかということだ。すでに話したように、ダーウィンの解答はテクノロジーには適用できない。たとえばジェットエンジンは、それまでのエンジンが少しずつ改良を加えられて、自然淘汰によって生き残ってきた結果の集大成として登場したわけではない。あるいは、既存の部品をひとまとめにしてどこかに放り込み、概念的または物理的にごた混ぜにしたような、いい加減な組み合わせで生じたものでもない。「郵便馬車を次から次へとつなげるようなことをしても、鉄道は決して生まれてこない[2]」とはシュンペーターの言葉である。組み合わせることが無駄なわけではないが、ただでたらめにそうするのではなくて、もっと何か規則性のようなものをもって行われる必要がある、ということだ。

では改めて、新テクノロジーはいかにして現れるのか?

本当に知りたいのは、発明がどのように生み出されるのか、ということだ。そして不思議なことに、その重要性にもかかわらず、テクノロジーに関する近代的思考の中には、この問いに対する満足な答えが見つからないのである。発明について理論化する試みの主なものは一九三〇年代が最後で、その後何十年にもわたり時流から外れてしまったのだが、これは発明で中心的役割を担うと考えられる〝創造的行為〟を評価する難しさが少なからず災いしたせいだ。そういうわけで、今日発明がテクノロジーの中で占める位置は、心理学における〝精神《マインド》〟や〝意識《コンシャスネス》〟と同様のものとなっているのである。みんなそれについて話したがるのだが、それが何なのか本当に説明しようとするわけではない。専門書でも触れられてはいるが、その働きを説明しないで済まそうと、そそくさと通り過ぎてしまうのだ。

もちろん、新テクノロジーが現れる過程については、すでに知られていることもある。主に社会学の研究からわかってきたのは、新テクノロジーが社会の要求に応える形で作られるということだ。新テクノロジーは、それが一般的に適用される分野とは無関係なところで得られた経験から生まれることが多い。しばしばリスク負担の伴う状況で考案される。情報交換によれば、より良いものが考案されるのことである。仲間同士の連携によって生まれることが多い。疑うまでもなく、こういった発見はどれも本当である。だが、新テクノロジーがいかにして登場するかという問題については、言ってみれば種がどのようにして発芽するかを説明するのに、それに適した土壌を示す、といった程度のことしかやっていない。

そのようなわけで、テクノロジー形成の中核にあり、経済機構と繁栄の基盤を築き上げてきた何十年にもわたる過程の中核にあるものは、謎のままである。ではどんな源から、どんな過程を経て、経済活動を成立させる工夫や理論や製品は生まれるのだろうか？　それが問題である。

新しいテクノロジーと見なされるのはどんなものか？

まず、テクノロジーを発明に変えるものをはっきりさせよう。どんなものが根本的に新しいテクノロジーで、過去のテクノロジーから根源的に決別したものとみなされるのか？　私の定義では、根本的に新しいテクノロジーとは、対象となる目標にとって、新しいかあるいはそれまでとは違う原理を元にしたものである。思い出してほしいのだが、原理とはあることが作用する方法であり、あることが動作する基底となる仕組みである。

これは、発明についての一般的な考えに照らし合わせて、本当らしく聞こえるだろうか？　考えてみよう。一九七〇年代、コンピュータの印刷に使われていたのはラインプリンターで、これは基本的には活字がひとそろい固定された電動式タイプ装置だった。そこに登場したレーザープリンターは、コンピュータがレーザーに指令して、ゼログラフィック・ドラムに文字をいわば〝塗り付ける〟という、それまでとは違う原理のものだった。一九二〇年代には、飛行機はピストンとプロペラの組み合わせで動いていた。そこに登場したターボジェットは、反動推進力を用いたガスタービン・エンジンで動くという、それまでとは違う原理のものだった。一九四〇年代、計算は電動式の機器により行われていた。そこに登場したコンピュータは、電子リレー回路を使うという、それまでとは違う原理のものだった。これらのケースのすべてで、新テクノロジーが登場している――レーザープリンター、ターボジェット、コンピュータ――そして、どれも新しい、あるいはそれまでとは違う基本原理に基づいているのである。

つまり、原理の変更という、根本的に新しいテクノロジーを生む一過程によって、発明は標準的エンジニアリングと区別されるのだ。同時にこれは、単なる改良と真の創造とのあいだの明確な区分も可能にする。ボーイング747は707のテクノロジーを〝発展〟させたもので、発明ではない――そう言ってもいいわけだ。既存のテクノロジーを改良してはいるが、総体的には新しい原理を使っていない。ワットの蒸気機関はニューコメンのものの改良型である、と言ってもいい。復水器（凝縮装置）のような新しいコンポーネントを導入してはいるが、新しい原理はないのだ（商業的な見地からは、改良型の方が純粋な創造より重要な場合もある）。どちらの場合も、対象となる目標のために役立っているのが、新しい、あるいはそれまでとは違う基本原理なのかどうかの判断を必要とするだけのことだ。これによれば、グレーゾーンの存在にも適切に配慮できる。マイヤールの補強スラブは改良コンポーネントか、新原理か？　答えは両方だ。基本原理の新しさの程度によって、標準的テクノロジーと根本的な新規性のあいだは連続的に変化するのである。

ここまで来てもなお、新しいテクノロジーがどうやって生まれるのか、真に理論化できてはいないのだが、〝新しい〟とみなされるものの作業標準は手に入ったことになる。

では、新テクノロジーはどうやって生み出されるのか？

土台にしたいアイデアは、新テクノロジー、つまり発明が、新原理を使っているということだ。思い出してほしいのだが、原理とは概念であり、実際に使われていて、ある効果や現象をもたらすアイデアである。したがって、新原理に基づいて作られたテクノロジーとは、実はある効果の新しい、あるいはそれまでとは違った使い方に基づいて作られたものなのだ。これは、新テクノロジーがどこから生まれるかを理解するための重要な手掛かりとなる。新テクノロジーは、ある目的をもった必要性を、利用可能な効果と、概念的かつ物理的な形でリンクすることから生まれてくるのである。発明は、必要性を充分に満たすために、その必要性をある効果とリンクすることで得られるのだと言えよう（もちろん、標準的なテクノロジー以上のものだとみなされるためには、原理あるいはこの効果の使用法が、目指す目標にとっては初めてのものでなければならない）。

このリンケージを鎖として思い描くとわかりやすいだろう。その一端には満たしたい必要性あるいは達成したい目標があり、他端には基本となる効果があり、これは必要性や目標に合わせた形で利用される。この二端をつなぐのは、包括的な解決法であり、新原理、つまり目標達成のために効果をどう使うかという概念だ。しかし、原理を適切に機能させるのは至難の業で、独自の解決法が要求される。この場合、解決を可能にするようなシステムやアセンブリの形をとるのが一般的だ。この鎖のリンクが、総体的な解決法になると考えることができるのだ。

このたとえをもう少し続けよう。同じように、リンクのひとつひとつも独自の役割を担い、そのためそれ自体の問題に直面する場合もある。つまり、それ自体の下位リンクあるいは下位・下位解決法が必要になるのである。鎖は、予想されるように再帰的であり、それは下位リンク、すなわちさらなる解決法を呼び出すリンク（解決法）から成っている。これがそれ自体の解決法あるいは発明をさらに必要とすることもある。発明は、この鎖をひとつにまとめる過程と考えることもできる。これは、メインの問題や下位の問題のそれぞれを物理的に対処できる形のものに変換できるまで、つまり鎖が完全にリンクするまで続けられる過程なのである。

現実の世界では、このリンケージの過程も多種多様となる。ある発明はひとりの人間の働きだけで生まれるし、複数のチームが個別に作業して生まれる場合もある。莫大な投資を計画的に行った結果や、個人がわずかな資本を元手に努力した結果の場合もある。あるものは長年にわたる試行錯誤から生まれ、志なかばで終わった不十分な結果の連続が目を引き、またあるものは、ゼロからいきなりのように完全な形で生み出される。

だが、どれほど多様であろうと、発明は二つの大きなパターンに区分できる。まず鎖の一端を占める、目標あるいは必要性から始まって、それを達成する原理を見いだす場合がある。あるいは反対側の端の、現象または効果から始まって、その中に何かに役立つ原理を見いだす。この場合、現象または効果は発見されて間もないのが一般的だ。いずれの場合も、原理が実行可能なものに変換できて初めて、その過程は完了となる。

この二つのパターンのあいだには共通点が非常に多いので、両方を詳述する必要はない。必要性が認識された側から始まる発明の過程を探っていくことにしよう。発明が現象から始まるもうひとつのパターンについては、後ほど簡単に解説する。

基底となる原理を発見する

では、発明とは目標から始まって、必要性を認識し、それに対する解決法を見つけるものだとしよう。この必要性は、経済的なチャンスから来るかもしれない。これには、大きな収益を生む可能性があるマーケットの発見、あるいは経済環境の変化や、社会的または軍事的な要求などが挙げられる。必要性が、外部からの刺激ではなくテクノロジーそのものから生じる場合も多い。一九二〇年代、飛行機の設計技師は、高高度で空気が希薄になればもっと高速で飛べることを発見した。しかしそのような高度では、過給機で空気を圧縮して取り込んだとしても、レシプロ・エンジンに充分な酸素を送ることは困難になるし、プロペラは空気をしっかり〝つかむ〟ことができなくなる。必要なのは、ピストンとプロペラの原理とは違うものだった。

普通このような必要性が生じた場合、それに注目する専門家がいたとしてもこれといった解決策が見つからないので、しばらくはそのまま捨て置かれる。標準的テクノロジーで対処可能ならこういうことにはならないはずだ。したがって、当然のことながら問題の解決は困難なものとなる。この難問に手を付ける者は、必要性を満たすには限界を超えなければならないという状況に直面するが、それを、解決すべき技術的問題という一連の現実的要求へと直ちに収斂させる。ジェットエンジンの発明者であるフランク・ホイットルとハンス・フォン・オハインは、どちらも旧来のピストンとプロペラの原理に限界を感じており、違う原理の必要性を認識していた。だが、二人はこれを技術的問題という一連の現実的要求として表現し直したのだ。ホイットルは、高高度の希薄な大気中でも機能して、できることならプロペラなしで済むような、軽量で効率のよいパワー・ユニットを研究した。一方フォン・オハインは、空気熱力学的に定常流を生み出せるプロセスを得ようとしたが、それは「このようなシステムならば、空気を取り込んでも、マッハのスピードに耐えられないエンジン部に到達する前に減速できる」[3]ことがわかったからだ。必要性は具体的な問題となったのである。

今や、問題のほうから解決策に出会うつもりで、自ら名乗り出てきたようなものだ。頭脳（しばらく発明者を無二の非凡な頭脳の持ち主として単数で扱うが、実際には数人の頭脳が作用しているものだ）はこの問題に掛かりきりになる。いろいろな可能性を模索して、手を加えれば要求を満たしてくれそうなものを探す。この探究は抽象的で広範囲にわたり、執拗なものになりがちだ。ニュートンが、重力軌道の理論を思いついたのは「ずっと考え続けていたからだ」と言ったのは、有名な話である。継続的な思考は潜在意識の働きを可能にし、場合によっては過去の経験からの影響やコンセプトを掘り起こすこともでき、無意識レベルで注意を喚起するので、原理として使えそうなものや、問題の本質を明らかにする新たな方法が閃くと、いずこからか啓示的な囁きが聞こえるのだ。

この段階で求められるのは完全な設計図ではない。前述したように、必要なのは基底となる概念だ。問題が要求するものを満たせるような、何らかの効果を利用したアイデアで、それを実現するための方法も、概念的なものが必要となる。

原理として使えそうなアイデアがいくつかあっても、それぞれ詳細に検討してみると、独自の難しさをもっていることがわかり、そのため下位の問題で概念レベルの新しい問題が発生する。この新たな障害によって、解決すべき問題の範囲が絞られて見直されることになる。というのも、ある部分が解決できれば、主要な部分もこれにならうか、少なくとも処理しやすくなるということが、発明者の頭脳にもわかってくるからだ。この工程では、ある段階で原理の実行性を探ったり、その下位レベルではこの原理に伴って生じる問題に対処したりして、いくつかのレベルのあいだを行き来することになる。

この過程は、未登頂の山への登攀を計画するやり方と似ている。登頂することは問題を解決することに等しい。基底となる原理を検討することは、決められた出発点からうまく登れそうなルートの包括案や主要ルートを提示することだ。山にはいくつもの障害がある――クレバスだらけの氷河、難しい斜面の横断、切り立った崖、雪崩や落石の危険がある直線コース。各々の新しい原理も登山計画も、困難なルートに直面して、それを克服しなければならない。ここで再帰性が関わってくるのだが、これは、障害のそれぞれが原理にとっては下位の問題となり、それぞれの解決法（本書の場合は下位の原理または下位のテクノロジー）を必要とするからである。包括的な解決は、麓の出発点が登頂可能なルートとつながって、初めて達成できる。もちろん、この山のルートのいくつかは、使われたことがあるかもしれない。本書の文脈の中で言えば、下位のテクノロジーで役立つものがあれば、問題の解決にはそれを使う傾向がある、ということだ。したがって、この工程はゼロから全ルートを開拓するというよりも、すでにわかっているパーツを縫合する作業に近いとも言えよう。工程は部分的には再帰的だが、全体としてはパーツを継続したもの、直線コースを組み合わせたものとなる。これが登攀計画を、つまり本書の場合は新テクノロジーの検討作業を形成するのだ。

使えそうなルート、つまり原理はどこから来るのか？

そういったものが生まれる状況はさまざまだ。原理を借りてくることもある。他の目的や分野でそれを使っているところから拝借するのだ。一九二八年、ホイットルは多くの可能性を模索していた。(4) ロケット推進、回転ノズルによる反動推進、プロペラによるタービン推進（ターボプロップ）、ピストン・エンジンで動かすダクテッド・ファン推進機（反動ジェット）……こういったものが生み出す下位の問題に、ホイットルはずっと頭を悩ませていた。どのアイデアも、他の目的で使われていたテクノロジーからの借りものだったのだ。

過去の概念の組み合わせから、包括的な原理のヒントを得られることもある。一九四〇年、イギリスでは戦争への取り組みの一環として、レーダーから強力なマイクロ波を発信する方法を探っていた。物理学者のジョン・ランドールとヘンリー・ブートは、空洞マグネトロンの原理を思いついた。(5) これはシリンダー型の電子管で、レーダー用のマイクロ波を発生させるために使われ、電子の流れの制御には磁場を用いる。これを実現するために、二人はマグネトロン（強力な出力部）とクライストロン管（マイクロ波を増幅するために共振空胴を使用した装置）の両方のいいところを組み合わせたのだった。

ときに原理は過去の経験から呼び起こされたり、同僚の発言から閃いたり、何かの理論をヒントに導き出されたりする。実際、ランドールが書店でヘルツの本『電波』の英語版を見つけたのも偶然のことだった。この本のおかげで、シリンダー型共振空胴という発想が生まれたのだ。これは、基本的にはヘルツが『電波』の中で説明していたワイヤループ共振器を現実化したものなのである。

ときに原理、つまり理論上の解決法は、下位の問題を各々解決できるような既存の機能をいくつか組み合わせることで生まれる。一九二九年、アーネスト・ローレンスは、高エネルギーの原子衝突に必要な、荷電粒子の加速法を研究していた。粒子は電界により加速できる。しかし、当時提案されていたどの手法でも、強力な電界を作るために必要な超高電圧を得る難しさが課題になっていた。ある夜、大学の図書館で関連雑誌をめくっていたローレンスは、ノルウェーの技術者ロルフ・ヴィデレーの論文に目を留める。振動を繰り返して、比較的低い交流電圧で粒子を加速すれば、高電圧の問題は避けて通ることができる——それがヴィデレーのアイデアだった。方法は、管と管の間に少しだけ隙間を開けていくつもつなぎ合わせ、その中に粒子を放出するというものだ。この隙間を横切る交流電圧がピークに達した瞬間に、粒子がそこに到達するように、管を配列しなければならない。しかしそうすると、粒子の速度が上がるにつれて管の長さを延ばす必要がある。ローレンスは、これはいいアイデアだと思ったが、計算してみると、自分の目的に必要なエネルギーを得るには、管を実験室の窓のはるか先までつなげることになってしまう（最新の方法では二マイルの長さになる）。ヴィデレーのアイデアは現実的ではなかった。

しかしローレンスは、当時の物理学者の常識として、磁場をかけられた荷電粒子が円軌道を描くことを知っていた。「私は自問してみた……二つの電極〔管〕を繰り返し使い、一種の磁場のようなものを適当に作ることで、電極のあいだでプラスイオン〔粒子〕を飛ばすことができないだろうか？」(6) 要するに、用意した二つの管をそれぞれ半円の形に曲げ、それを組み合わせて作った円のつなぎ目に隙間を設けて、磁場を使って管の中で粒子を繰り返し周回させれば、スペースを節約できるということだ。そうしておいて、隙間からタイミングを見計らってヴィデレーの言うタイミングで電圧を掛ければ、粒子は管と管のあいだを通過するたびに加速される。粒子は周回するうちに速度を増し、円軌道が広がっていき、ついには高エネルギーを発生し始める。

この原理が、のちにサイクロトロンを生み出した。注目して欲しいのは、ここまで到達するあいだに、超高電圧を得るという課題が、いくつもの管のつなぎ目に交流低電圧を掛けるというヴィデレーによる下位の原理で形を変え、次いで必要スペースを大幅に節約するために磁場を使うというローレンスによる下位の原理で、さらに形を変えていったということである。ここでは原理は既存のもの、既存の理論から導き出されたものだ。

すべてこれらのケースでは、原理として他の考案、方法、理論、機能など、すでに存在するものを利用したり、それから着想を得たりしている。(7) ゼロから発明されたものなどない。発明を生む独創的な心にあるのは、何かを利用するという考えであり、なかば無意識なままヒントをもらうような、精神的な借用とでもいうべきものなのである。

ときに原理は、大した努力もなく速やかに生まれる。だが、一般的には包括的な問題は意識の底に居座って、困難に阻まれたうえ、見渡す限り原理の姿かたちもないものだ。この状態は何カ月も、あるいは何年も続くことがある。

解決は、それが訪れるのが突然のこともある。チャールズ・タウンズは、のちにメーザーとして実現するアイデアが浮かんだときのことを、「鍵となる啓示は突然現れた」と語っている。フランク・ホイットルも、次のように語っている。

ウィタリング空軍基地にいたとき、ある考えが突然閃いた。〔コンプレッサを動かすのに〕ピストン・エンジンの代わりにタービンを使えばいい、と。この変更で、以前考えていたピストン・エンジンを使う方法よりも、はるかに高い圧力比が生み出される。要するにガス・タービンに戻ったわけだが、今回はプロペラを動かすのではなく推進ジェットを動かすタイプだ。いざアイデアが具体化してみると、こんなにも当たり前で驚くほど単純な発想にたどり着くのに、これほど時間が掛かったのが、かえって妙に感じたものだ。計算してみると、以前の案よりもずっとすぐれていることがわかった。(8)

このようなアイデアが閃くと障害は取り除かれ、具体的には、下位の原理を実用的に組み合わせて作った包括的な原理か、包括的な原理を実用化する礎となる下位の原理のような形を取る。これは結びつきの瞬間として現れる。常に結びつきなのだ。なぜなら、この閃きが問題とそれを解決できる原理を結びつけるのだから。奇妙なことだが、このような画期的発見の経験を語る人々によると、閃きはあたかも潜在意識下ですでにパーツが組み立てられていたかのように、完全な形で訪れるという。しかも、その解決法が当を得たものであることが、自分にはすでにわかっているという感覚――その適切さ、優雅さ、驚くほどの単純さを感じ取れるのだ――と共に現れる。閃きはチーム全体にではなく個人に訪れ、それは常に個人の潜在意識から湧き出てくる。そして、活動のさなかや、思考に熱中しているときではなく、静的な瞬間に生まれる。

この訪れで全工程が終わるわけではなく、これは道なかばの節目のひとつにすぎない。生まれたアイデアを、実用的なテクノロジーの基本形へと変換できて、初めて工程が完了する。ちょうど、主旋律を思いついた作曲家が、それを表現するには各部分を譜面に落とさなければならないように、発明者は主要な概念を表現するために、作業用パーツを組み合わせる必要があるのだ。

概念を現実的な形に変える

概念を現実的な形に変えるという次の段階は、通常はすでに部分的に始まっている。装置や手法のコンポーネントのいくつかは、すでに実験用に作られているのが普通で、基本的概念を実際に試してみるという段階は終わっていることもある。つまり、この発明の第二段階は第一段階と一部重なり合っているのだ。概念を完全に現実化するには、詳細なアーキテクチャを検討しなければならない。キーとなるアセンブリが作られ、バランスよく配置され、組み立てられる。計測機器が使われる。理論計算が行われる。すべてこれらには励ましと資金援助が必要だ。この段階では競争が効果を上げる。実際、相手のグループが原理に気づいてそれを発展させれば、競争は激烈になるだろう。

基本的に単なるアイデアでしかなかったものを実現させるには、難問が数多くある。それらは理論的には予測できるが、この段階まで来ると実際に対処しなければならなくなる。解決案が出され、そして失敗する。機能しないパーツがあると再設計が要求され、検定が必要になる。この発明の第二段階では、課題となる下位の問題について、現実的な解決法を見つけることが主な作業となり、標準的エンジニアリングの性格が濃厚になる。

問題の解決は非常に困難な場合もある。一九六〇年代後半、ゼロックスのゲイリー・スタークウェザーはディジタル・ビット、つまりコンピュータが作り出すあらゆるイメージや文字を、当時は一般的だった低速で扱いにくいラインプリンター（基本的には大型のタイプライターだ）だけに頼らずに、直接印刷できないかと考えていた。当初スタークウェザーがたどり着いた基本的なアイデアは、レーザーを使ってゼログラフィック・ドラムにイメージを〝塗り付ける〟ことだった。しかし、このアイデアを実用化するまでには、幾多の試練に直面しなければならなかった。特にそのうちの二つには、思い切った対策が必要だった。このテクノロジーを商業的に成り立つものにするためには、文章を一ページあたり長くても数秒で複写用ドラム上に走査しなければならない。これを高精度で実現するには、黒と白の点をドラム上に形成するために、毎秒五千万回の割合でレーザービームを制御（スイッチのオン／オフ）する性能が必要であることがわかった。当時はこれほどの割合でレーザーを制御することは不可能だった。そのうえ、印刷するページの各行をドラム上に走査する作業で、毎秒何千回となく前後に動かすには、どのレーザー装置もレンズもあまりに重く、慣性力が大きくなりすぎる。どちらの問題も、テクノロジーを実用化するまでには解決する必要があった。

スタークウェザーは、圧電セルで作動する、偏光フィルターを使った超高速のシャッター装置を開発して、制御の問題を解決した。(9) 慣性の問題は、レーザー装置を固定して、多面体の鏡を回転させることでレーザービームの方向を変えるという方法で解決した。灯台が地平線を照射するように、鏡の回転によってどの鏡面もドラム上に細線を走査することが可能となった。しかし、この解決法は、下位・下位問題を提議することになる。スタークウェザーの計算によれば、鏡の隣接し合う二面のあいだでは、垂直方向で六秒角というきわめてわずかな角度誤差しか許されず、さもないと隣接した走査線は適切に印刷されずゆがんでしまうのだ。しかし、これほどの正確さで加工するとなると大変なコストが掛かるだろう。結局、慎重に作られたシリンダー型レンズのおかげで（スタークウェザーは光学が専門だった）、鏡面の角度がわずかに傾いていても、隣接する線がほぼ正確に印刷できる確証が得られて、問題は解決した。

この話を読んで驚かされるのは、スタークウェザーの前に立ちはだかる選択肢の多さだ。下位の問題のどれもが、基本的にさまざまな方法で解決可能である。スタークウェザーはそれぞれ解決法を選び、実行可能か検討し、そこから全体を統一性のあるものとしてまとめ上げようと努めたのだ。下位の、あるいはそのさらに下位の問題が独自の発明を必要とする場合は、再帰的な段階を下っていき、それらが解決されたり放棄されたりすると、また各段階を上って戻っていく。ほとんどの場合、進歩は遅々としている。解決法にしっかりした実用性を持たせようとたゆまぬ努力を続ける中で、さまざまな知識が得られ、下位テクノロジーの問題が次々に解決されて初めて、全体として進歩したと言えるのだ。

進歩を刻印した試作品第一号は、賞賛に値する。最初の成果が期待したほどではなかったとしても、それは貴重な瞬間だ。どんな発明を見ても、初めて出来上がった荒削りなアセンブリが、震えながら生を得て、原理の正しさを証明した瞬間というのは忘れがたいものだ。うまくいくことがわかると、その劇的な出来事は居合わせた人々からの祝福で迎えられる。「一九五四年四月初旬に行われたセミナーには、私の生徒のほとんどが出席していたんだが、そこにジム・ゴードンが飛び込んできた」。タウンズはメーザーについて語る。「彼はセミナーを休んで、つきっきりで行っている検証実験を仕上げようとしていた。実験はうまくいった！　我々はセミナーを切り上げて実験室に向かい、発振をこの眼で確かめてお祝いした」(10)

当初の検証の結果は確かに不十分なものだったかもしれないが、そこから努力を重ね、状況に合わせて調整を続けて、その後コンポーネントをよりよいものに取り替えた結果、ずっとうまくいくようになり、基底となる新原理はほとんど信頼できるレベルに達した。原理は具体化したのだ。こういったことすべてには、時間が必要だ。援助者や監督者の忍耐が要求される期間。そして人間的要素として意志の力がもっとも必要とされる期間。この意志が、原理に実用的なものとしての生を与えるのだ。こうして、新しい装置や方法は、進歩と商業的用途のための選択肢のひとつとなる。幸運ならば、イノベーションとして社会に迎え入れられるだろう。

発明の工程は、ここに完了する。

現象を発端とする発明

第二のパターン、現象を発端とする発明について、約束したように簡単に解説することとしよう。このパターンもまた、実際に利用されている効果を目標とリンクするものだが、今回はこの過程は反対側の端、つまり効果の方から始まる。一般的には効果が発見されるか、理論的に仮定されて、そこから利用法、つまり原理が発想される。必要に迫られる側から始まる場合と同様に、原理を実用的なテクノロジーへと変換するために、使用するパーツが検討されることになる。

ここでは、物事は単純なはずだと思えるかもしれない。現象が、それを使った原理を端的に示している場合もあるだろう。実際そのとおりのこともしばしば起こる。しかし、原理がはっきりわからないことも、それと同じくらいによくある。有名な話だが、一九二八年、アレクサンダー・フレミングは、カビに含まれる物質（のちにアオカビの胞子だとわかる）が、培養されたブドウ球菌の増殖を抑制する現象を発見し、伝染病の治療に役立つのではないかと考えた。[11] 振り返ってみれば、効果と利用法のリンケージは明らかなように見える。しかし、他の人々――ジョン・ティンダルは一八七六年、アンドレ・グラシアは一九二〇年代と、フレミングよりも前にこの効果を発見していたにもかかわらず、その医療的な活用法を予見することはできなかった。フレミングが原理を見つけられたのは、第一次大戦で軍医をしていたからで、戦場での伝染病による死者の多さに圧倒されて、疑わしいこのような効果の中にも目的を見つけられる状態にあったのだった。

役立つ原理がはっきりわかるような場合でも、それを実用的なテクノロジーに変換することまで容易だとは限らない。効果が見つかったばかりのものであるケースが一般的なのだが、その場合はまだ理解が充分でなかったり、それを使用する用具や手段が開発されていないことがある。ペニシリン効果を実用的な療法へと変換するには、まずペニシリン・カビ内の作用物質を抽出・精製する必要がある。次にその化学的構造を解明する。そしてその治療効果が臨床試験で実証されなければならない。最後に、生産方法が開発される。これらの実用化への過程では、フレミングの理解を超えた、高度に専門化された生化学の技能が要求され、最終的にはオックスフォード大学ダン病理学教室の、ハワード・フローリーとエルンスト・チェーンをリーダーとする生化学者チームの手に委ねられた。実用的な技術としてペニシリンが登場したのは、フレミングが発見してから十三年後のことだ。

前にも書いたように、発明は必要性からも現象からも生み出される。しかし読者は、どちらでもないケースも多い、と異議を唱えるかもしれない。確かに、ライト兄弟は、必要性から始めたわけでも現象から始めたわけでもない。自力推進飛行という目標とその二つの基底となる原理（軽量の内燃機関による推進力と固定翼による揚力）は、ライト兄弟より何年も前に認識されていたのだ。実は、このようなケースは決してめずらしくない。誰かがあるテクノロジーの基底となる原理を下位の原理に変換したりいくつかに分割したりする方法を発見して、使命を完了させるまで、その原理は必要性もわかっていながら何十年も放置されたままだということが非常に多いのである。ライト兄弟は、これらの原理を実用的なテクノロジーにする障害となっていた、四つの重要な下位問題を解決したのだ。慎重に実験し、試験飛行を何度も繰り返した結果、二人は大きな揚力を得られる翼部の考案、軽量の内燃機関の製作、高効率のプロペラの開発によって、制御技術と安定した飛行法を見いだしたのだった。一九〇三年の二人の動力を使用した飛行は、発明を実証したというよりも、彼ら以前に多くの人々が歩いてきた長い道のりの節目のひとつなのだ。

このようなケースは、新しいパターンを構成するものではない。これらは、すでに説明してきた二つのパターンの変形なのだ。しかしここでは、基底となる原理は自然に現れるか、ある程度はっきりしている。困難なのは、原理を適切に機能させることで、これにはときに何年もの努力を要するのである。

発明の核心にあるものは何か？

ここまで発明について長々と語ってきたが、その中心には、適切で実用的な解決法、すなわち目的を達成するための適切な原理を見つける作業があった。残りは、大胆な言い方をさせてもらえば、標準的エンジニアリングにすぎない。この原理は、ときには明白だったり既存のものを簡単に応用できたりして、すぐに見つかることもある。しかし多くの場合、意識的にじっくり考えてやっと生み出される。それは、関連付け――知能的な関連付けを経て発見されるのだ。

この知能的関連付けはどのように行われるのだろう？(12)

ローレンスの話に戻ってみると、彼が見いだした解決法は、D字型の二つの容器のあいだで、電磁石を無線周波数の振動電場と組み合わせるというものだったが、ローレンスはそれをゼロから考えついたわけではなかったということに注目してほしい。ローレンスは、解決法にたどり着くために、自分にできることや自分に作り出せる効果をどのように組み合わせればいいか、という観点から考えていた。粒子にわずかな振動を与えて加速させるというヴィデレーのアイデアが役立ちそうだと考え、粒子を何百メートルも飛ばすかわりに、磁場を利用して周回させ、このアイデアに伴うスペースの問題を解決した。要するに、自分に何ができるかを吟味して、そのうちのあるものを組み合わせるとどんな結果が出るかを考えることで、問題を解決法と関連付けたのだ。

振り返ってみると、ローレンスの閃きはすばらしいように見える。しかしこれは、ローレンスの使った知識が、一般の人々にとって馴染みのないものだから、というだけのことなのだ。原理的に、ローレンスの問題は誰もが日常で直面するありきたりな問題と変わりがない。自分の車が修理工場に預けてあるときに仕事に出かける必要が生じたら、どうするだろう？　電車を使い、それからタクシーに乗り継ぐか？　もし早めに着きたければ、友達に電話して車に乗せてもらうこともできる。自分の書斎を片付けてスペースを作ることができれば、家で仕事をしてもいい。自分が蓄積している日常的な知識を吟味して、そのうちのあるものを選んで組み合わせ、各解決法に伴う下位の問題を検討するのだ。このような思考の流れは、日常的な問題にあてはめてみると、そう謎めいたものでもないし、発明における思考の流れもこれと変わらない。一般には馴染みのない分野で起こりはするが、それは発明者にとっては完全に慣れ親しんだ領域なのだ。発明は、その核心部分では、知能的関連付けなのである。

ここまで述べてきたような種類の――ローレンスがしたような種類の――知能的関連付けは、いくつかの機能を利用するものだ。発明者は蓄積された機能を物色して、どれかを組み合わせたらどうなるかと想像してみる。ただし、原理そのものからいきなり関連付けが生ずることもある。いくつもの分野をまたいで適用される原理も多い。つまり、分野を超えて同じ現象が繰り返されるとでも言おうか。波のあるところ――音響波、海洋波、地震波、電波、光、X線、素粒子――干渉（二つ以上の波が重なり合うことによって起こる相互作用）があり、周波数域があり、共鳴（系の固有振動）があり、屈折（新たな媒質に入る際に波の進行方向が変わること）があり、ドップラー効果（波源が観測者に対して移動するとき、知覚される周波数が変化すること）がある。こういったものはみな、使えるアイデア――原理となる。そしてまた、旧来の利用範囲から借用したそれらが、新たな範囲で作用しはじめることにもなる。そこで、発明者は必要とされる機能のことを考え――どうしたら運動を測定できるだろう？　どうしたら特定周波数で安定した振動を生み出せるだろう？——所定の分野から関連付けて、そこから原理を借用するのだ。ランドールはヘルツのワイヤループ共振原理を借用して、それが三次元で作動するシリンダー型共振空胴を構想した。発明者がある機能を必要とする場合、自分に知識のある分野で類似の機能を生み出す原理に立ち返って関連付けることができる。こうしたメカニズム——〝原理転移〟——の核心にあるのは、類似を見つけることだ。これもまた、ひとつの知能的関連付けである。

発明の核心とは知能的関連付けだと言って、想像《イマジネーション》を除外しようというわけではない。断じてそんなことはない。そもそも問題が重要だと見抜き、それが解決可能な問題かもしれないと考え、いくつかの解決法を心に描き、そのそれぞれに必要なコンポーネントと体系を予見し、必然的に出てくる下位の問題を解決するために、発明者には想像力がなくてはならない。だが、こういうタイプの想像力に何ら超自然的なところはない。発明者に共通しているのは、〝天才〟でも特殊な能力の持ち主でもないことだ。それどころか、私には天才などというものは存在しないのではないかと思える。それは天才というよりも、機能や原理という手段をふんだんにもっているということではないか。発明者には、やがて利用することになる原理や現象の実践も理論もしみついている。ホイットルの父親は機械工で発明家だった。ホイットルは幼いころからタービンに馴染んでいたのだ。

しかし、発明者はただいろいろな機能に熟達していて、ここぞとばかりに一度だけそれを駆使して偉大な創造をするばかりではない。必ず発明に先行しているものが、長きにわたって機能を蓄積しては、練習としてちょっとした問題でその実験を重ねていく期間である。いろいろな機能に取り組んでみるこの期間によく、いずれ発明に役立つヒントが見つかる。チャールズ・タウンズが啓示を受ける五年前、彼は覚え書きに、マイクロ波通信が「超短波にまで及んできて、分子共鳴に富む、量子力学理論や分光技術が無線通信工学の助けとなる領域と重なる」と書きとめている。分子共鳴こそ、メーザーの発明に役立ったものではないか。(13)

発明者が当然とみなしているところに、こうした機能の専門知識が蓄積されていることがわかるだろう。生化学者のキャリー・マリスは、彼の発見したポリメラーゼ連鎖反応スキーム（試料中の特定のDNA配列部分を大量に複製するもの）は単純なものだと言う。「あまりにも簡単なことだ。……必要なステップはどれもみな、すでに完成されていた」と。とはいえ、マリスの「簡単な」解決法とは、「二つのプライマーを交雑させて別々の鎖になった特定のDNA配列を形成するという相互拡大を繰り返すことによってDNAを複製する」ことだった。(14) ひらたく言うと、複製するDNA範囲の始まりと終わりを知らせる短いDNA区間（プライマー）を見つけ出して、DNAの二重らせんを別々の鎖二本に分離するという意味だ。プライマーを加えさえすれば、そこから（ポリメラーゼという酵素を使って）二本の鎖が出来上がり、相補性の成分を拾って新しい二重らせんが二本形成される。このプロセスを何度も繰り返し、新しい二重らせんの複製が二本から四本、八本、十六本……と、際限なく増えていく。これは当時、DNAに取り組んでかなりの経験を積み、機能を熟知している専門家にして初めて簡単と言えるものだった──マリスだから簡単だったのだ。

因果関係のピラミッド

本章で私は、発明を個々の（あるいは複数の）人間がものごとの目新しいやり方を考え出すマイクロプロセスとして述べてきた。だが、それは情況の中で起こるプロセスである。新しいテクノロジーは常に、とっくに用意ができていた従来のコンポーネントや機能の積み重ねから現れる。この観測からしりぞき、新しいテクノロジーを当のそのテクノロジーにつながるような従来の装置、発明品、理解の積み重ねと考えて、発明をもっと広角のレンズで眺めてみてもいいだろう。

現に、新しい手段や方法を支えているのは、そこにつながる因果関係のピラミッドだ。問題の原理を使ったほかのテクノロジーの、解決に貢献した先行テクノロジーの、新テクノロジーが可能となるのを支えた原理やコンポーネントの、かつては目新しかったが今度は新テクノロジーを可能にした現象の、新テクノロジーに利用された道具や技法や製造プロセスの、従来の技能や理解の、利用された現象や採用された原理の、以上のあらゆるレベルにおける人々のあいだの、相互作用のピラミッド。

この因果関係のピラミッドでとりわけ重要なのが、時間をかけて蓄積された知識――科学的なものと技術的なものの両方の知識――である。歴史家のジョエル・モキルとエドウィン・レイトンが指摘しているように、この知識はエンジニアリングの実践そのもののうちに含まれるが、技術系の大学や学識者の団体、科学や技術の国立専門学校、刊行された学術雑誌のうちにもある。これらはすべて、そこからテクノロジーが生まれ出ずる、きわめて重要な基質となっているのだ。

このように視野を広げても、前述したことを否定するものではない。(15) 因果関係のピラミッドは、兵站体制が戦闘中の部隊を支えるように、発明のマイクロプロセスをしっかり支えている。それどころか、私がこれまでとってきた人物中心のアプローチの代わりに、歴史上の因果関係から発明を説くこともできそうだ。ワーテルローの戦いを、そこで戦った連隊の沿革、彼らの軍事文化、教練や装備、それまでの戦績、補給ラインといった観点から説明するようなものだろう。こういったものが最終的には戦勝の原因となるのだが、私たちはたいてい、実際に戦闘が起こる敵との交戦の第一線での行動や判断に焦点を合わせるものだ。

新テクノロジーには原因となる歴史があるとはいえ、その出現があらかじめ決まっているという意味ではない。発明は、新たな現象の発見や新たなニーズの出現、それに応える人間によって到来する洞察といった予想のつかない変転や時機を必要とする。それでも、どんな発明も因果関係のピラミッドに支えられているということは、つまり、それに必要なピース、それへのニーズがあるべきところにそろったときに発明が現れがちになる、ということなのだ。

このように時機がおよそ〝準備が整って〟も、新奇なテクノロジーが単独の発明者のものになることはまれだ。たいていはいくつかの発明者グループがほぼ同時期に作動する原理を構想し、実用化を試みているものだ。そんなふうにいくつも並行する取り組みがあって重要なピースがそろっていくため、現実には第一号という意味で〝発明〟を語ることが難しくなる。ほとんどの場合、原理の組み合わせ方や具体化のしかたにどことなく先例があるような気がするものだ[16]。よくはわからなくても、それでも先例には違いない。また、初期のころからは改良された下位テクノロジーが発見されるにしたがって手段や方法が徐々に効率的になるとともに、さまざまな作業者が互いに借用し合った一連の試作品に出会うことも同じくらい多くある。コンピュータが一例だ。コンピュータは、はっきりと〝発明〟されたと言い切ることができない。クロード・シャノンが、電子リレー回路を使って計算操作を実行するという基底となる原理を考えた。その後さまざまなかたちの作動原理が積み重なり、互いに借用し合い、逐次改良とコンポーネントを追加していった。コンピュータは一足飛びに形づくられたわけではないのだ。

このような場合に発明だとみなすことは難しく、テクノロジーに関する現代の著作もこのことを認めている。たとえば、コンピューティングの先駆者であるマイケル・ウィリアムズは次のように書いている。

人間の行う発明に関するどんな活動にも、〝第一号〟などというものはない。たっぷり形容詞を付け加えて記述すれば、どれでも自分のお気に入りが発明だと主張することができる。たとえばENIACは、よく「最初の電子化、汎用、大型、デジタル・コンピュータ」だと言われるし、そんなふうに形容詞を付けさえすればきっとまっとうな申告になる。形容詞をひとつも付けないことにしたら、ABCやColossus（コロッサス）、ツーゼのZ3、その他数々のマシン（バベッジの解析機関のようにつくられてもいないものまである）が〝第一号〟の候補に挙がってしまうのだ。(17)

ウィリアムズは正しい。原理を思いつく者が多数いて、その原理で作動する稼働中のものがさまざまに存在するという事実が、一人の人間やひとつのグループに〝第一号である〟という評価を与えることをはばんでいるのだ。〝発明〟と認めなくてはならないとすれば、最初にその原理をはっきりと視野に入れ、その将来性を見越し、その受容のために闘い、申し分なくたっぷり利用されるまでにした人物あるいはチームに、その名誉を授けるべきだろう。そして、たいていはそういう対象が複数あるのだ。

実際には、ただひとりの発明者に対してさえも、人間関係や非公式の情報交換ネットワークが前述のようなプロセスを大いに促進してくれるものだ(18)。それによって発明者は、取り組んでいる問題をめぐって、また先行する取り組みをめぐって築かれてきた知識にどっぷりと浸る。そこから他のドメインで役立っている原理を教えられたり、着想を具体的な形にしていくためのテクノロジーやノウハウを得るのだ。

科学と数学における発明

ここまで展開してきた、発明品《インベンション》のための論理体系は、科学や数学における発見《オリジネーション》にまで広げられるものだろうか? いくつか変更せざるをえないところはあるにしても、私はイエスと答える。なぜなら、科学だろうと数学だろうと、その理論はテクノロジーとなんら変わりない、目的のある体系だからだ。科学理論や数学理論は、所定の目的をかなえるコンポーネント・システムから組み立てられたものであり、それゆえテクノロジーの場合と同じ論理があてはまる。

科学の場合で、読者に馴染みのありそうな例をとって、ごくかいつまんで説明してみよう。ダーウィンは、ビーグル号の航海から帰国してからまもなく、種の分化理論を探究していた。たとえば、ガラパゴス諸島で観察したフィンチには、どういう経緯でさまざまな種が存在するようになったのか、という説明をさぐったのである。彼は読書や体験から、支持する事実や概念をひとかたまりにまとめていて、それが支持する原理を見いだすのに役立ちそうだった。進化のタイムスケールは地質学のそれに相当すること。個体が種分化の中心的要素であるはずだということ。形質の変異には遺伝するものもあること。変異のおかげでゆっくりと変化する環境に適応できた種があること。個体が一生のあいだに獲得した習性はどういうわけか遺伝性の変化にかなわないこと。動物の品種改良家は希望する好都合な形質が遺伝するように選択していること。それどころか、「選択こそ、人間が有用な動植物品種をつくるのに成功した根本原理であることを、私は間もなく察知した。しかし、自然界に生きる生物に選択がどう適用されるのかは、しばらく謎のままだった」という。コンポーネントになりそうなさまざまな候補をどうまとめれば種分化の説明ができあがるのか、ダーウィンは苦心していた。

そして一八三八年のこと、「たまたま気晴らしにマルサスの人口《ポピュレーション》論を読んで、長きにわたって動植物の習性を観察しつづけてきたことから、至るところにある生存競争のことがよく理解できる素地の整っていた私は、こういう状況下では有利な変異が保たれ、不利な変異は消えていく傾向になるだろうとすぐに思いついた。その結果、新たな種が成立するのではないか。これだ。これでやっと研究を進めてくれる理論を手に入れた」

私なりの言い方をすれば、ダーウィンはマルサスから理論をもらったわけではない。資源の欠乏が個体群《ポピュレーション》のうちで最も適合した個体たちを〝選択する〟という、下位の原理を借用したのだ。そして、それをもとに、ものになる主な二つの原理のうちのひとつ、適応に有利な形態や習性が選択され蓄積して新種が生まれるという説を編み出した。主なもうひとつの、変異によって選択の働く形質がさまざま発生するという原理は、申しぶんなく説明に役立つようなコンポーネントにまで煮詰めることができず、公準として扱わざるをえなかった。だが、部分部分を説明に役立つ機能としてまとめあげた彼が、まちがいなく研究のもとになる理論を手に入れたとは言える。考えに考えて基底となる原理に到達するのに、ほぼ十五カ月かかっていた。残る仕事、基底となる原理を詳細に説明して、支援するパーツを満足のいくようにつなぎあわせ、完全な理論にするには、さらに二十年がかりとなった。

科学理論を樹立するという発見《オリジネーション》は、技術における発明と同様、基底ではリンクの作業である――ある問題の観察や観測による既定の事実を、おおよそそれらの事実を示す原則（概念的洞察）にリンクし、最終的にはそれらの事実を再現する完全にひとそろいの原則にリンクする。

数学における発見はどうだろう？　これもまたリンク作業だが、証明する必要のあるもの――たいていは定理――を、ともに証明を組み立てる特定の概念形式あるいは原理とリンクする。定理を入念に組み立てられた演繹的論証と考えてみよう。ほかの妥当な数学的コンポーネント――つまり、数学において利用できるパーツやアセンブリをなす、その他の定理や定義、補助定理から、一般に認められている論理的ルールのもとで組み立てることができるなら、それは妥当である。

概して数学者は、すべてを包含する原理をひとつか二つ〝見る〟、あるいは懸命に見ようとする。証明されさえすれば、概念的アイデアが解決への全般的な道すじとなるのだ。証明するためには、ほかの認められている下位原理あるいは定理から組み立てられたものでなくてはならない。どの部分も、その過程にある論証部分を動かしていく。アンドリュー・ワイルズは、フェルマーの定理を証明する基本原則として、日本人数学者の谷山豊と志村五郎による谷山＝志村予想を使った。彼が必要とする主な二つの体系、モジュラー形式と楕円方程式をつなぐ予想である。

この予想を証明して論証のコンポーネントを結びつけるために、ワイルズは数々の下位原理を使った。「あるページにはドリーニュの基本定理が出てくるし、ページをめくればエルグアルシュの定理に出会います。そうしたいっさいが呼び出されては、次の概念が登場するまで、しばし与えられた役柄を演じるのです」と、数学者のケネス・リベットは言う(19)。論証全体が、目的を達成するために組み立てられ築きあげられた原理——概念的アイデア——の連鎖なのだ。そして、各コンポーネントである原理、つまり定理のそれぞれが、先行する連鎖に由来している。テクノロジーの場合と同様、全般的構造の中でそれぞれがすべてに適用可能な機能——論証の重要な一部分——として使われているのだ。

科学における、あるいは数学における発見が基本的にテクノロジーにおける発明と違わないとしても、驚くにはあたらない。共通するところがあるのは、科学と数学がテクノロジーと同じだからではない。三つとも目的のある体系——広く解釈すれば、目的のための手段——であり、それゆえ同じ論理にしたがうからである。この三つはどれも、形式や原理から組み立てられている。テクノロジーの場合は概念的方法、科学の場合は説明構造、数学の場合は基本的公理と整合的な真の構造。したがって、テクノロジー、科学的説明、数学は、よく似たタイプの発見的《ヒューリスティック》プロセスを経て生まれ出る——基本的には、問題とそれを満足させる形式とのあいだをリンクする作業である。

発明と新しい構成要素《ビルディング・ブロック》

さて、新しいテクノロジーはどのように生まれるのかという基調となる問いに、答えが出せた。そのメカニズムがダーウィンの進化論のようなものでないことは確かだ。新種のテクノロジーは小さな変化の蓄積から生まれてはこない。必要性を、その必要性を満足させる原理（ある効果の包括的利用法）とリンクさせるという、人間による、時間がかかることの多いプロセスから生まれるのだ。このリンケージが、支援する解決法や下位の解決法を経て、必要性そのものからその必要にかなうよう利用できる基底となる現象にまで伸びる。そして、そのリンケージを作ることで再帰的プロセスが明らかになる。そのプロセスが繰り返されて、やがて下位の問題がひとつひとつ解決して、具体的に対処することのできるものになっていく。最後には、既存の断片（あるいは既存のものから作り出すことのできる断片）――コンポーネント――で、問題が解決するはずだ。何かを発明するとは、それまでに存在しているものの中からその何かを見つけ出すことなのだ。

なぜ発明が実に多様なのか、その訳ももう理解できる。個々のケースは必要性に迫られたり現象に押されたりすることがある。発明者がひとりだけのことも、多数いることもある。原理が思いつきにくいことも、ひとりでに現れてくることもあろう。その原理を具体的なコンポーネントにすることが簡単なことも、非常に重要な下位の問題をいくつも解決しつつ一歩ずつ進んでいくこともあろう。しかし、個々のいきさつはどうあれ、根底ではどの発明にもメカニズムは共通している。どれもみな、目的を、その目的にかなう原理にリンクするのであり、どんな発明でもその原理を実用的なパーツにしていかなければならないのだ。

新しい構成要素がテクノロジーの集合体を作りあげていくことについて、このことは何を教えてくれるのだろうか？　本章と最終章の議論を併せて、新しい構成要素の現れ方には、標準的エンジニアリングの問題解決として（アームストロングの発振器）、意図したものではない発明として（通貨制度）、発明そのもの、新しい原理を用いる根本的に新しい解決策として（ジェットエンジン）という、三通りが考えられるだろう。どのケースであれ、必要な機能を提供して新しい要素を働かせる既存の技術――すでにある要素――の組み合わせから現れるものばかりだ。

個々のテクノロジーについてはまだすっかり論じ終えてはいない。新しいテクノロジーは不動のものではなく、開発される。狭義の〝進化〟という意味で進化すると言ってもいい。改良型となって出現しはじめ、したがって系列ができていく。こうした開発には、発明そのもののように独自の特徴的な段階がある。その段階とはどんなもので、そこには何が隠されているのだろうか？

機能しさえすればいいからということで、新しいテクノロジーの初期バージョンは、たいていがお粗末なものだ。既存のアセンブリの寄せ集めだったり、別のプロジェクトで要らなくなった部品を付け足したりしているからかもしれない。アーネスト・ローレンスは、台所の椅子、洋服かけ、窓ガラス、封蠟、真鍮の建具でサイクロトロン一号機を作っている。生まれたばかりの未熟なテクノロジーを、今度は適切なコンポーネントで組み立て、装置として確かに動作させ、改良とスケールアップを経て、さまざまな用途で使える実用性のあるものにしなければならない。そこでプロジェクトのスタッフは正確な部品を作り、設計にあれこれ手を入れる。質の高い素材を試験し、理論を発展させる。問題があれば解決し、手詰まりなところを補う。そして試作段階で時間をかけ、改善点や機能の向上を増やしていく。

テクノロジーは、開発という長旅の一歩を踏み出すのだ(1)。

実をいうと、その時点で旅はすでに始まっている。基底となる概念を具体的に形にする過程では、ひとつひとつの部品を試験し、改善すべき点を検討することになる。テクノロジーの発見《オリジネーション》と開発をきっぱりと分けたりはしない。

それでも開発が始まってある程度まで進むと、そのテクノロジーの新しい作業バージョンが創発される。テクノロジーを考案した本人の意見、新しい分野に興味をもった開発者グループや、新しいテクノロジーの発展を目的として結成された研究所や少人数のグループが見解を述べてくることもある。いずれのケースも、開発の概念に対して独自の考えがあるはずだ。それでも、新しいテクノロジーに新たな用途、新たな市場に適した、今までになかった形にも特化するようになると、(2)さらに別の意見が出てくる。レーダーなら、航空機を探査するという本来の目的を達成すると、その用途から、潜水艦検知機能、空中や水中航法、航空交通制御といった新機能が派生するのだ。

こうした新しい意見や派生機能のひとつひとつが、技術上の新たな問題点を解く鍵となる。テクノロジーの問題が解決すると、新たなテクノロジーが見えてくると言っても過言ではない。それは選択すべきものを示し、あるいは選択の対象となる。開発者は多数の有効な解決策に時間をかけて、それを自由に取り入れ、正式な設計に採用する。こうして、ダーウィン的変異や選択(3)がテクノロジーに取り入れられていく。多数の意見が集まったテクノロジーは、内部設計の不具合を解決する対策を選びながら、少しずつ段階を踏んで改善されていくのだ。

設計者の側も慎重に作業を進め、テクノロジーを向上させている。だからといって、ダーウィンに頼っても設計者がこうする方法がわかるわけでもないし、開発過程のパズルが説明できるわけでもない。テクノロジーは成熟するにつれて複雑になり、予想以上に入り組んでくるものだ。F－35C戦闘機の設計はライト兄弟の飛行機よりもかなり複雑になっている。ライト兄弟の時代から変異と選択を経たからだと言うのは、想像力に疑問を投げかけることになる。単なる変異や選択以上の何かが起こっているに違いない。開発プロセスを別の視点でとらえ、その本質について検討していこう。

内部構造の交換

テクノロジーが商業的に、または軍事的にひとつの課題になると、その出来栄えに〝圧力がかかり〟、増産を強いられるようになる。スタッフはより性能の高いコンポーネントを追い求め、構造に手を入れて細かいところまで調整し、競合に勝てるように細かい部分のバランスをとる。熾烈な競争になると、ほんのわずかな差が勝負を決めるのだ。

ところがテクノロジー（より厳密にいうと、テクノロジーの基底となる原理）は、そのシステムの部分的な動作が阻害されるような壁にぶつかったところで進行が止まってしまう。そこで開発者は、やっきになって集積回路の密度を高め、さらに多くの部品を調達する。それでも、たとえばフォトリソグラフィの製造プロセスで一定の段階に到達すると、光の波長が製造工程を制約する。レーダー製造の初期段階では、ターゲットに当たる精度と識別能力を高めるため、周波数をいっそう引き上げて伝送するよう求められる。だが、周波数を大幅に上げると、あらかじめ決まっている伝搬源の出力が減衰する。テクノロジーに強制できるのは、ある限界に到達する以前までなのだ。

こうした圧力は、テクノロジーにたずさわるスタッフのいらいらをつのらせる。(4) 機能向上のためにこうした限界を克服しなければならない障壁がそのつど生じる。(5) フラストレーションはたまるだろうが、こうした限界に達するのは喜ぶべき事態なのだ。限界寸前のところで稼働させていない設計は非効率的で、これ以上の性能向上がのぞめないこともある。

不具合のあるコンポーネント――それ自体は下位テクノロジーである――を交換さえすれば、たいていはうまく動作し、開発者は限界を克服できる。設計を修正したり、対策を再検討したり、ときには競合グループのテクノロジーを参考にすると、不具合が改善することもある。たとえば重量単位あたりの強度を高めたり、より高温まで融解しない材料に変更するといった手段もある。ここ数十年、ジェットエンジンの開発では強度がきわめて高く、熱耐性にすぐれた合金を部品に採用してきた。実をいうと、開発者は質の高い部品よりも、部品が引き起こす敏感な現象を期待していることが多い。そのため開発業務の大半が、化学組成が似ており、利用される現象のより効果的な結果が得られる材料探しに費やされる。材料科学というものは、製品材料の特性を理解して現象の効果を向上させようとすることに尽きると言ってもいいだろう。

ひとつのコンポーネントの性能を高めれば、他の部分との調整が必要になることはいうまでもない。テクノロジーのバランスをもう一度とることになる。テクノロジーの構造を再検討しなければならないかもしれない。航空機のフレームは一九二〇年代から三〇年代にかけて木製から金属製に変更されたが、このとき航空機設計そのものも一から検討し直さなければならなくなった。

これまで述べたことから考えると、内部構造の交換という改善プロセスは、テクノロジー全体に当てはまるようだ。しかし、これまで述べてきた再帰原理によれば、これはテクノロジーのあらゆる成分部品にも当てはまる。つまり、テクノロジーは、下位の部品、下位・下位の部品の改善がそのアセンブリ、下位のアセンブリに組み込まれると、改良される。これが意味するところは、テクノロジーをオブジェクト、もっと踏み込んで言えば、有機体として考えるということだ。つまり、テクノロジーは、その成分となる部品、下位の部品の改良を通じて階層の各段階で同時的に発展するのだ。

もうひとつ押さえておくべき要素がある。テクノロジーは、それ自体に直接関与する作業だけで発展していくわけではない。テクノロジーの諸部品は、他のテクノロジーでも利用されていることが多いため、そのテクノロジーとは〝関係のない〟別の用途でコンポーネントが改善され、知らぬ間に発展していることが往々にしてあるのだ。航空機の計器類や制御機構は、外部の電子機器の技術進歩の恩恵を数十年間受け続けている。テクノロジーは、外部で起こったコンポーネントの発展をうまく取り入れている。

構造の深化⑥

テクノロジーが発展するにつれて複雑になるのは、内部構造を交換するからだという理由で、ある程度納得がいく。通常、部品開発者が交換用に組み込む部品は、交換される古い部品よりも複雑だろう。だが、それが交換する本当の理由ではない。テクノロジーが発展する別のメカニズムが作用しているのだ。それを〝構造の深化〟と呼ぶことにしよう。

性能の高いコンポーネントと原材料を探せば、なるほど開発者は障害を回避できる。だが、アセンブリや、その機能をつかさどるパーツ・システムを追加しても回避できる。この時点では不具合を起こしているコンポーネントは交換せず、そのまま使う。ただし動作が制限されないよう、別のコンポーネントやアセンブリを追加する。こうしておくと、ジェットエンジンが高温環境で動作するよう求められ、仕様を上回る温度環境でタービンのブレードが軟化するようなことがあれば、開発者は気流システムのバイパスを追加してブレード周辺の温度を下げる、あるいはブレード内に冷却材を循環させるシステムを追加する。また、初期のレーダーシステムで、送信信号が受信エコーでかき消されたら、それに対処する部品一式（一式で送受切替器という）を組み込み、送信機のスイッチを一秒以下のごくわずかな瞬間解除し、着信エコーが受信できるよう調整する。

こうしたトラブルを回避するために下位のシステムを組み込むと、テクノロジーは発展すると同時に精巧になっていく。

テクノロジーはさらに複雑になる。

このように複雑化を押し進めるのは、テクノロジーの全般的性能に付随する諸制約に限ったことではない。テクノロジーそのものは、うまく動作しなくてもかまわない。ただし、外的環境の変化に応じて適切に機能し、一連のタスクが実行可能であり、安全で信頼できるものでなければならない。機能の限界は、このプロセスのどこかで生じる可能性がある。そのため、テクノロジーが限界を乗り越えるには、(a)基本性能を高め、(b)変更や例外的な環境を検討して対応することが可能で、(c)幅広いタスクに適応し、(d)安全性と信頼性を強化するような下位システムやアセンブリを追加することになる。

こうした判断はテクノロジーのどの段階にでも当てはまるわけではない。下位システムやアセンブリそのものもテクノロジーであり、それらも圧力をかけられながら発展し、全体の性能を向上させる。こちらも同じプロセスが適用され、設計者は上述の(a)から(d)までの条件——すなわち性能の向上、環境の変化への対応、幅広いタスクへの対応、信頼性の向上――を満たし、下位システムを追加して限界を克服する。今度は新たに追加されたアセンブリや下位システムが性能の限界まで機能するよう迫られ、限界まで機能を発揮するよう強いられる。設計者は下位システムの下位で機能するシステムをさらに追加し、限界の打破に立ち向かう。この過程は、主要モードにぶら下がっているがその作業を促進させるアセンブリ、さらに、これらのアセンブリにぶら下がってそれらの作業を促進させている他のアセンブリ、またさらに、これらのアセンブリにぶらさがっているアセンブリとともに、継続している。性能はそのシステムの全段階で改善され、全段階でテクノロジーの構造がいっそう複雑になる。

ガスタービン航空機エンジンの事例にさかのぼると、構造の発展という概念がわかる。フランク・ホイットルの手による試作機は本来、圧力空気を供給して燃料を燃焼させるコンプレッサが一基採用されていた。取り入れた空気を高速で〝攪拌〟、圧縮させる半径流式コンプレッサだった。ホイットルはこの形式のコンプレッサに通じており、手っ取り早く導入できるという理由で採用した。だが、さらに高性能が求められた設計者らは、半径流式コンプレッサよりもパワーのあるエンジン、すなわち軸流コンプレッサを採用するようになる。気流が駆動軸に平行に当たる巨大な翼を思い浮かべてほしい。それでも一基の軸流コンプレッサでは、半径流式の一・二倍程度の圧力が増えるにすぎなかった。これが限界だった。そこで設計者は空気の圧を高めるため、一基ではなく複数のコンプレッサを搭載することにした。最終的にはコンプレッサを順番に並べたアセンブリが出来上がる。ところがこの圧縮システムは高高度・低酸素と低高度・高酸素の両方で動作し、そのうえ、対気速度の変化に対応できなければならない。そこで開発者は、案内翼系統を追加し、取り入れた空気を調整した。システムは精密さを増した。続いて周囲環境を感知し翼を調整できる案内翼系統が求められた。システムはさらに精密になる。だが今度は、圧力が予期せぬ急上昇を起こしたとき、出力した高圧の圧縮空気がコンプレッサに逆流するという現象が発生するという深刻な問題が生じ、さらに調整がほどこされた。

このようにして（この場合はコンプレッサだが）、テクノロジーは性能を大幅に向上させ、動作環境の範囲を広げている。ただしそこには代償がつきまとう。時間がたつにつれテクノロジーは、システムと下位アセンブリによって覆われ、そうして初めて、正しく動作し、例外をうまく処理し、適用範囲に対応し、不具合発生時に対処できるようになる。

ジェットエンジンの場合、テクノロジーの発展に合わせて追加した新しい機能が性能を向上させている。軍用戦闘機の推進力を高めるため、アフターバーナー・アセンブリが追加された。エンジン火災の危険制御用として最新鋭の火災検知装置が搭載された。吸気部が凍結しないよう、制御用アセンブリが採用され、専用の燃料系統、潤滑系統、可変式噴出口システム、エンジン加速システムが追加された。それぞれ制御やセンサー、計測システムや下位システムが必要に応じて独自に追加され、性能はいやがおうにも向上した。現代の航空機エンジンはホイットルが発明した初期のジェットエンジンと比較して三〇―五〇倍の推進力があり、その構造はかなり複雑化している。ホイットルが一九三六年に製作したターボジェット試作機は、コンプレッサとタービンを組み合わせたエンジン一基に数百種類の部品が使われていた。現在の後継機には二万二〇〇〇種類を超える部品が使われている。

このような構造深化による改善過程はゆるやかに進行する。航空機のガスタービン・エンジンでは数十年を要した。新しいアセンブリや回避策を検討する必要があるのはもちろん、実験で検証し、新しいテクノロジーを搭載した新システムのバランスを再調整して最適化させなければならないからだ。それには時間がかかる。

この過程の経済効果も開発の速度を左右する。別組織の開発者たちの競争が過熱しだすと開発活動のスピードを上げ、競争相手がいなければ開発のペースを落とすからだ。開発者はテクノロジーが明らかに進歩している手がかりを得るが、着手しても活動に見合った収益が出ないかもしれない。競合の圧力があろうがなかろうが、改善点はやはり注意して選択することになる。技術上達成可能な新規の改良であっても、全般的な再設計が打ち出されて費用に見合うようになるまで、延期されることになろう。

テクノロジーは構造の深化によってかなりの進歩を遂げる場合が多い。それでもやがて、アセンブリや下位アセンブリに高い性能が求められる新テクノロジーが生まれる。性能の高さは、物理的な方法や装置に大きく影響しない場合がある。開発コストの償却が終わると、その後は原材料費、占有スペースや重量が増えた分の費用を負担すればいいだけになるだろう。だが、それ以外の〝テクノロジー以外の〟目的で稼働しているシステムの場合、かなりの費用負担が計上されてもおかしくはない。たとえば軍組織、法制、大学行政、ワープロソフトなどは、費用を払ってその下位に属するシステムや部品を追加して性能を高めることがある。着実に複雑化している例として法制の一つである税法を取り上げて考えてみてほしい。しかも、こうしたいわゆる制度の複雑化や官僚主義による〝改善〟で発生する費用が利益となって償還されることはない。この手の諸経費は増え続け、状況的にもはや不要となっても諸経費の撤廃は難しいだろう。

ロックイン現象と適用範囲の拡大

本章で述べた内部構造の交換、構造の深化という二つのメカニズムは、テクノロジーが続く限り適用される。新しいテクノロジーは、当初はゆっくりと経験を積みながら発展していく。ライフサイクルの後半になると、テクノロジーの新しい事例が特別な目的のために設計されるため、さらに発展し、標準的テクノロジーの一部となるのだ。そのあいだずっと、ダーウィンの学説が作用しているのは言うまでもない。普通は開発者が先達の知恵を借りるものだが、内部構造のさまざまな改善で生じた有効性の高い解決策が選ばれることになる。

だがついに、コンポーネントの交換や構造の深化では性能が大幅に向上しない時期が訪れる。テクノロジーが成熟期に達したのだ。これ以上の進歩を望むなら、斬新な原理が必要になる。だが、必要だからといって斬新な原理の到来をあてにすることはできない。かりに実現したとしても、既存の原理と容易に交代できないこともある。既存の設計、既存の原理は膠着するものなのだ。

なぜだろうか。成熟したテクノロジーが精巧で動かしがたい状態に達すると、性能面で新興の競合を上回るからだ。競合は将来強力なライバルとなる可能性があるかもしれないが、初期段階ではそれ相応の性能を発揮していない。相手が当面の敵となりえなければ、既存のテクノロジーの座はその後も安泰である。

既存の原理が長期間安定した地位を確立する理由が、もうひとつある。経済的メリットだ。旧来の原理を性能面で上回る新原理がいま開発されても、採用にあたって周囲の構造や組織の変更が予想される。それには費用が発生するため、実現しない可能性がある。一九五五年、経済学者のマーヴィン・フランケルは、ランカシャーの紡績工場がアメリカ産の効率の良い最新鋭の機械をなぜ導入しなかったのだろうかと考えていた(7)。フランケルは、イギリス式に設定されている新しい機械のほうがはるかに経済効率が高いことに気づいたのだ。だがアメリカ製の重い機械を据え付けるには、従来の機械があるヴィクトリア朝時代のレンガ建て工場を取り壊さなければならない。こうして、〝外側〟のアセンブリや精密化が屋内の機械類をロックインしてしまい、ランカシャーの紡績工場は変わらなかった。

心理的な要因もある。現場の人間は、新しい製品の将来的な可能性や、うまく行くという保証に満足できず、今ある原理を頼りにする。創作の起こりとは新しいやり方をすることではなく、新しい〝見方〟をすることだ。

そして、新たな脅威に対する懸念がある。従来の方式に熟練した労働力が時代遅れになるという脅威だ。事実、新しい原理の中には、すでに使うようにとしつこく強要されていたり、すでに採用されていても実務担当者によって却下されてしまうものがある。その理由は、かならずしも想像力の欠如からくるものではなく、新しいもののポテンシャルと従来のものの安心感のあいだに認知上の不協和、感情的な食い違いといったものが発生するだ。社会学者のダイアン・ヴォーンは、こうした心理学上の違和感についてこう語っている。

〔人と向き合うとき、私たちは〕仮説や予想、経験値をもとに作った基準の枠組を使う。どんなときでもこの枠組を基準にして考える。枠組が自己確認の基準になるのは、どんなときでも過去の経験や事件を強引に当てはめ、できごとや関係をその枠組に合わせてしまう傾向があるからだ。逆に枠組に合わないと、事故があっても見て見ぬふりをし、誤解し、否定してしまう。その結果、たいていは自分たちの望むとおりの方向に導かれる。この基準の枠組がそう簡単に変わったり撤去されたりしないのは、人間は世界を自分のものの見方と密接に関連付けて捉え、自分自身を世界との関係に応じて定義するからだ。つまり、自身のアイデンティティが危機に瀕するので、つじつまを合わせようとする既得権がある。(8)

この理論は新しい原理にも当てはまる。新たな解決策と既存のそれとの差が大きいほど、このように過去へとロックインしやすくなる。だからヒステリシス――変化への対応の遅れ――が生じるのだ。既存テクノロジーが大成功を遂げたことによって新テクノロジーの導入が遅れ、テクノロジー移転が容易にも円滑にも進まなくなってしまう。

過去に成功した原理へのロックインは、ある現象を引き起こす。この現象を〝適応範囲の引き延ばし《ストレッチ》〟と呼ぼう。(9)環境が新しくなる、あるいは違った用途で需要があると、従来のテクノロジー、すなわち従来の基本概念のほうが採用しやすく、新しい環境に対応できるよう、〝引き延ばし〟

て適応させることを指す。

実際には、従来のテクノロジーの標準コンポーネントを選んで新たな目的に合うよう設定し直すか、コンポーネントにアセンブリを追加して新たな用途に対応させている。一九三〇年代、ジェットエンジンはその数年前に、高速で高高度の飛行を実現させていたはずだった。だが設計者はガスタービンの原理にまだ精通していなかった。そこで、軍用機に高度が高く空気が薄い環境で可能な高速飛行が求められたとき、設計者は現状のテクノロジーの適応範囲を引き延ばした航空ピストンエンジンを採用した。この仕様では、ピストンエンジンに限界以上の性能を強制させることになる。(10) 高度が上がると酸素が薄くなるだけではなく、四ストロークエンジン系統で酸素を燃焼して処理する比率により、酸素をシリンダーに短時間で送ること自体が制限される。スーパーチャージャーなど別のシステムの深化を補い、高圧で短時間に空気を送り込んだ。ピストン・プロペラ制御原理のピストン部は手を加えられて精巧さを増した。適応範囲が引き延ばされた。だが、プロペラ部の改良は困難だった。高度が上がって空気抵抗の少ない環境で動作させると、かみ合う力を失ってしまう。たしかに回転数を強引に上げれば音速を突破するだろう。また、半径を広げれば先端部の動きが速くなり、やはり音速を超えられるだろう。しかし本質的な限界にはすでに達していた。

よくあるケースだ。開発がある段階に達すると、既存の原理はそれ以上引き延ばせなくなる。新しい原理が地歩を固める機会がようやく開かれる。既存の原理は当然続くが、特定の目的に特化するようになる。そして新しい原理が精度を増していく。

というわけで、新しい原理の発見《オリジネーション》、構造の深化、ロックイン、適応的範囲の引き延ばしなど、本章や前章で述べている現象は自然のサイクルで動いている。新しい原理が生まれ、開発が始まり、限界に突入すると構造は緻密になる。周辺構造と専門的技術があまねく普及すると、その原理と基盤のテクノロジーがロックインする。新しい用途や環境の変化が生じると、ロックインされたテクノロジーを引き延ばして対応する。原理はさらに緻密化する。最終的には、緻密化が進んだ既存の原理が限界以上に伸長する時期を迎え、新しい原理に道を譲る。基底となる新しい原理は単純だが、やがておのずと緻密化する。

このようにサイクルは繰り返す。ときに急な単純化が現れるのは、亢進する緻密を切り開いてであり、単純化と緻密は入れ替わり立ち替わりゆったりとしたダンスを踊り、たいていは時間がたつとともに緻密が優位に立つ。

ここまで述べてきたサイクルの全体像は、科学理論の発展についてトマス・クーンが提案したサイクルと似ていることに、読者諸兄はお気づきになったのではないだろうか[11]。クーンのサイクルは、新しい理論モデルが新しい原理に作用し（クーンはこれを〝パラダイム〟と呼んでいる）、従来の原理から切り替わった時点で始まる。新しいパラダイムはそこから活動を開始し、多くの範型に適用され、受容されてから、クーン言うところの通常科学というプロセスでさらに緻密になる。やがて基底となるパラダイムと相容れない事例は〝アノマリ（異常）〟として推積する。パラダイムは引き延ばされることでこうしたアノマリに対処するが、アノマリがいっそう推積すると次第に緊張する。さらに新しく、満足できる論拠が一式、つまり新しいパラダイムが出そろったときに限り、初めて、通常科学は崩壊するのだ。

テクノロジーのサイクルとクーンの理論との類似性を示すなら、彼の用語で言い換えることもできた。それよりも、この章で使った用語でクーンの理論を言い換えたほうが面白い。新事実に直面する、あるいは新しい用途を採用することで理論は〝押し進められる〟。理論を構成するコンポーネントを置き換える必要が生じるかもしれない。さらに正確な定義が求められることもある一方、ある種の制約がふたたび課せられることも考えられる。限界に直面すると（クーンいうところのアノマリである）対応する別の局面——認識されている限界のまさに解決策となるシステムの緻密化が求められる。理論は問題点や特例に対処する下位理論を追加して発展される（たとえばダーウィンの理論では、一部の種が利他的行動を示す理由を説明する際には、事例を裏付ける論証を付加しなければならない）。

追加項目、詳しい定義、追加条項、特殊構造など、個別の事例ごとにひとつひとつ考慮し、理論は展開され緻密になっていく。特例が適応しない場合には、周転円に相当する下位の理論を追加し、理論は引き延ばされる。そして適当量のアノマリに直面すると、その〝動作〟は緩慢になり、新しい原理やパラダイムを得ようとする。古い構造が引き延ばされた末に衰えると、新しい構造が出来上がる。クーンのサイクルは循環する。

もう一度言っておこう。類似点があるからといって、科学とテクノロジーは同じだという訳ではない。科学理論は目的をもつシステムであり、テクノロジーと同じ論理を経ているだけにすぎない。どちらも発展し、限界に直面し、緻密化し、やがて次の世代に道を譲る。科学でもテクノロジーでも、発展する論理は似ている。

本章では開発のプロセスについて述べてきた。だが、このプロセスがテクノロジーのあらゆる部分にあてはまることを念頭に置くのが重要である。新しいテクノロジーは〝押し進められ〟、限界に直面し、上位のパーツと構造の深化で向上する。だが、このプロセスはあらゆるパーツにも適用される。開発とは内部プロセスにほかならない。テクノロジー全般とそのすべてのパーツは、並行して同時に発展するのである。

第8章　変革とドメイン変更

第6章と7章では、テクノロジーが発生し、深化する過程に対する疑問に答えてきた。それでは、テクノロジーの本体はどうなっているのだろうか。本章では、並列するこの疑問について検討したい。ここで述べるべきことの大半は、語り尽くされたように思える。テクノロジーの本体(これまでは〝ドメイン〟と呼んできたわけだが)は、本体を構成するテクノロジーや経験によって形を成し、バージョンアップを重ねながら発展するものだと考えることができた。だから改めて章を設けてまで、この件を考察する必要はないかもしれない。

だがドメインは、個々のテクノロジーの和以上になっている。ドメインは首尾一貫した全体であり、装置、方法、実践法の族《ファミリー》のことで、それらが生じ発展したものは個別のテクノロジーの特性とは異なるものである。ドメインは発明されたものではない(1)。ドメインは、現象の集合、あるいは有効性を認められた新しいテクノロジーの周辺で具体化し、それらから有機的に構築されることによって発現したものだ。ドメインは年単位より、むしろ十年単位で発展する――デジタル技術のドメインは一九四〇年代に誕生し、今も発展を続けている。しかも単独の技術者や小集団ではなく、利害関係のある大規模な集団がたずさわっているのだ。

また、ドメインはそれぞれのテクノロジーよりも深いレベルで経済に重要な影響を与えている。蒸気機関車は一八二九年に発明され、一八三〇年代に改良が進んだが、経済は見向きもしなかった。ところが鉄道が構成するテクノロジーのドメインが完成すると、経済は反応を示し、大きく変革する。ちなみに、経済はテクノロジーの新しい本体に適応するのではなく、〝遭遇する〟のだという点について議論するつもりだ。経済は新しい本体の出現に反応し、同時に活動、産業、組織上の取り決め、すなわち構造を変化させる。そして、それによってその経済に生じた変化が見過ごせないほど重要になるとき、それは変革と呼ばれるのだ。

ドメインはいかに進化するか

本章では核心的な疑問に踏みこんでいこう。ドメインは厳密にはどのようにして生じ、その後はどう発展していくのだろう。

前に述べたように、核となるテクノロジーの周囲に多くのドメインが融合している。コンピュータがテクノロジーとして生まれると、パンチカード・リーダーやプリンタ、外部記憶装置、プログラミング言語などの補助的なテクノロジーが周辺で誕生しはじめる。そのほか、特に専門分科をベースとする上位のドメインが、現象の族とそれらに付随する理解と実践法の周辺で形成される。電子工学や無線工学は、電子や電磁波の作用を理解することを前提として誕生したものである。

新テクノロジーの周辺で具体化するにしろ、ある現象の族から誕生するにしろ、ドメインは必ずあるすでに確立されている分野から生まれる。なぜなら、ドメインはそのオリジナルなパーツと理解をどこからか、つまり、親となるドメインから構築しなければならないからだ。コンピュータ化はプロセッサやデータバスからではなく、一九四〇年代の真空管電子技術のコンポーネントとそれらの運用によって生まれたのである。

発生したばかりの分野は、分野と言うにはほど遠い存在である。おおざっぱにまとめて投げ込まれた理解と方法の群れといったものにすぎない。あまり役には立たず、既存の経済活動がたまに使用する程度だ。新しい分野に手をつけ、その中から適したものを選ぶ。新しいドメインとその親のドメインから引き出した要素が混在する。世界初の公共鉄道、イギリスのストックトン・アンド・ダーリントン・エクスプレスは、レールに乗った客車を馬が引いていた。新しいドメインのコンポーネントは、従来のドメインを補助する役割として機能することが多い。初期の蒸気エンジンは、干潮時の水車発電の予備設備か、近隣の水車用貯水池の水位を高く保つために使われていた。

このような初期の段階では、生まれたばかりの分野は元のドメインとまだそう変わりはない。前段階にあたる分子生物学や生化学から分化して始まったのが、遺伝子工学だ（ここで取り上げる遺伝子工学は医療の分野を想定している。[2]そもそも遺伝子は、人体の健康に必要なタンパク質を生成あるいは制御するために使われるものだ）。遺伝子工学は、細胞とＤＮＡが生成したタンパク質のメカニズムを理解する科学的成果を基礎として、二〇世紀なかばに始まった。一九七〇年代初めになると、生物学者の間では、ある酵素（制限酵素）が特定の場所でＤＮＡを切断し、別の酵素（リガーゼ）がＤＮＡの断片をつなぐこと、別の酵素がDNAの複製プロセスをつかさどる仕組みが解明されはじめていた。つまり彼らは遺伝子の複製や特定のタンパク質生成の情報伝達に細胞が使われているという〝自然のテクノロジー〟を理解しはじめ、次第にその仕組みを取り入れ、実験室で人工的にDNAの複製を始めた。これまで自然界でしか実現できなかった仕事をする技法を開発したのだ。

このようなコンポーネントの機能から、新しいドメインが姿を見せはじめる。

このような初期の段階では、分野を問わず、試験的にやってみようとする風潮がある。ただこの時点では普通、誕生する新しいテクノロジーの本体はほとんど意識されていない。関係者らは、親となるドメインで起こった特定の問題点が解決したのだと考える。そのうちに、新しい集団が独自の語彙と独自の考え方を身に付ける。理解は深まり、その実践法が固まる。前章で述べた開発のプロセスをそれぞれの形で終えると、コンポーネントの機能は向上する。新しいドメインは親から受け継いだものを意識的に除外し、個性を突出させる。新しい分野はみずからのために出現したのだ、という意識が生じる。

最初にテクノロジーと実践法がおさまるツールボックスが作られる。ところがこの中に入っている重大な要素がうまく機能しない、あるいは要素が一切存在しないことがある。このように制限のある箇所は関係者の目につき（隣接する領域に進歩があるにもかかわらず抑制されて動けないような箇所を、歴史家のトマス・ヒューズは〝逆突出部〟と呼んでいる）、その部分を集中的に改善する。十分に注目を浴び、改善に向けて何らかの対策が講じられると、やがてドメインが新たな展開を見せる。

この展開に意義があれば、将来有望なテクノロジーとなるかもしれない。大規模な商業的実用性が約束され、さらに多くの要素を組み立てる重要な要素をもたらす手段となる可能性がある。遺伝子工学に生命を与え、遺伝子工学を生物学の一分野からテクノロジーに変えたのが、スタンリー・コーエンとハーバート・ボイヤーが一九七三年に開発したＤＮＡの組み換えである。コーエンは当時、バクテリアから検出された小型で円形のＤＮＡ分子、プラスミドを研究していた。ボイヤーの研究対象は、ＤＮＡをさらに細かく切断する〝分子はさみ〟と呼ばれる制限酵素だった。両者はある有機体（初期の実験ではアフリカツメガエルが選ばれた）から遺伝子を切り取ってプラスミドに貼り付ける技術を共同開発した。次にプラスミドを大腸菌に挿入したところ、大腸菌はその外来遺伝子（プラスミド）とともに急速に自己複製していった。つまり大腸菌は、外来遺伝子（プラスミド）がもつタンパク質を製造する極小な工場として機能したのだ。

遺伝子組み換えが誕生した当初は未熟であるうえ、自然の摂理に反した有機体を創造する恐れがあるという理由で議論を呼んだ。論争になってもならなくても、この実験は、有機体から取り出した遺伝子を別の有機体に置き換えること、人類の役に立つタンパク質を製造することという、遺伝子技術を停滞させていた二つの限界を克服したのだ。

生まれたばかりの分野が思春期を迎え、青年期に達したともいえるようになるのは、このような画期的なテクノロジーとともになのである。テクノロジーはここで本格稼働するだろう。テクノロジー界の先駆者たちが集い、ささやかな交流が生まれ、その後無数の進歩が生じ、多大な利益がもたらされる。ある産業がはぐくまれ、新たな分野が活気づき、ジャーナリストが取材して盛り上げていく。想像を絶する利益を見込んで資金が投入されるかもしれない。世界初の遺伝子技術メーカー、ジェネンテック社の上場公開直後に三五ドルだった株価は、取引開始後二〇分もたたぬ間に八九ドルまで上昇した。この段階に達した企業の多くは、構想を提示するのがやっとな状態で市場に参入する。ジェネンテック社は一九八〇年に上場したものの、二年後の人工インスリンまで、ひとつも製品を世に送り出さなかった。

テクノロジーの変革が進行する過程を調査してきた経済学者のカルロタ・ペレスは、このような状況になれば投資ブームが引き起こされ、いずれ破綻をきたす可能性があると指摘した。(3) 遺伝子工学の黎明期、投資破綻は起こらなかった。だが過去を振り返ってみると、それほど珍しいことではない。一八四〇年代半ば、イギリスでは鉄道産業が活況を迎えていた。「国を挙げて鉄道の熱病にうかされている」。スコットランドのコックバーン卿はこう宣言したが、その後回避不能な落ち込みにみまわれた。一八四五年には鉄道の熱狂的人気はピークに達し、路地裏の男たちは仮株券《スクリップ》（株券を細かく引き裂いたもの）を取引し、名もない町と町を結ぶ直行便を新たに走らせる計画が毎日のように生まれていた。そんな折、バブルがはじける。経済大恐慌にみまわれた一八四七年一〇月一六日、鉄道株はピーク時から八五パーセント下落。銀行の多くが破綻を余儀なくされ、イギリスは経済的崩壊の瀬戸際にあった。とはいえ、新興ドメインのすべてが金融危機をもたらすわけではない。空間が限られていて奪い合いの要素があるところで、こうした金融的危機が生じやすい。鉄道敷設で多大な利益が出せるのはマンチェスター—リバプール間とロンドン—バーミンガム間くらいのものである。

破綻があったときでさえも、新しいドメインは生きながらえる。成熟が進むにつれ、ドメインは自力で経済に浸透し、そのうち安定成長期に入る。初期の過熱した競争は終わり、小規模企業は姿を消し、生き残った企業が大企業へと成長する。次の時代は別の様相を呈す。節制と勤勉を尊び、確実で安定成長の時代が始まる。新しいテクノロジーはふさわしい用途を見いだし、経済を支える役割を果たす存在となる。この時代は数十年続き、テクノロジーが定常的な構造となる時代だ。バブル期に約三四五〇キロメートルだったイギリスの鉄道は六五年後に三万四〇〇〇キロメートルまで延びた。鉄道はこの時期のイギリス経済成長の原動力となった。

さらに時は流れ、ドメインは快適な成熟期を迎える。いまだに特許が新たに認可されてはいるが、画期的な新発見はなく、過去に繁栄した分野から着想を得ることはなくなる。この成熟期に入ると、ドメインのなかには、後発の新しいドメインに取って替わられ、ゆっくりと滅びていくものが出てくる――運河は鉄道の台頭によって静かに消えて行った。しかし、ほとんどは生き続ける。古いドメインは年老いた給仕として、頼りになる家来として、用があれば役割を果たすが、普段は注目されない。橋と道路も下水道と電灯も百年前と同じように利用されている。古い体制はいつまでも残り、色あせた威厳を誇示することもできるが、人々はそんなことに気づかぬまま使っているのだ。(4)

さきほど述べたように、幼年期、青年期、老年期というサイクルを律儀に送るドメインばかりではない。数年おきに――その特性を変えて――その構造をゼロからやり直し、サイクルを中断させるドメインもある。ドメインの変形である。

核となるテクノロジーが急激な進歩を見せると、ドメインは変形する。(5) たとえばトランジスタが真空管に取って替わったとき、電子工学業界の様相は変わった。それよりも、核となる応用分野が変わったとき、大半のドメインが変形する。一九四〇年代、コンピュータ使用は戦時目的でもっぱら科学演算を支援した。一九六〇年代の大型メインフレームの時代、コンピュータはビジネスと会計処理を目的としていた。そして一九八〇年代、メインフレームは業務用パーソナル・コンピュータに道を譲った。さらに一九九〇年代、コンピュータ技術はインターネットのサービスや電子商取引に大いに関わっていく。現在では、ネットワーク知性とでも呼べそうなものが基盤となりつつある。今では、低予算のセンサーで構築したネットワークでも、視覚、聴覚、メッセージの伝達を無線で行うことができる。センサーがトラック、棚の上の商品、工場の機械に取り付けられていれば、これらは〝対話〟することができ、集合的に見ると知的な行動を起こすことができる。ここで書いているように、コンピュータ利用はまたしても変形を遂げたのだ。

これらの変形は以前の変形を乗り越えて成長し、この変形によって、ドメインに付属していたものが、その分野の性質についての考え方を変化させる。しかし、そこまで根源的な変化があっても、その分野の基底となる原理は変わらない。コンピュータ使用の場合、数字で表現できる対象の操作という基底は変わってはいない。ひとりの俳優がときおり衣装を着替えて舞台に上がり、別の役を演じるようなものだ。

ドメインは変形するだけではなく、新しい下位ドメインを生み出す。下位ドメインが複数の系統樹をもつことも、めずらしくはない。たとえばインターネットや、さらに包括的な、いわゆる情報テクノロジーと呼ばれるドメインは、コンピュータと電気通信とのあいだに生まれた子供だ。データの高速処理とデータの高速通信を融合させてできた愛の結晶である。前世代の分野は独自の存在を維持しながら生きながらえ、自活する下位ドメインを生むと、今度は新たに枝分かれしたドメインに豊富なエネルギーを送る。このように変形したり、新しい下位ドメインを作ることを原動力にして、テクノロジーの本体は活性化する。テクノロジーは安定した集合体ではなく、生態系の縮図である。パーツと実践法はいつでもぴったり組み合わせられるはずで、新たな要素が参入すれば常に変容する。違う特性をもつ副次的コロニーを排除しなければならないときもある。

こうしたことから、また、テクノロジーの本体が抱える潜在的要素のため、ドメインは決して明確に定義されることはない。ドメインは要素を足したり失ったり、他のドメインから要素を借りたり交換したりして、違う特性をもつ新たな下位ドメインを不断に放出している。ドメインが比較的うまく定義され固定できるときでさえ、そのパーツと実践法は、時間ごとに、現場ごとに、そして国ごとに変わる。したがって、シリコンヴァレーでコンピュータ利用を可能にするものが、日本でコンピュータ利用を可能にするものと異なってくるわけである。

経済におけるドメイン変更

テクノロジーの本体が発生し発展する、右で述べた過程で、経済にはどんな影響があるだろうか。

個々のテクノロジーであれば、その経済的意味合いは明白である。新しいテクノロジー——たとえばベッセマーが考案した鉄鋼製造プロセス——が採用され、鉄鋼業界に普及すると、製品やサービスの経済面のパターンが変わる。ベッセマーのプロセスによって鉄鋼の製造経費は先代のるつぼ式よりも大幅に削減されたため、鉄鋼の経済社会での需要はさらに拡大する。鉄道、建設業、重機械工業など鉄鋼の利用者にあたる産業はコストダウンの恩恵を直接受ける。その結果、それらの産業のコストもそれらの顧客に提供できるものも変化することになる。鉄鋼の恩恵を受けた産業を利用する産業にも影響が現れる。変化した結果、利益が他者に広がっていくのはよくある事例だ。くもの巣の糸を一本引っ張ると、糸が伸びた分だけ巣が広がって形を変えるように、新しいテクノロジーの到来によって、経済社会の価格網や生産網が引き延ばされ、業界全体が新しい形となるのだ。(6)

テクノロジーの本体にも、似たようなプロセスが当てはまる。一八五〇年代のアメリカでは、鉄道の登場で輸送費が削減されると同時に、輸送に依存する経済の各所が再調整された。(7) 中西部では輸入品や工業製品など、東部沿岸からの船便に頼るしかなかったが、鉄道のおかげで輸送費が軽減した。反対に、中西部の小麦や豚の価格は上昇した。東部への出荷のため供給が流出していたからだ。鉄道生産に関わる産業の様相も一変した。アメリカの鉄生産高は、一八五〇年から一八六〇年までの十年間で三万八〇〇〇トンから一八万トンまで急増したが、この大幅な生産量の増加は大量生産のノウハウを採用した結果であった。その後、小麦や工業生産品、鉄製品の価格と供給増は、これらの業界に依存する産業の生産や購買に影響を与えた。要するに、テクノロジーの本体も、個別テクノロジーとまったく同じで、経済全体に再調整の拡散パターンを引き起こすと言えよう。

状況をこのように見ることに何ひとつ問題はないのだが、すべてを網羅しているとはいえない。テクノロジーの本体では再調整よりも複雑な何かが起こっているのだ。その何かをはっきりさせるために一般的な議論の原点に立ち返ってみよう。経済学では、新しいテクノロジーは〝採用される〟ものであり、検討の末、経済で利用されるものだと考えられている。テクノロジー単体で考えた場合、この認識はたしかに正しい。製鉄産業がベッセマーの精錬法を採用した結果、生産性が向上した。だが、コンピュータ利用や鉄道など、テクノロジー複合体についての説明にはならない。経済の要素、すなわち産業、企業、商習慣は、テクノロジーの新たな本体を〝採用〟するのではなく、本体に〝遭遇〟するのだ。両者が遭遇した結果、新しいプロセス、新しいテクノロジー、新しい産業が生まれる。

では、両者はどのようにして遭遇するのか。新しいテクノロジーの本体を、方法、装置、理解、慣習として考えてみよう。それに加えて、組織と商習慣、製造法や実際に稼働する機器から成り立つひとつの産業も頭に描いてみよう。これらはすべて、広義でのテクノロジーであることはすでに述べた。個別テクノロジーの二つの集合――新たなドメインから生じたものと、特定の産業から生じたもの――が集結し、遭遇する。すると、過去にはなかった組み合わせが誕生する。

銀行業がコンピュータ利用と遭遇した一九六〇年代、銀行業は簿記と会計業務のためにコンピュータ利用を〝採用した〟と言ってしまってもいいだろう。ところが銀行業は結局、コンピュータ利用を採用しただけではなかった。究極の会計業務を目指すため、簿記業務から生じた活動の一部（会計業務とプロセス）と、コンピュータ利用から生じた活動の一部（特定のデータ入力手続と一部の数値や文章処理アルゴリズム）を取りまとめ、会計のデジタル化という新しい業務体系が誕生した。こうして完成したのが、銀行業の手順とコンピュータ利用の手順を取りまとめ、両方の要素を結合させて出来上がった新しいプロセスだった。ちなみにこうした一体化作業は、あらゆるテクノロジーの〝採用〟プロセスに当てはまる。この採用プロセスをよくよく検討してみると、採用する分野から得たプロセスと新しいドメインの将来性から得た機能性とを必ず一体化させている。

事実、このように両者を組み合わせたものが十分な威力をもつなら、新たな産業が生まれる——少なくとも産業に準ずる事業が生まれる。銀行業務がコンピュータ化されるまでの数十年、銀行業は単純なオプションと先物販売ができた。つまり、顧客が先物で何かを一定の価格で売り買いする権利を買う契約書である。たとえば農場主がアイオワで大豆を栽培したら、その後市場価格がどう変動しようとも、一ブッシェルあたり八ドル四〇セントの固定相場で六カ月間販売できるという契約だ。市場価格が八ドル四〇セントを上回れば売れるし、下回ればオプションを行使し、オプション契約時の購入価格での利益を確保する。契約の価値は実際の市場価値から〝派生する《デライブ》〟ので、この取引はデリバティブと呼ばれた。

一九六〇年代、デリバティブ契約の適正価格を定める有効な手段はなかった。投資家もデリバティブに関わる銀行も自信をもって執行できなかったため、ブローカーのあいだでは黒魔術か何かのように扱われていた。だが一九七三年、経済学者のフィッシャー・ブラックとマイロン・ショールズがオプション価格の設定における数学的な問題を解決し、この手法は業界でもっぱら利用される標準となった。その後まもなく、シカゴ商品取引所がオプション取引所を開設し、デリバティブ市場の取引が始まった。

デリバティブ取引がコンピュータ利用を〝採用した〟とここでは言い切れない。そう言ってしまえば、その経緯は陳腐化されてしまう。コンピュータ利用によって本格的なデリバティブ取引が実現したのだ。変わり続ける金融データの収集や保存から、デリバティブ価格のアルゴリズム計算、取引や契約の会計計算に至るまで、あらゆる段階でコンピュータ利用は欠かせない。であれば、デリバティブ取引の要素とコンピュータ利用の要素が遭遇し、新しい手続きを生み出し、その手続きはデジタル化したデリバティブ取引で成り立っていると言うほうが正確かもしれない。その結果、大規模なデリバティブ商品の取引が始まったのだ。

事実、デリバティブ取引をはるかに上回る事態が起こった。銀行業とコンピュータ利用が出会った結果、活動や商品の新しい集合だけではなく、金融を〝プログラミング〟する可能性の新たな集合、つまり、工学的可能性という新しいドメインが誕生したのだ。やがて金融エンジニアは、オプションやスワップ（キャッシュフローを交換する契約）、先物、その他商品先物、価格変動、外国為替の変動に対するヘッジなど、特定目的での基本的なデリバティブ商品を組み合わせる業務の統合を始めた。新たな経済活動が登場した。金融とコンピュータ利用との出会いは、金融のリスクマネジメントという新たな産業を生み出したのだ。

このプロセスは創造的転換の例だった。これが起こったのは数年以上の期間にわたってであり、このあいだにコンピュータ利用と数学のドメイン内で金融リスクマネジメント分野の問題が解決された。その結果、金融では今日なおも終わることのない新規商品の創出が続き、銀行業は金融部門のドメインをコンピュータ利用分野のなかで変更した。

一般的に見た場合、ドメイン変更のプロセスは、産業がテクノロジーの新しい本体に適応することを意味するが、産業はそれを採用することによってのみで適応しているわけではない。新しい本体から生じ、必要な要素を選び、ときには結果的に産業に準じる事業を作り出して、一部を新しいドメインと結合させる。この現象が起こると、ドメインももちろん適応する。ドメインは新たな機能を得て、自らを採用している産業により適応するようになる。

経済側でのこうしたプロセス全体は決して一様ではない。業界、事業、組織が新しいテクノロジーと出会い、対応にあたって今までとは違った方式やレートでみずからを再構築する。経済の小規模活動での変更から、事業展開の手段や諸制度の変更、はては社会そのものの変革に至るまで、外的要素に働きかける。経済の新様式が次第に形を現してくる。ドメインと経済の双方が共適応し、相互に新しいものを作りあげる。

双方が変容し、新しいものを作りあげるこのプロセスを、私たちは〝変革〟と呼ぶ。時代を問わず、経済とはパターンであり、その時代に優勢だったドメインにより、おおよそ首尾一貫した事業や産業、社会構造が成立している。鉄道、電化、大量生産、情報テクノロジーなど、テクノロジーの新しい本体が経済全体に普及すると、旧構造は崩壊し、新構造と交代する。当然視されてしまった産業は廃れ、そして新しい産業が生まれてくる。旧来の作業法、実践法、専門は古風に見えはじめる。そして、作業や社会の取り決めが再構築される。経済の中の事物の多くは従来のままだが、多くが永遠に変わってしまう。

変革は最上位のドメインが経済を変えでもしない限り起こらないというのはまちがっているだろう。たとえばプラスチックの射出成形など、その意義が重要とみなされないドメインが誕生し、小規模な変化をもたらした場合でも変革は起こる。また、変革の多くは常に重複し、影響を与え合い、同時に経済を変える。こうしたテクノロジーの複数の新しい本体は経済に働きかけ、ひとつにまとまり、お互い矛盾のない一貫した構造、つまり、その経済でおおよそ一貫したパターンを作るのである。パターンはそれぞれ不規則に現れ、時がたつにつれロックインされ、やがて次世代のインフラとなる。まるで地層のように、役割を終えたものたちの最上層に横たわっているのだ。

経済における時間の流れ

このように新しいテクノロジーが解き明かされ、経済の再調整が行われるまでには、莫大な時間を要する。経済的側面に難しい問題があるからだ。通常数十年で、テクノロジーの新しいドメインが成立し、その影響力がフルに発揮される。電化を実現するテクノジーである電気モーター、発電機は一八七〇年代に実現したが、業界全体に影響を与えるまでに成長したのは一九一〇年代から二〇年代になってからだった。ジェイムズ・ワットは一七六〇年代に蒸気機関を発明したが、蒸気動力は一八二〇年まで普及しなかった。さらに時は進み、デジタル化を実現するテクノロジーであるマイクロプロセッサとアーパネット（ARPANET インターネットの先駆的テクノロジー）は一九七〇年代初期に誕生していたのだが、ここでもまた、デジタル化に与えるこれらのテクノロジーの衝撃はいまもって経済で十分に実現してはいない。採用までのいきさつを事実として受け止めるなら、インターネットの普及がここまで遅れたのは、ものごとを処理する新しい手段を見つけだし、環境が改善されるだろうと判断するまでに時間がかかったからに違いない。この判断には五年から十年を要するかもしれない。だが三〇年、四〇年ということはあり得ない。

進行しているのは単なるテクノロジーの採用プロセスではなく、いままで述べてきたドメインと経済の双方が適応するという、大規模なプロセスなのだと考えれば謎は解ける。変革の基盤となるテクノロジーが利用可能になるだけでは不十分なのだ。テクノロジーに関わる事業や商習慣といった活動を整理し、テクノロジーそのものが利用者に適応するまで、本当の変革が訪れたとはいえない。新しいドメインが変革を起こすには、支持者を集め、高い評価を得なければならないのだ。目的と用途を見いださなければならない。核となるテクノロジーの必然的な障害を克服し、コンポーネント間の避けられないギャップを埋めなければならない。実用化したいテクノロジーの橋渡し役として支援するテクノロジーを開拓しなければならない。基底となる現象を理解し、裏付けとなる理論を開発しなければならない。市場を見つけ、既存の経済構造を再設計して新しいドメインが利用できるようにしなければならない。さらに旧体制が新しいドメインを承認し、ドメイン固有の実践法に精通しなければならない。言い換えると、従来のテクノロジーの文法を自由に使う現場の技術者が自分を新しいテクノロジー向けに変えてゆく必要があるということだ。彼らは新しいやり方をおいそれと受け入れはしない。こうした課題はすべて、財政、制度、管理、政府の政策、そして新しいドメインに習熟した人材確保と折り合いをつけなければならない。

ドメインを適応させるプロセスの期間は、人々が別の手段でものごとが処理できることに気づいて取り入れるまでの時間というより、新たなドメインを受け入れるために、既存の経済構造が再設計されるまでの時間で決まる。数年単位ではなく、数十年単位で進められる。この間、既存のテクノロジーも継続している。新しいテクノロジーよりも劣ると立証されていても、既存のテクノロジーは生き続けるのだ。(8)

一九九〇年、経済史家のポール・デイヴィッドは、このプロセスの標準的な事例を紹介している。(9)

約百年前に電化が始まるまで、工場の動力源は蒸気機関だった。どこの工場にも、やかましく音を立てながらからくりをクランクで回すピストン、はずみ車、別のフロアのシャフトを動かすベルトやプーリー装置で構成されたエンジンが一台置いてあった。こうした機械が回りまわって工場全体の機械の動力源だった。そして一八八〇年代、電気モーターという、新しい電気ドメインのコンポーネント・テクノロジーが登場する。エネルギーの利用コストが低く、小型装置を一基置けば隣接する機械にも動力を送る。必要ならスイッチのオン・オフで一台ずつ制御することもできる。電気モーターはすぐれたテクノロジーだった。

では、アメリカ産業はどうして導入までに四〇年もかかったのだろう。電気モーターを効率よく稼働させるには、先代の蒸気機関とは別のレイアウトに配置換えをしなければならなかったことにデイヴィッドは気づく。文字どおり工場建築を再設計しなければならない。ここで費用がかさむのはもちろん、ことフランケル社の場合では、いかに工場を建設すべきかが自明でなかった。新しいドメインを理解している電気技師は建築の知識がなく、工場設計者は電気の知識がなかった。そのため、工場設計を新しいテクノロジーに対応させるための知識を積み重ね、この知識を普及させるまでにかなりの時間がかかったのだ。フランケル社のモーターの場合は四〇年を超えることになってしまった。事業と労働者が新しいテクノロジーの本体に適応しているというだけでは十分ではない。本格的に利益が得られるのは、新しいテクノロジーそのものが彼らに受け入れられてからのことだ。

ある意味、このような構造変化の過程は、経済の中での時間を〝費やしている〟わけではなく、経済の中での時間を〝定義している〟。この点についてもう少し説明させて欲しい。従来、時間は標準時刻で計るものである。だが新しい構造の〝生成〟を基準にして時間を計るという概念もある。哲学者はこれを〝相対時間〟と呼んでいる。ものごとが常に同じ状態なら、時の経過を示す兆候となる変化は存在しない、つまり〝時間〟を示す変化がないということになる。こう考えると時間は静止しているはずである。同じ原理で、もし構造が変われば、もし宇宙にあるものが自発的に移動して変化するなら、〝時間〟が発生するはずだ。

いま考察している変化、すなわち経済の中での時間は、自発的に変化している経済の潜在的構造によって生じる。これは〝速い時間スケール〟か〝遅い時間スケール〟という二種類の時間スケールで起こる。速い時間スケールは、設計や試験、新しいテクノロジーがそれぞれ経済に浸透することによってあるペースが創られ、そのペースでものごとが〝生成し〟、新しい事業活動やものごとを処理する新しい手段が形成されるスケールだ。通常の時間概念では、数カ月から数年に相当する。遅い時間スケールが創出されるのは、テクノロジーの新しい体系の参入によって変化が決定づけられる場合である。このような時間概念は経済や社会の転換期を生み出し、結果的に経済に〝時間〟を作り出すのだ。通常の時間概念では数年から数十年に相当する。

どちらの概念でも、時間が経済を生み出したりはしない。経済、つまり構造変化が時間を生み出すのだ。

イノベーションと国家的な競争力

新しいテクノロジーの本体が発展する最前線がひとつの国や地域に一極集中、あるいは数カ所に固まっているという、きわめて注目に値する現象がある。繊維産業と蒸気産業は一七〇〇年代のイギリスで大規模に発展し、それから一世紀後、ドイツで化学産業が著しく発達した。そして現在、コンピュータ利用とバイオテクノロジーの大半がアメリカで伸びを示している。この現象はなぜ起こるのだろうか。なぜテクノロジーの本体が数カ所で同時多発的に展開することなく、特定の地域に集中するのだろうか。

知識、すなわち技術的情報や科学的情報からテクノロジーが出現するのであれば、原則として、その知識をもつ技術者や科学者がいわば、どの国でも同様に革新的になりうるはずである。結局のところ、理屈のうえでは同じ科学、同じ文献、つまり同じ知識を自由に入手できる。私は知識を見くびるつもりはない。化学と量子物理学の豊富な知識がなければナノテクノロジーが発展するはずがない。ところが先端なテクノロジーは知識以外の要素にも左右されるのだ。

本物の先端技術——最先端の精巧な技術——は、知識ではない要素から生まれる。それを〝深層的な技《ディープ・クラフト》〟と呼ぶことにしよう。ディープ・クラフトは単なる知識ではなく、複数の知の集合体である。(10) 作動しそうか作動しないかを知ること。どんな方法を使用し、どんな原理が成功しそうで、どんなパラメータ値を所与のテクノロジーに使用すべきかを知ること。廊下に行って誰と話せば事がうまく運べるか、つまり、どうしたらまちがった方向に行かないように固定できるか、何を無視し、どんな理論を見ておくべきかを知ること。この種のディープ・クラフトは科学をふまえてはいるが、単なる知識ではない。また、共通認識されている信念の文化、普遍的な経験に対する暗黙の文化を結集させたところから得られる。(11)

ディープ・クラフトはまた、地元の大学や企業の研究所で蓄積された実用的な実験結果や研究結果から得られた、新発見だがあまり理解されていない現象の扱い方を理解する知でもある。共通認識されている文化の一部になる知である。この段階では科学も技になる。一九三〇年代初頭、ケンブリッジ大学キャヴェンディッシュ研究所は原子物理学の新発見の拠点であり、原子に関する宝のような知が集まっていた。サイエンスライターのブライアン・キャスカートは言う。「原子物理学の知識——手法、設備、数学的ツール、理論まで——はどんなものであれ、研究所の誰かが知っている。……そのうえ、学術会議や他の集会で議論され、検定され、異論を突きつけられる。原子物理学についてのどんな問題や困難でも、ここ（キャヴェンディッシュ研究所）のどこかで、確実に解答を見つけられるのだ」(12)

このような知は、特定の企業、特定の建物、特定の廊下といった限られたマイクロ・カルチャーに根ざしていて、特定の場所に高度に凝縮されるのだ。これは取り立てて新しい考え方ではない。一八九〇年のアルフレッド・マーシャルによる言葉を引用しよう。

ある産業がこうしてみずからの拠点を定めると、長期間その場所で活動することが多い。近隣の人々が同じテクノロジーを次々と身に付けていくからだ。商いの秘訣は秘訣でなくなり町中に広まり、子供たちはその多くを知らぬ間に覚えてしまう。優秀な働き手はしかるべき評価を受け、機械の発明や改善、プロセスや商いの一般的な仕組みに対するメリットについて積極的に話し合う。誰かが名案を思いついたら仲間に取り込まれ、仲間の提案を取り入れる。こうしてさらに新しい情報を生み出す源となっていく。現在では地域住民のあいだで産業を支援する商いが成長し、備品や材料を供給し、輸送手段を整え、原料を効率よく使うさまざまな手段が行われている。(13)

マーシャルの時代と状況は何ひとつ変わっていない。何かあるとしたら、商いの秘訣が昔よりも複雑になっていることだ。これは量子力学やコンピュータ利用、分子生物学を基盤とする傾向が強くなったからだ。商いの秘訣、つまり共有される知はこれまで述べてきたプロセスで、絶対に必要な要素である。すなわち、発明、開発、テクノロジー本体の拡大においてである。いずれも時間をかけて築き上げられ、簡単には別の場所に移動しない。すべてを書き出すこともできない。技の正式形は技術論文や教則本の形に行き着く。だが、本当の専門技術は、それが誕生し、日常となり、共有され、言葉に表されなくなったところに、おおよそ根付いているのだ。

つまり、ある地域、いや、もう少し限定的に示すとしたらある国で、先端技術の本体が先行すると、その スピードは加速する傾向にある。成功が成功を呼び、ポジティブ・フィードバックすなわち収益逓増が働き、テクノロジーのその地域への集中が起きるようになる。新しいテクノロジー本体の周辺に小規模な企業集団ができると、さらに企業が集まってくる。ある意味、一、二カ所の特定地域に成立した新しいテクノロジー集団に立ち向かうのが難しい理由はここにある。たしかに、違う場所であっても貢献はでき、製造もでき、テクノロジーの向上も可能だが、大規模な展開に着手できないだろう。それは、テクノロジーの可能性を推進するうえで必要な詳細な知識がそこでは得られないからだ。

もちろん地の利がいつまでも続くわけではない。拠点となれば、テクノロジーの何らかの本体を生んだかもしれないが、抜きん出ることができなければ、その場所は勢いがなくなって衰退する。この衰退を防ぐには、テクノロジー本体由来の専門技術を別の本体由来の専門技術として運用換えすればよい。一九一〇年ごろ、シリコンヴァレーという名で知られるスタンフォード大学周辺地域で始まった無線電信技術の研究が、一九三〇年代から四〇年代になると電子工学へ運用換えされ、コンピュータ産業に限りない影響を与え、現在ではバイオテクノロジーやナノテクノロジーに移っている。新しいドメインは古いドメインからスピンオフするか、その地域の大学の研究活動から芽生えてくるので、地域はこれらに依拠して存続できるのだ。

だからと言って、テクノロジーの主導権を握っていない国や地域に望みがないわけではない。新興企業へのきめこまやかな助成金や間接的な基礎科学への投資が功を奏する場合がある。テクノロジーは常に種子となる活動からスピンオフするものなので、種子が適切に蒔かれれば、予想もつかない場所にテクノロジーの集合体が構築されることも考えられる。一九八〇年代、タイヤの一大生産拠点として知られるオハイオ州アクロンは、グローバル競争と製品のリコールに悩まされ、大手タイヤメーカーのB・F・グッドリッチ、ブリヂストン／ファイアストン、ゼネラルタイヤは撤退していった(14)。だがアクロンにはゴム製造業が盛んな頃から高分子化学（分子鎖化学）の高い技術力があったため、このノウハウをより一般的なハイテク高分子製造の分野に転換させた。アクロンはいまや〝高分子《ポリマー》ヴァレー〟の本拠地となり、高分子関連事業にたずさわる企業は四〇〇社を超える。ひとつのテクノロジーを深く知る知を梃子にして、別のテクノロジーも知ることができるのだ。

言うまでもないことだが、こうした事例はすべて国家的な競争力によるものである(15)。テクノロジーは現象を深く理解すれば進歩し、その理解によって共有する知が深く刻みつけられ、局地的に安定した後、やがて拡大する。科学で主導権を握る国がテクノロジー大国である理由がここにある。そのため、ある国家が先端テクノロジーで一歩リードしたければ、工業団地に投資したり、ぼんやりと借り物の〝イノベーション〟を育成する以上のことをする必要がある。必要なのは、特定の明確な商業利用が見えていなくても、借り物でない基礎科学を確立することだ。安定した資金供与と奨励制度を打ち出す風土を醸成し、新興の小企業で科学がビジネスの武器になるような土壌を作り、起業したばかりのベンチャー企業が必要最低限の支援で成長・発展するようにし、さらには科学をビジネスの世界に取り入れて新たな変革のきっかけを作らなければならない。

このプロセスはトップダウンで簡単に管理できるものではない。政府は常に、ビジネス上の特別な目的を念頭において科学にたずさわりたいという衝動にかられている。そんなことはめったにうまく行かないものだ。一九二〇年代、量子力学に事業目的があれば、現在の発展はなかっただろう。それでも量子物理学は人間にトランジスタやレーザー、ナノテクノロジーの基礎のほか、多数の恩恵をもたらしてきた。先端テクノロジーの可能性を築くのは社会主義経済の計画生産よりも、むしろ岩石を配置した庭園作りに近い。五カ年計画よりも、植物を植えて水をやり、雑草を抜く作業のほうがふさわしい。

本章で述べたことから、ドメインは個々のテクノロジーとは違った過程を経て発展しているいうことが明らかになったはずだ。ジェットエンジンの開発のように集中し、全力を注ぐ筋道の立ったプロセスを経てはいない。それはむしろ法体系が形を成していくようすに似ていて、ゆっくりした、有機的な、累積的なものだ。ドメインの場合、装置や方法が形になるのではなく、表現に必要な新しい語彙が生まれる——新機能を〝プログラミング〟する、新たな言語だ。この語彙はじっくりと時間をかけて生まれてくる。何となくわかってきた一連の現象やそれを実践する新しいテクノロジーの周辺で具体化し、コンポーネント、実践法、そして両者を支える理解のうえに有機的に建ちあがる。新たなドメインが出現すると、経済と直面し、結果として経済に変化を与えるのだ。

これはイノベーションのまた別の側面である。(16) 実際、イノベーションについては、第8章までの四つの章で詳しく検討することができた。ひとつの決まったメカニズムではなく、四通りのやや関連性のないメカニズムが存在する。まず、イノベーションは一般工学にもたらされる新たな解決策に存在する。それは無数の細かな進歩と調整が積み重なったものであり、実践法を前進させる。次に、イノベーションは根源的に新しいテクノロジーに存在する。このテクノロジーは発明の過程によって形を成しつつあるものである。さらに、イノベーションはこれらの新しいテクノロジー、すなわち、構造深化の過程で内部のパーツを交換し、また追加して発展するテクノロジーに存在する。加えてイノベーションはテクノロジーの本体全体に存在する。この全体は時間をかけて創発し、建ちあがり、その全体に遭遇した産業を創造的に変化させる。

イノベーションのこれらのさまざまな側面はどれも重要である。同時に完全に実体をもつ存在である。イノベーションは決して得体の知れない怪しげなものではない。〝独創性〟という名であいまいに言及されるものとは明らかに違う。イノベーションとは、これまでにない手段を用いて経済の諸課題を遂行することにすぎない。

さまざまな事例を研究する中で、私が何度も感銘をうけたのは、イノベーションが創発されるのは、人々が複数の問題、とくに十分識別された諸問題に直面したときだ、ということだ。結合できるあらゆる手段――あらゆる機能――に没頭した人々がようやく解決策を思い付いて、イノベーションが生まれるのだ。イノベーションが促されるのは、実現のため資金が投じられ、無数の機能が教えられ、研究され、その問題に特化した研究を行う特別プロジェクトや研究室があり、ディープ・クラフトを育む地域文化がある、という条件がそろったときである。問題点を研究し、解決策となる部分に十分な背景が存在すれば、どんな場所でもイノベーションは生まれる。

ちなみにイノベーションには二種類あるのがわかる。ひとつは恒常的な発見、つまり、既存の部分や実践法からなるツールボックスから新しい解決策を取りまとめることである。もうひとつは、新たに出現したツールボックス、すなわち新しいドメインから得た機能と既存の実践法やプロセスとを常に組み合わせている産業である。この第二の主題は第一と同様に、新たなプロセスと取り決めを生み出すことに関するものである。すなわち目的に対する新たな手段である。だが、こちらの方がもっと重要性が高い。重要な新しいドメイン（デジタルの事例を思い出して欲しい）は、ある経済におけるあらゆる産業に遭遇しているからだ。この遭遇が起こると、ドメインは自らの生み出す要素の一部を多くの産業が本来持ち合わせている取り決めに組み込む。その結果、新しいプロセスと取り決めができるが、新しい処理手段は一領域の適用で終わるのではなく、経済全体を通して適用されるのである。

本章の最後にひとつ。本章と第7章では、テクノロジーの〝発展〟、すなわち、個々のテクノロジーとその本体の両方が予想どおりの段階を経て成熟していくことについて述べてきた。どちらも〝発展〟という表現ではなく〝進化〟と言っても良かったかもしれない。確かにテクノロジーは別の〝亜種〟や、これに伴う別の下位ドメインに分化し、それぞれの系統樹を確定しているという意味ではまちがいなく進化している。だが、〝進化〟という言葉のもつ意味合い、つまりテクノロジー全体――人間が作った、社会で利用されるものと方法――は、すでにあるものから新たな要素を生み出すという意味合いを失わないよう、あえて〝発展〟と言い続けてきた。

これが本書で最も重要なテーマである。必要なあらゆる要素の収集が終わったところで、今度はこのテーマを実際に検討していこう。

第9章　進化のメカニズム

私は、過去から現在に至る、あらゆるテクノロジーが集まったようすを思い描いている。つまり、現役のもの、過去に使われていたものを含め、あらゆるプロセス、装置、コンポーネント、モジュール、組織形態、方法、アルゴリズムを頭に浮かべてみて欲しいのだ。列挙してカタログを作ったなら、膨大な数になるだろう。

これがテクノロジーの集合体である。ここではその進化について探究していきたい。

この集合体は自己創出の過程で進化したものだと主張してきた。すなわち、新たな要素（テクノロジー）は、すでに存在しているテクノロジーから構成され、それらは、さらに多くの要素を構成する構成要素となりうるものとして機能する。ここからは、このメカニズムをひとつひとつ明らかにしていこうと思う。

テクノロジーを取りまとめるという作業そのものに細かく目を配っていくと、テクノロジーが自己創出する過程の縮図を見ることができる。一九〇〇年代初め、無線信号の受信感度を高める実験を行っていたリー・ド・フォレストは、二極管に第三の電極を挿入してみた。(1) フォレストは自作の三極管で信号が増幅されると考えていた。伝搬力が微弱な当時の無線信号にとっては待望の発明だ。しかしこれはうまくいかなかった。一九一一年と一二年、フォレストとほぼ同時代の技術者たちの中にも、既存の回路設計に実用的な増幅器を組み込もうと努力する者がいた。増幅器回路に標準とは少し違うコンポーネント（コイル、コンデンサ、抵抗）を組み込み、当時かなりの需要が見込めそうな回路であった発振器を作って、純粋な単一周波数の電波を送信しようとしていたのだ。このようにさらに別の標準コンポーネントを組み込むことで、近代的な無線送受信が可能になった。無線放送を実現させるには、また別の要素を加えることになる。

しかもこれだけではない。回路構成に多少手を加えると三極管がリレーとして使えるので、グリッドの電圧を少し調整すればスイッチの開閉が可能になる。スイッチが開くと、リレーは0、または論理値〝偽〟を返し、スイッチが閉じると、1、または〝真〟を返す。複数のリレーをうまく組み合わせて結線すれば、論理回路の原形が完成する。論理回路同士を組み合わせ、さらに電子的要素を加えれば初歩的なコンピュータが出来上がる。そうやって約四〇年間、三極真空管は、無線技術とコンピュータ利用を生み出したテクノロジーの継続の重要な要素として機能してきたのだ。

このようにして、テクノロジーそのものから新しいテクノロジーが生まれる。これらは既存のテクノロジーの集合体から得た要素で構成されている。ここで私は、このようなことが起こる過程、すなわちテクノロジーの進化の過程について詳しく説明したいと思う。当初きわめて単純だったテクノロジーが、なぜ驚くほど複雑な世界を実現させてきたのだろうか。

ここまで、おおざっぱにテクノロジーは既存のテクノロジー（またはすでにあるテクノロジーから創出可能なもの）から生じると述べてきた。(2) では、それが正当である理由を説明しよう。人間のニーズに対するあらゆる解決策、すなわち目的を満たす新たな手段はすべて、その世界にすでにある方法やコンポーネントを利用している物質的世界でのみ明らかにされる。したがって、新たなテクノロジーは既存のもののある集合から発生する。つまり可能となる。例外はない。コンプレッサやガスタービンがなければジェットエンジンは存在しない。要求精度が出せるジェットエンジンを製造するには工作機械が必要だ。ポリメラーゼ連鎖反応はいくつかの方法、すなわち、DNAを分離し、そこからDNA鎖を分離してプライマーを結びつけ、分離したDNA鎖から二重らせんを再構築するという方法を取りまとめたものだった。既存要素の結合だった。

それには例外があると読者諸賢から反論があると思われる。そこで例外として、ペニシリンを挙げてみよう。ペニシリンは治療手段であるためテクノロジーだが、既存のテクノロジーの組み合わせとは思えない。だが考えてみて欲しい。フレミングが発見した基底となる効果から、実際に役に立つ療法を創出するには、複数の確固たる既存のテクノロジーが必要だった。カビに含まれている活性物質を分離する生化学的プロセスのほか、精製するプロセス、さらにはペニシリンを生産し、実用化するプロセスがある。ペニシリンはこうした手段と方法を出自としている。こうした要素がない社会では実現できなかっただろう。既存の手段がペニシリンを誕生させた。新しいテクノロジーは既存のものを直接結合させて生まれるという意味では、テクノロジーはすべて既存のテクノロジーから生まれていることになる。

当然、テクノロジーを実現させる要素は、単なる物理的コンポーネントにはとどまらず、製造や組み立てに必要な要素を包含している。正確な〝出自〟を特定するのも単純なことではないだろう。ペニシリンを世に送り出した技法と方法論は多数あり、どれが母体であるとは一概には言えない。重要な役割を果たしたものというほうが適切なのだが、複数ある中から選ぶとなると、嗜好の問題が関わってくる。とはいえ、この程度のあいまいな要素で私の論点の核心がゆらぐことはない。テクノロジーはすべて、既存テクノロジーに端を発し、実現されるのだ。

ここからわかることは何だろう。厳密には、既存の要素がそのまま新しい要素を〝実現〟させるのだと言うべきだろう。もう少し大まかに、複数の既存テクノロジー、つまり、既存のテクノロジーの組み合わせから生じると言ってもいいだろう。つまり、テクノロジーの集合体にある新しい要素は既存の要素によって世に送り出される（実現する）ため、テクノロジーそのものからテクノロジーが生まれる。

あえて言うまでもないことだが、テクノロジーそのものがテクノロジーを作るといっても、そこに意識のようなものがあるわけではない。つまり、それ自身の目的に沿うように人間に禍がふりかかるような行為をすることを意味しない。微少な有機体が活動し、自己増殖によって規模を拡大する珊瑚礁のように、テクノロジーも人間の発明者や開発者の力を借りて、テクノロジーそのものを築き上げていく。このように、人間の活動も一くくりにして考えるなら、テクノロジーの集合体は〝自己創出〟する――それ自体から新たなテクノロジーを産出していると言える。さもなければ、ウンベルト・マトゥラーナとフランシスコ・ヴァレラが自己生産システムを表現するために作った用語を引き合いに出して、テクノロジーは〝オートポイエーシス的〟（ギリシア語で「自己創出」や「自己産出」）と言ってもいいだろう。

オートポイエーシスには、システム理論や哲学の分野で使うのが適切であるような、抽象的な意味合いがあると感じられるかもしれない。ところがこの用語が伝える情報は広範である。この用語が教えてくれるのは、新たなテクノロジーはすべて既存のテクノロジーから創出されているため、テクノロジーはすべて、過去に世に送り出されたテクノロジーが築いたピラミッド状の階層上にあり、この階層をずっと逆にたどれば、人類が手に入れた初期の現象にまで至る、ということだ。さらに、未来のテクノロジーはすべて現在存在しているテクノロジーから引き出され（おそらくはっきりしない形で）、これは現在のテクノロジーがさらなる要素を生む要素であって、その要素によって未来のテクノロジーが実現されるものだからだ、ということも教えてくれる。さらに、歴史の大切さも教えてくれる。テクノロジーがこれとは別の秩序で偶発的に誕生していたとしたら、その構造はいまとは違ったものになっていただろう。テクノロジーは歴史を創造する行為なのだ。また、テクノロジーの価値は、それによってできることだけではなく、そのテクノロジーが連れ出す新たな可能性にもあるということも教えてくれる。テクノロジストでインテルの元ＣＥＯ、アンドリュー・グローヴは、インターネット商取引への投資の収益を尋ねられたときにこう答えた。「新大陸に降り立ったコロンブスの心境だ。彼の投資の見返りってのは何だい？」

オートポイエーシスという概念によって、テクノロジーは未来に向かって拡大するという認識が生まれた。人類の歴史におけるテクノロジーが果たす役割について考える道筋もできた。歴史はたいてい、異なる時代に生じたばらばらな発明の集まりに、テクノロジー相互の影響関係をつけたものとしてイメージされる。それでは、自己創出という視点でテクノロジーの歴史を創世記風に並べ替えるとしたら、歴史はどうなるだろうか。簡単にまとめると次のようになる。

初めの頃は、すぐに使いこなせる現象は自然界でそのまま利用できるものであった(3)。ある物質は削ると薄くはがれる。このことから、燧石や黒曜石で作った切削工具が生まれた。重い物体は、硬い面の上で連打すると、材料をつぶせる。このことから、薬草や種をすりつぶす道具が生まれた。折り曲げるとエネルギーが貯まる柔軟な素材があった。このことから、鹿の枝角や若木で作った弓が生まれた。このように、ありのままの自然から生まれた現象から原始的な道具や技術が生まれた。ここからさらに別のことが可能になる。火を使った調理、丸太の空洞を使ったカヌー、陶器の焼成が考案された。そして別の現象へと波及していく——鉱石を熱すると成形可能な金属ができる。この現象から武器やのみ、くわ、くぎが生まれた。複数の現象の組み合わせが始まる。繊維を編んでひもを作り、より糸で金属と木材をくくりつけ、斧ができた。染色、陶器の制作、織物、鉱業、鋳造、造船といった、テクノロジーの集合体や実践法の技法が姿を現しはじめる。風力や水力が発電の動力源となる。レバー、滑車、クランク、ロープ、歯車の組み合わせが現れ、機械の原形が完成し、脱穀、灌漑、建設、時間計測に使われた。実践の技法はこうしたテクノロジーの周辺から派生し、その中のいくつかは、実験の恩恵を受け、現象と利用法に対する初歩的な理解が得られるようになる。

やがて現象が綿密に観察されるようになり、活用の手段が科学的方法として体系化される。近代の到来だ。化学的、光学的、熱力学的、電磁気学的な現象への理解が深まり、温度計や熱量計、ねじり秤といった計測器で値を把握して、精緻な判断の裏付けができるようになる。熱機関、工業化学、電気工学、電子工学といった、幅広い領域のテクノロジーが出来上がる。その一方で、それらとともにエックス線や電波送信、コヒーレント光といった、より細かな現象が捉えられる。レーザー光学、無線、論理回路の要素などが、ありとあらゆる形でさまざまに組み合わさった結果、現代の遠隔通信《テレコミュニケーション》やコンピュータ利用が誕生した。

このようにして数少なかったテクノロジーが多くのテクノロジーになり、多数が専門特化し、専門的に特化したものがさらに別の現象を明らかにして、自然界の原理をさらに精緻に活用することが可能になった。そして今や、ナノテクノロジーの誕生により、取り込んだ現象の利用は、材料の中の単一原子を動かし配置するという、もっと専門的な利用法になっている。この流れはすべて、まさに自然現象を利用することで生じたものだ。いまとは違う現象の恩恵をうけて地球上で生息していたら、別のテクノロジーを得ていたはずである。こうして人間の尺度から見れば長々としているが、進化の尺度から見れば短い時間を経て、テクノロジーとなる集合体が建て増しされ、深化され、専門分化し、複雑になっていく。

ここで述べてきたことは全体の概略であり、メカニズムについては語ってはいない。このような進化が働く実際のメカニズムに関しては、これからさらに詳しく、手順を踏んで述べたいと思う。この部分は私の理論の中核を成すことになるだろう。

まずはテクノロジーが進化を駆動する大きい諸力を先に述べ、次に、そのメカニズムの詳細に目を向けていこうと考えている。力のひとつは組み合わせである。これは、既存のパーツやアセンブリを取りまとめるか、既存のテクノロジーで現象を捉えて、既存のテクノロジーの集合体が新しいテクノロジーを〝生み出す〟力とみなすことができる。もうひとつの力が、目的達成の手段への〝需要〟、すなわち新しいテクノロジーの必要性である。需要と供給の二つの力がひとつになると、新たな要素が生じる。では、この二つを順を追って考察していこう。

テクノロジーの組み合わせ

すでにかなりの紙面を割き、テクノロジーの組み合わせについて述べてきた。だが組み合わせとは、新たなテクノロジー創出のポテンシャルの源泉として、どの程度の威力をもつのだろうか。

たしかに、テクノロジーの数が増えれば組み合わせの可能性も増すといえるだろう。ちなみにアメリカの社会学者、ウィリアム・オグバーンは、この件について一九二二年の段階で、「発明に使えるものが増えれば発明の数も増える」との見解を打ち出している。オグバーンは実際に、物質文化の成長（テクノロジー）は「複利曲線との類似性を見せる」と推測している。[4] 彼が現代に生きていれば、成長は指数関数と類似した勢いで伸びていると述べただろう。

オグバーンの主張では理論的裏付けが具体的に提示されていないが、簡単な論理でその例を示すことはできる。A、B、C、D、Eのテクノロジーだけで構成されている集合体があると仮定する。運用可能な組み合わせのなかには、これらの構成要素による別の設計《アーキテクチャ》が含まれる可能性もあるだろう。（たとえばＡＥＤとＡＤＥの組み合わせがあると考えてみよう）。また、ひとつの組み合わせを1回以上含む可能性もあるだろう。つまり、冗長性が許される（ＡＤＤＥやＡＤＥＥＥのように）。しかし欲張ることはせず、要素を含むか含まないかという基準に絞って可能性を考えることにしよう。つまり、設計の相違も冗長性も条件から除外するのである。そうなると、ＡＢ、ＡＥ、ＢＤという二つの要素の組み合わせ、ＣＤＥ、ＡＢＥという三要素の組み合わせ、ＢＣＤＥ、ＡＣＤＥなど四要素の組み合わせができることになる。

さて、何通りの組み合わせができるだろうか。新しい組み合わせには、各テクノロジーＡ、Ｂ、Ｃ、Ｄ、Ｅが入っているか入っていないかである。このため、ＡもＢもＣもＤもＥも、あるかないかのどちらかである。つまり、Ａには二つの可能性（あるかないか）だから、これにＢがあるかないかの二つの可能性を乗じる。つまり、ＡからＥまでで考えると、二の五乗、すなわち三二通りの組み合わせとなる。ＡやＢやＣだけを使った単一のテクノロジーは組み合わせではないので差し引く。構成要素が何も入っていない空のテクノロジーも差し引く。このようにして数えた場合、二六通りの可能性がある。一般に基底要素をNとすると、テクノロジーの組み合わせは2^N-N-1通りである。構成要素が十種類なら一〇一三通り、二〇種類では一〇四万八五五五通り、三〇種類になると一〇億七三七四万一七九三通り、四〇種類まで達すると一兆九九五億一一六二万七七三五通りになる。実現可能な組み合わせの範囲は（2のN乗であるため）指数関数的に増大する。構成要素の可能な組み合わせは有限であり、構成要素が限られ、数が少なければ組み合わせの数が多いとは思わない。ところが、その数が一定の値を超えるとすぐに莫大な数字になる。

もちろん、あらゆる組み合わせに工学的意味合いがあるわけではない。実行可能な多くの組み合わせにGPSテクノロジーを搭載した処理チップが含まれることはありえるが、ジェットエンジンと鶏小屋を組み合わせたテクノロジーがあるとはとうてい思えない。とはいえ、たとえ百万分の一の確率であっても、構成要素として役に立つ機能があれば、与えられた構成要素一式でテクノロジーが確立し誕生する確率は、やはり式（2^N-N-1）/1,000,000か、2^{N-20}の近似値で求められる。

この数式は明らかに粗いものであるが、いろいろ手を加え、精度を上げることができる。経済的に意味がないかもしれない多数のケース、つまり、達成される内容にしては経費がかさむ組み合わせも加味していいだろう。レーザーや蒸気機関のように、組み合わせることで次々と新たな装置や方法が生まれるテクノロジーがある一方で、後継が断たれてしまうものもある。別のアーキテクチャで同じコンポーネントを幾重にも組み合わせてもよい。トランジスタという、たったひとつの電子的要素をいくつも結合すれば、大規模な論理回路が出来上がる。テクノロジーの質を高める手段は数限りなくある。ただ、読者諸賢にわかっていただきたいのは（私がこの計算をしてみた訳がここにある）、このような粗い組み合わせ数学でも、新しいテクノロジーがつぎつぎと新テクノロジーを生み出すとすれば、集まった要素が大まかな閾値を超えるや、組み合わせの可能性の数が急速に増大を始めるということだ。構成要素が比較的少数であっても、その可能性の数たるや、はかりしれない。

機会のニッチ

新たなテクノロジーは、既存のテクノロジーを組み合わせることで〝供給〟できても、テクノロジーに対する必要性や、何らかの〝需要〟があって初めて成立するものである。実をいうと、需要という語はあまり適切ではない。ペニシリンやMRIが発明されるまで、経済で特にこうしたテクノロジーに対する〝需要〟はなかったのだ。それなら、テクノロジーの〝機会〟について、すなわち、テクノロジーが有益とみなされる機会のニッチ（適所）について語るほうが適切である。機会のニッチがあることによって、新たなテクノロジーが存在できるのだ。

では、人間社会や経済において、機会のニッチはどのようにして生み出されるのだろうか。

もちろん、人間によるニーズがあるからである。人間には雨露をしのぐ場所、食事、移動、健康の維持、衣類、娯楽という欲望がある。こうしたニーズが不動のもので、細かく分類を含む包括的な欲望カテゴリーのリストであるかのように考えられることが多い。しかし、ニーズのどれかひとつ、たとえば、雨露をしのぐ住処について掘り下げてみると、それが不動のニーズでないことがよくわかる。それは社会状態によって大きく左右されるのだ。『アーキテクチュラル・ダイジェスト』誌の誌面にざっと目を通せばわかるように、雨露をしのぎたいという願望、すなわち住宅に対する要求基準は、そこに住みたいか、所有したいか、見せびらかしたいかで大きく左右される。それだけではない。基礎的ニーズが満たされ、社会がある程度繁栄した状態に達すると、人々の〝ニーズ〟は、まるで血管が広がるように差別化を始める。娯楽に対する〝ニーズ〟は、昔なら見せ物や物語を聞けば満たされたのに、いまではスポーツ、演劇、映画、小説、音楽と、多種多様な娯楽が求められるようになった。ひとつのカテゴリーの基本が満たされると、さらに細分化されたジャンルへのニーズが生じる。たとえば、人々はさまざまなジャンルの音楽に興味をもつというように。

ほかにもまだある。人間のニーズは、繁栄を実現させるテクノロジーだけではなく、個別のテクノロジーが直接生み出している。糖尿病の診断法がわかると、糖尿病を抑制するという新たなニーズが創出される。機会のニッチである。ロケット工学が確立すると、宇宙探査が必要になる。

人生は何につけてもそうだろうが、ニーズに対する人間の要求基準もやはり高い。社会状況に応じて繊細、快適、かつ複雑に変化し、社会の繁栄に伴って緻密になる。社会の繁栄はテクノロジーの発展とともに進むため、人間のニーズはテクノロジーが発展するとともに高まっていく。

だが、これでも全体像とはほど遠い。テクノロジーにおける機会のニッチの大多数が、人間が求めるものではなく、テクノロジーそのもののニーズから生じている。その根拠はいくつかある。第一に、テクノロジーの存在自体が低コスト、高効率という目標を満たす機会を達成するためにあるため、テクノロジーには必ず機会が開かれている。もうひとつ、テクノロジーには、製造し、生産や流通をとりまとめ、維持管理し、業績を高めるという、支援するテクノロジーが必要だ。一九〇〇年の自動車業界は、組み立てラインでの製造、舗装路、精製ガソリン、修理施設やガソリンスタンドといった、自動車製造にとって副次的なニーズをいくつか創出した。ガソリンはさらに製油所や原油の輸入、埋蔵石油の探索の分野のニーズを築いた。

そして、テクノロジーがニーズを生み出す第三の根拠がある。テクノロジーは間接的にではあるがしばしば問題を引き起こすので、これによって解決策へのニーズや機会が生み出される。鉱業がヨーロッパ全体に普及した一六〇〇年代、採掘が容易な鉱床は掘り尽くされ、坑道はさらに底まで掘り進められた。漏水にみまわれ、効率的な排水処理の必要性が生じた。その需要を満たしたのが一六九八年、トマス・セイヴァリによる《火力推進を用いた、あらゆる鉱山作業における水位上昇と誘発挙動対策に関する新発明》だが、画期的な成果を挙げることはなかった。これが蒸気機関の前身である。

議論にあたって、人間と技術のニーズが形成される過程を網羅的に論理付ける必要はない。とは言え、このシステムが構成されているのは、テクノロジーを創出するテクノロジーはもちろん、テクノロジーを引き出す機会のニッチを創出するテクノロジーでもあるということについても、ぜひ認識すべきである。テクノロジーの機会のニッチはあらかじめ定められた既定事実ではなく、その大部分が、テクノロジー自身によって生み出されている。テクノロジーの集合体によって機会のニッチの種類も異なり、集合体が拡大するにつれ、機会のニッチも精密さを増し、成長する。

コアメカニズム

こうした駆動力によって、テクノロジーが拡大する過程の全体像が見えてくる。既存のテクノロジーを複数組み合わせることによって、新たなテクノロジーが誕生する可能性が生まれる。既存のテクノロジーは新たなテクノロジーを生み出す可能性をもつ要素として機能している。人間によるニーズと技術によるニーズが機会のニッチを創出する。つまり、機会への需要が生じてくる。新たなテクノロジーが生み出されてくると、より広い利用と組み合わせのために新しい機会が出現してくる。全体として自力で上向いていくのだ

では、テクノロジーを上向きにする役割は、厳密にはどの手順、つまり、どのメカニズムが担うのだろうか。

集合体をネットワークとして考えてみよう。ネットワークは集合体自身で構成され、有機的に外側に向かって拡大する。このネットワークで、テクノロジー(以後、〝要素〟と呼ぶ)は節の点、つまりノードとして表せる。どのノードも自分の親となっているノードから向かってくるリンク(有向の矢線)をもち、この親ノードはこれらのノードを可能にするテクノロジーである。もちろん、テクノロジーのどれもがある所与の時点の経済で活用されるわけではない。活動している要素、つまりノードが点灯していると想像してみるのがいいだろう。これらのノードをテクノロジーの〝活性集合体〟と呼ぶ。すなわち、経済的に利用可能で、経済内で現在使用されている要素だ。その一方でそのほかの、前時代の水車や帆船は、実質的に消滅している。それらは活性集合体としては出現しなくなったのだ。別の要素と結合し、新しいテクノロジーとして復活するかもしれないが、その可能性はゼロに近い。

その時々に新たなテクノロジーが活性集合に加わってくるが、一様にそうなるのではない。どんな時点でも活性ネットワークはどこかで急速に拡大しているが、他の場所ではまったく拡大しない。いくつかの要素、通常、取り込まれた現象から出てくる要素(たとえば一九六〇年のレーザー)は急速に追加的な要素を生み出している。炭酸ナトリウムを生成するソルベー法など、成熟し確定したテクノロジーから後継要素は生まれない。活性ネットワークは均等に拡大しないのである。

テクノロジーの活性集合体への要素の追加、あるいは活性集合体からの消滅によって、機会のニッチの集合体も変容する。こうしたニーズが巨大な掲示板の地に貼られているようすを想像してほしい(この掲示板をエンジニアと起業家がじっと見てアクションを起こすとしよう)。当然、新たな要素ならどれも、掲示板上で少なくとも一つの必要性や目的を満たしているはずだ。新たな要素がネットワークに入ると、それらは過去に目的を満たしていた要素、つまり、経済性を失った要素を不用な要素にしてしまうだろう。これらの機会のニッチも掲示板から消滅する。こうしたすべての流れを調整するのが経済だ。経済とは費用や価格を決定し、新たな要素が実現する機会を示すと同時に、活性集合体への参入候補となる新たなテクノロジーを決定するものだと考えることができる（さしあたりは、経済のこうした活動を所与のものとみなしておき、経済をブラックボックスとして扱っている。このことについては第10章でもっと付け加えることにしたい）。

では、テクノロジーのネットワークが拡大する過程について考察しよう。テクノロジーは、新たなテクノロジーの可能性と経常的な機会のニッチのあいだの一連の遭遇によって進化する。どの遭遇も工学的であるとともに、経済的である。候補となる解決策は、目下の目的にかなうように技術的に作動するものでなくてはならない。また、その費用は当の目的を履行するために市場が支払いを引き受けるものに見合っている必要がある。これらの条件を満たすテクノロジーがありうる〝解決策〟である。複数の可能性があるが、その中から選ばれたひとつがテクノロジーの集合体への仲間入りを果たす。

わかってきていただけたかと思うが、これはテクノロジーの恒常的累積という話ではなく、新たな要素と機会のニッチの形成、それらの置換と消滅のプロセスなのだ。このプロセスはアルゴリズム的である。つまり、離散的なステップごとの演算になっている。

これらについて調べてみよう。新たなテクノロジー候補が出現すると想定し、話を始めよう。新たなテクノロジーは既存のテクノロジーとの組み合わせで実現され、かつ、そのライバルに打ち勝って経済に参入する。成立に至るには、次の六つの事象、もしくは段階を踏む。これらはテクノロジー構築ゲームで出される合法的手番であると考えてよい。各段階については抽象的に述べているが、たとえばトランジスタなど、特定のテクノロジーを念頭に置いて読むとわかりやすいだろう。

一. 新たな要素の活性集合体に新たなテクノロジーが参入する。そのテクノロジーは活性集合体に新しいノードを形成する。
二. 新たな要素が現実のものとなり、既存のテクノロジーやそのコンポーネントに取って替わる。
三. 新たな要素が次代のニーズ、または機会のニッチを形成し、新しいテクノロジーを支え、組織上の整備を行う。
四. 古い撤去されるテクノロジーが集合体から徐々に消えていくと、それらに付随していたニーズも脱落する。それらが提供する機会のニッチも消え去り、順次、これらを満たす要素も不活性になるだろう。
五. 新たな要素は、次代のテクノロジー、つまり次代の要素の潜在的なコンポーネントとして利用可能になる。
六. 経済、つまり生産され消費される財貨サービスのパターンは、以上のステップで新たに調整し直される。費用と価格（したがってまた、新たなテクノロジーへのインセンティブ）も、それに伴って変化する。

こうしてトランジスタは一九五〇年代にテクノロジーの集合体に参入し（第一段階）、従来使われていた真空管に代わるテクノロジーとして採用され（第二段階）、シリコン素子製作のニーズを引き出し（第三段階）、結果として真空管産業が衰退する（第四段階）。トランジスタは数多くの電子装置の主要なコンポーネントとなり（第五段階）、電子機器の価格もインセンティブも変えてしまった（第六段階）。

ただ、このように列挙すると、非常に理路整然と行われているように見えるが、この過程は順序どおりにきちんと進むことはなく、複数の段階が同時に進むのが珍しくないというところが実情だ。もう一度トランジスタを例に挙げると、新たなテクノロジーとして誕生する（第一段階）と同時に、将来性のある構成要素に成長している（第五段階）。ほぼ同時に、新たな需要（第三段階）も生まれている。当然ながら、どの段階も達成までにそれなりの時間を要している。テクノロジーが経済に普及するまでには時間がかかる。経済が新たなテクノロジーに順次調整されていくには何年もかかるだろう。

この手順のとおりに一気に進行した場合、新たなテクノロジーが拡大浸透する過程はかなり秩序立った過程となるだろう。新しい可能性が生まれると同時に要素が追加され、残りの五段階は、順番どおり、滞りなく進む。その一方で、とても興味深い現象も起こる。ある事象や段階が契機となり、ほかの事象が立て続けに起こっていくのだ。（第三段階と第五段階で）新たなテクノロジーが出現し、テクノロジーの集合体に予想を上回る要素が連鎖的に追加されていくことがある。価格の再調整（第六段階）によって、これまで控えの候補であったテクノロジーが突如実用化され、活性集合体に参入する（第一段階）。こうして以上の段階が一巡すること自体が、集合体への追加という次の新たなラウンドを準備することになる。新たなテクノロジーの出現により、終わりのない事象が動き始める。

こんな展開も考えられる。新たな要素は旧世代のテクノロジーを崩壊させるだけではなく（第二段階）、そのテクノロジーの需要に依存していた別のテクノロジーの崩壊をも招きかねない。旧世代の要素で世代交代が起こると、そこに依存していた機会のニッチも崩壊し（第二段階と第四段階）、利益を独占していたテクノロジーも共倒れする。一九〇〇年代初期、自動車の登場によって、馬車輸送産業は世代交代を迎えることになった。馬車輸送産業の終焉により、蹄鉄業や馬車製造業の需要も消滅する。蹄鉄業の斜陽化によって金敷製造は需要を失う。産業の衰退は悪化の一途をたどり、さらなる衰退を招く。新たなテクノロジーが経済界全体から特定の事業や産業を一掃するという、シュンペーターの「疾風のごとき創造的破壊」[5]と完全には同じ状況ではない。それよりも、ドミノ倒しのような崩壊、いや、〝なだれ的崩壊〟のほうが適切かもしれない。

シュンペーターが指摘するこの崩壊の創造的な側面は、新しいテクノロジーと産業が崩壊したものに取って替わることだ。これに加えて、次の創造的側面も加えていいだろう。つまり、新しいテクノロジーが容易に新しい機会のニッチを準備し、そのニッチは次代の新しいテクノロジーに占有されていき、これがまた次々代のニッチを準備し、次々代のテクノロジーに占有されていくという創造性を伴うのだ。ここでもなだれのように機会が創出される。むしろ〝追い風〟と呼ぶべきだろうか。

以上の活動はネットワークの多数の節点で同時に進行する。生物圏での種の拡大と同様に同時進行するが、そこには規則性はない。

ここまで、テクノロジーが進化する段階の理論的系列、いわゆるアルゴリズムについて語ってきた。いくつかの原始的なテクノロジーでシステムを組み、そのシステムを想像の世界で稼働させてみたら、何が見えてくるだろう。これまで歴史的に述べてきたテクノロジーの進歩に似た何かを目にするのだろうか。

そのアルゴリズムを最後まで展開してみると、最初は進歩がゆるやかに進行する。テクノロジーの数も少なく、ゆえに機会も少ない。歴史的に見ると、ごくまれに、たとえば火を活用し、つる状の枝を留め具として使うように、いくつかの簡単な現象の力を借り、ある目的が達成されることがある。こうした原始的テクノロジーは控えめながらもタスクの性能を改善する機会を提供してくれる。機会さえ見合えば、ほかの原始的テクノロジーも到来し、ある場合には、既存のテクノロジーと置き換わる。テクノロジーの蓄えが増えるにつれ、利用できる構成要素の蓄えができる。それに伴う機会のニッチも増えていく。テクノロジーの組み合わせあるいは混合《メルド》が可能になる。新たな構成要素が形成されるにつれ、さらなる組み合わせを引き起こす確率も高まる。この段階では、拡大が頻繁に起こっている。組み合わせから組み合わせが形成されはじめ、単純だったテクノロジーが次第に複雑さを増していく。組み合わせの結果、別の集合体とのコンポーネントの交換が生じる。機会のニッチが増殖する。新たな組み合わせが次代の組み合わせを生むにつれて、増殖の爆発がシステム全体に及びはじめる。終焉を迎えたテクノロジーはなだれを打って次々と脱落し、そのニッチに、新たな組み合わせを支えるテクノロジーがおさまる。なだれのサイズや継続の長さはケースバイケースだが、大規模なものは少なく、その多くが小規模である。テクノロジーの集合体は全般的に増えつづけている。だが、活性集合は大きさを変えながら時間をかけて純増になっていくのではないかと思われる。動きはじめた進化が終わりを告げる理由はない。

進化の実験(6)

いま描いた構図は架空のものだ。進化の途上にあるテクノロジーが発展するメカニズムを思考実験している。実験室またはコンピュータで上記のステップをなんとか再現できれば、つまり、何かモデルを作ってテクノロジーを進化させることができれば、もっと良い説明になる。こうした進化を現実に目で見ることができるようになるからだ。

この実験は簡単にはいかないだろう。タイプが変わればテクノロジーも大きく異なる。コンピュータにとって、たとえば製紙とハーバー法の二つを組み合わせることが意味をもち、役に立つ何かを生み出せるかどうかを算定するのは、難しいことだろう。しかし、テクノロジーにいくつかの限定を加えて範囲を制限すれば、研究対象としてコンピュータ上の進化を体験できる世界をもちうるだろう。

先日、私は同僚のウォルフガング・ポラックとともに(コンピュータ内に存在する)人工世界を設定し、先ほど述べたことを実践してみた。私たちがモデル化した世界では、テクノロジーは論理回路である。この分野になじみのない読者諸賢のため、論理回路について説明しておこう。

論理回路とは入出力ピンをもつ小型電子チップだと考えて欲しい。所与の回路への入力は、二進法の0と1という数字で行われる。入力は〝真〟と〝偽〟の組み合わせであってもよく、それによって、その場で満たされているある状態のセットを表すのである。たとえば、飛行機の中で論理回路に入力する値は、たとえばエンジンの燃料や温度、圧力の状況を表すスイッチA、C、D、H、Kが〝真〟と〝偽〟のどちらを示しているかを確認するものであり、出力ピンは各エンジンの制御用スイッチZ、T、W、Rの〝オン〟（真）と〝オフ〟（偽）のどちらを示しているかの信号を送るものだ。各回路に与えられた役割は異なるが、それぞれの入力値に対し、既定の回路は、出力ピンに特定の出力値が現れるように調整をする。こうした処理のできる計算機回路は数値演算も行う。たとえば加算の場合、入力値の正しい合計を出力値で返す。またこの回路は論理演算も行う。たとえば三ビットのAND（入力ピン1、2、3がすべて〝真〟なら、出力ピンの信号は〝真〟を返し、それ以外は〝偽〟を返す）の例を見ればよい。

私たちは論理回路のもつ二つのメリットを念頭に置き、実験に取り組んでいた。論理回路の機能は常に完全に既知である。配線のやり方がわかれば、私たち（またはコンピュータ）は、正確な答えが出せる。また、片方の出力値が他方の入力値になるよう配線した二つの論理回路を接続させれば、別の論理回路になるが、この機能も完全に知られているわけだ。よって私たちは組み合わせがどのように振る舞い、それが有効になるかどうかをかならず知っているのである。

ポラックと私は、この論理回路の中には小さな論理学者と会計係が住んでいて、計算と比較に気を揉んでいる世界を思い浮かべていた。最初は仕事の手だてがなかった彼らだが、個々の論理機能へのニーズとなる項目を延々と書き連ねたリストを作る。AND演算、排他的論理和、三ビットの加算、四ビットの等号等々が実行できるような回路が欲しいと考える（論理をシンプルにするため、この長い必要項目リストや機会のニッチリストは不変であると想定する）。このコンピュータ実験の目的は、既存のテクノロジーから始めて、論理回路を通じた組み合わせによって、その系が進化して、列挙されたニッチを満たすことができるかどうかを見極め、そこでたまたま発生した進化を研究することであった。

すでに述べたが、私たちの実験の開始当初は、想定した機会のニッチはどれも満たされなかった。テクノロジーの側で利用できたのはみなNAND（非AND）回路だった（初歩的な回路要素、たとえばトランジスタ数個で組んだ、単純なコンピュータ・チップと考えて欲しい）。実験の各段階で、別の構成で無作為に結線して異なる配置にすることによって、既存の回路を組み合わせた新しい回路が出来上がった（スタート時点ではNDA回路にすぎなかったものだ）。無作為に結合した回路の大半は、もちろんニーズを満たさなかったのだが、時間がたつうちに、ある組み合わせが、偶然に機会のニッチで掲げたニーズをひとつ満たす可能性が出てきた。コンピュータはこのとき、これを新テクノロジー、つまり新しい構成要素としてカプセル化するように指示される。こうして次代の配線と組み合わせを作る新しい構成要素として役立つようになる。

テクノロジーの進化の実験はポラックのコンピュータの中で自動的に実行されたものだ。開始の実行キーを押してから、人間は一切介在しない。もちろん、反復実験を何度も行い、異なる試行で生じた結果を比較することもできる。

この実験で得たものとは何であったのか。最初は単なるNAND回路だった。ところが無数の組み合わせを実行していくと、シンプルなニーズを実行できる論理回路が出現した。これらの回路が次代の組み合わせの構成要素となり、これらを利用して最初の組み合わせのときよりも複雑なニーズを満たすテクノロジーが出現しはじめた。約二五万回（演算時間で二〇時間）実行した時点で進化を止め、結果を吟味した。

実験に十分な時間をかけると、システムは非常に複雑化した回路に進化した。とくに論理関数の中でも、八通り排他的論理和、八通り論理和（AND）、四ビット等号が発生した。計算機の原形である八ビットの加算器に進化したケースが数回あった。一見すると、取り立てて目覚ましいものとは思えないだろうが、実は注目に値する結果が得られたのだ。八ビット加算器には十六の入力ピン（二つの数字を加算するピンが八組）と九個の出力ピン（八本が結果に、一本が繰り上がり用）がある。新たな単純な組み合わせをもう一度実行すると、十六種類の入力と九種類の出力をもつ回路が、$10^{177,554}$以上可能であることがわかるが、正しくはこれらの中の1個だけが正しく加算するのである。$10^{177,554}$は、途方もなく大きな数字だ。宇宙の素粒子の数をはるかに上回る。その値を実際に数字で書き表せば、一二〇ページを費やすことになる。と言うわけで、このような論理回路を使ってシステムを無作為に二五万回実行した場合、進化が生まれる確率はゼロに等しい。この進化が生まれる仕組みがわからず、しかもコンピュータをフル回転させた結果、正確に機能する八ビット加算器に進化する確率が極端に低いのだとわかると、何やら複雑極まりないものが姿を現したと驚くのも当然のことだろう。コンピュータの中には知能のある設計者がいるはずだと考えたくもなる。

私たちの実験でこのように複雑な回路が完成したのは、まず足がかりとなる一連のテクノロジーが生まれたからだ。単純なニーズを果たす回路を作り、その回路をもとに、やや複雑な回路が出来上がる。さらに込み入った回路が生まれ、自力で進歩し、複雑なニーズを満たしていく。シンプルな回路が出来上がらない限り、それよりも複雑な回路を組むことはできない。足がかりとなるテクノロジーに中間的難度のニーズを実行させないと、複雑な要求が実行できるようにはならないのだ。

実際の社会で考えてみると、無線、ひいては無線通信がなければレーダーは開発されなかったかもしれないことがわかる。生物学の分野でも同じように考えられる。[7] 人間の眼のように複雑な有機体的特質は、中間的な構造（暗闇の中から光を識別する能力）や、こうした中間的な構造へのニーズと利用（暗闇から光を識別することで生じる有効性）がなければ誕生し得ないのである。

それとは別の事実も明らかになった。進化の歴史を細かく吟味するうちに、進化がほとんどなかった長い空白の期間があることがわかったのだ。その時期を経て、進化の手がかり（決め手となるテクノロジー）が突如出現し、あっという間に、さらなるテクノロジーが誕生した。およそ三万二〇〇〇回プログラムを実行した結果、実用性のある加算器回路が完成し、それから間をおかず、二ビット、三ビット、四ビットの加算器が出来上がった。つまり私たちは、進化が急速に進んだ〝カンブリア紀の爆発的進化〟の小型版を体験し、休息期を迎えたというわけだ。

ごく当然の成り行きとして、進化は歴史に依存する関係にあることもわかった。実験を何度も繰り返していると、不規則的に同じ形をした単純なテクノロジーが出現した。複雑なテクノロジーは単純なテクノロジーから生じるため、さまざまな要素を組み合わせて出来上がっていることが多い（現実世界で鉄よりも先に銅が発見されれば、多くの出土品が銅製になり、鉄が先に発見されれば、同じ出土品が鉄製になり得るのだ）。また、投入が多数あっても時代によって異なるので、加算器や比較器の回路に対する複雑なニーズを考えることはできても、実際にはまったく履行されることはないだろうこともわかった。

さらに私たちは、などれのように破滅に追いやられるテクノロジーを目撃した。優位な存在に駆逐された既存のテクノロジーだ。すでに陳腐化したテクノロジーを稼働させている回路そのものも無用となり、順番に新しいテクノロジーに取って替わられる。この流れが研究や測定で確認できるなだれ現象を引き起こしたのだった(8)。

こうして私たちはテクノロジーの進化を実際に体験し、本章の前半で述べた仮説を立証したのである。

進化の新たな形態とは

本章で述べてきた進化の形態について、いくつかコメントを述べたいと思う。まず、進化の厳密な順序は前もって決まってはいない。どの現象が発見され、新たなテクノロジーの基盤に転換するかを事前に知ることはできない。組み合わせの可能性も無限にあるため、どの組み合わせが創出されるかも不明である。機会が結びつくことで得られる恩恵もわからない。こうした不決定性に取り巻かれた結果、集合体の進化ないしは開花は歴史に依存した条件付き偶然となる。進化は歴史の小事象に左右されるのだ。小事象とは、何と遭遇し、どんなアイデアを借用し、どんな権威が何を指令したかということだ。これらのわずかな差は時間を経て平均化してならされることはない。こうした差異は集合体に組み込まれるようになり、また、新規参入するテクノロジーは既存のテクノロジーの状況に依存するため、差異はいっそう浸透拡大する。時間を〝巻き戻し〟、同じ歴史を二度繰り返せたとしても、似たような現象を捉え、おおむね似たテクノロジーを伴う結果に終わるだろう。しかし、出現の順序とタイミングは異なってくるだろう。その結果、経済と社会の歴史は違ったものになるだろう。

テクノロジーの進化に規則性がまったくないということではない。テクノロジーが次の年代に道筋をつけるパイプラインが生まれる可能性はかなり高い。現行のテクノロジーもほぼ予想どおりに改良されていくとも考えられる。だが総体的に見て、現行における生物学的種の集団からはるか先の進化を予測するのが困難なように、テクノロジーの集合体から経済の未来を予測するのは容易なことではない。今後予想される組み合わせについてはもちろんのこと、創出される機会のニッチも予測不能である。組み合わせの可能性が指数関数的に増大するため、集合体が進化するにつれ、その不決定性も増す。いま私たちが三千年前にいるなら、そのテクノロジーは現状と変わらぬまま、百年間現役であり続けると自信をもって断言できたかもしれないが、現代社会では、五〇年先のテクノロジーの実像すら予測もつかない。

もうひとつ、この種の進化はどれも時間の経過とともに一様な変化を引き起こすことはないことも言い添えておこう。ある時期休止期にあったシステムが機会のニッチを得ることもあれば、適当な組み合わせ相手を静かに待ち続けることもある。小さなイノベーションの連続の時期もあり、こちらでは新たな組み合わせが起こるが、あちらでは組み合わせの交替が起こるだけである。システムが沸点に達して変化する時期もある。たとえば蒸気機関のように、重大な結果を生み出す新たな組み合わせが出現することがあり、変化の爆発が解き放たれる。新たなニッチが生まれ、テクノロジーの新たな組み合わせが起こり、大規模な再編成を迎える。変化は大量の変化を生み出すが、その合間に、休止が休止を生み出す時期がある。

本書で私は繰り返し、テクノロジーの集合体は〝進化する〟と述べてきた。テクノロジーは文字どおり進化するのである。有機生命体は個体数を増やし、身体構造を複雑化させながら進化していくが、テクノロジーもまさに同様の進化を遂げている。したがって、テクノロジーは有機生命体と並ぶ、長期間で大規模な進化を果たした第二の実例なのだ。永劫とまでは言わないまでも、人類の存在における延々と続く一大事件であるのはまちがいない。

テクノロジーと生物学の進化はどの程度類似性があるのだろうか。両者に違いはあるのだろうか。

私たちが確立し、これまで〝組み合わせ進化〟と呼んできたメカニズムは、テクノロジー同士が組み合わさって新たなテクノロジーを創出するというものだ。生物学で純粋にこれと同じことを考えてみると、たとえばキツネザルで特別にすぐれた器官を選り分け、イグアナからも別の器官を選り分け、マカクザルからも別の器官を選り分け、これらを組み合わせて新しい生き物を創出することだ。常識では考えられないことだが、生物学では、時にはこのような組み換えによって、まったく新しい構造が形成されてきたのである。原始細菌には、遺伝子の水平伝搬と呼ばれるメカニズムによって、遺伝子の伝達や再結合を行っているものがある。遺伝子調節ネットワーク（簡単に言うと、生物体の体内で遺伝子が作動する順序を決定する〝プログラム〟である）は、ときおり結合によって一部を追加している。

より身近な事例として、生物学では大きな構造は小さな単純な構造の組み合わせから作られている。[9]真核細胞はより単純な構造の細胞の結合体として出現し、多細胞生物は単細胞の結合体として出現する。さらに生物の体内では、たとえば鼓膜と聴覚神経とを結ぶメカニズムを形成する小さな骨の構成のような機能的特徴は、その場にある個々の器官で形成できる。分子生物学者のフランソワ・ジャコブはいう。「私たちの宇宙では、物質は統合を保ちながら、構造が階層を形成するにように配列されている」。そのとおりである。生物学で組み合わせによる進化が決して存在しないわけではない。

それでも、生物学の世界でこれほど大規模な進化が起こるのはきわめてまれで、テクノロジーの進歩と比べるとはるかに可能性が低い。数日単位ではなく、数百万年単位の間隔を空けて進化が起こる。これは、生物学での組み合わせはダーウィン的な隘路に適応する必要があるからである。（こと高等生物の場合）結合にあたって別の系統から種を選ぶことはできない。組み合わせは遺伝子の進化の拘束条件に取り囲まれている。新たな組み合わせが作られるにはステップ数が増大する必要がある。これらのステップは、あらゆる段階で生き物として生育できるものを生み出す必要がある。さらに、新たな構造が順を踏んで合成されるのは、既存のコンポーネントからでなければならない。確かに生物学でも組み合わせは行われているが、定型的でもなければ頻繁でもなく、私たちが実験で目撃したように、テクノロジーのような直接的メカニズムでも行われない。個体変異と淘汰が最優先され、ごくまれに組み替えが行われる。このとき画期的な成果を生むことが多い。

対照的に、テクノロジーの組み合わせは当たり前のように行われている。新たなテクノロジーや新たな解決策はどれも組み合わせによって生じ、取り込まれた現象は必ず組み合わせとして利用される。テクノロジーの世界では、組み合わせ進化が最優先で定期的に行われている。ダーウィン的な変異や淘汰がないわけではなく、ただ表面上突出することはなく、すでに形成された構造に作用している。

こうしたテクノロジーの自己創出の姿を見ると、テクノロジーに対する認識が変わるはずだ。事物を引き起こす事物の広大な本体、集合体に加わりそれから消え去る事物、こういったものの系統を感じ取れるようになる。テクノロジーを生み出す過程は均一でも平坦でもなく、増殖の爆発と組み替えのなだれを起こす。絶えず未知の世界を探り、絶えず新たな現象を明らかにし、絶えず新しいものを生み出す。テクノロジーは有機的である。旧体制の上に新しい層が形成され、ときに創出と世代交代がやがて重なり合う。集合体として考えると、テクノロジーは個々のパーツを単に羅列したカタログではない。これは代謝の化学であって、ほぼ無限の集合体であり、その成分となっている実体が相互作用して新しい実体を生み出していく。さらに、ニーズも生まれてくる。そして忘れてはならないのは、ニーズがテクノロジーの進化を駆動するのは、新鮮な組み合わせと現象の発掘の可能性とあらゆる点で同じであるということだ。

最後にもうひとつだけ考察したいことがある。私は、テクノロジーが自己創出していると述べた。テクノロジーは、みずからがみずからを織り上げて増殖する網のような存在である。こう考えるのなら——文字どおり受け止めれば——テクノロジーは生きているのだと言えるだろうか。

〝生命〟の正式な定義は存在しない。その代わりにわれわれは、一定の条件を満たすかどうかを基準として、何が〝生きているか〟を判断している。たとえばシステム言語の場合、この実体は自己組織化しているか（実体そのものを取りまとめる簡単なルールが決まっているか）、オートポイエーシス的か（自己生産しているか）と尋ねることができる。もう少し日常的な言語であれば、この存在は複製や発達、反応のほか、環境に適応するだろうか、この存在を維持するためエネルギーを取り込んだり放出したりするだろうか、と尋ねることができる。テクノロジー（この場合も集合体として）も、このような条件を満たす。生物の細胞のように個々の要素が死に絶え、新たな存在と交代するという意味で、テクノロジーも自己再生産を行う。要素は止まることなく発達しつづける。集合体としても、また個々の要素としても、環境に密接に適応する。そしてテクノロジーは環境とエネルギーを交換する。取り入れたエネルギーはテクノロジーの形成と実行に費やされ、物理的なエネルギーとして還元される。

このような基準で考えると、テクノロジーはまさに生命体である。とはいえ、それは珊瑚礁を生物と考えるという意味においてである。その開発段階では、少なくとも拡大と複製には依然として人の力が必要である。

第10章　テクノロジーの進化に伴う経済の進化

第9章では、テクノロジーの進化を非常に直接的に考察してきた。この進化を別の視点から認識する手段がある。経済の目でテクノロジーを捉えるのだ。経済は、テクノロジーの追加や世代交代といった変容を映し出す鏡である。テクノロジーは生産や消費のパターンを表面的に立て直すのではなく、第8章で考察した、新たな組み合わせを創出して変容を遂げている。テクノロジーは、常にあらゆる階層で構造を変え、調整手段を変えて進化している。

そこでテクノロジーが進化してきた諸段階に立ち返って、それらが経済に与える影響に目を向けていこうと思う。これまで私たちが考察してきたテクノロジーが進化する過程で経済構造が変化するごく自然な過程を考察する。この検討にあたっては、まず標準とは異なる見方で経済について考える必要がある。

テクノロジーの表現としての経済

辞書や教科書では、経済とは財やサービスを「生産・分配・消費する体系」であると定義するのが標準的である。(1) そして私たちは、〝経済〟を、その中で生起するいろいろな事象と調整の舞台背景としてもともと存在しているものとして頭の中に描く。こう考えると、経済はテクノロジーを包含する巨大な容器に、テクノロジーは多数のモジュールや部品で構成された巨大な機械、すなわち生産手段にたとえられる。新たなテクノロジー（たとえば輸送業界における鉄道の発明）が創出されると、特定産業に新たなモジュールと改良型が提示される。世代交代の対象となる旧来の専門モジュール（運河）が撤去され、改良された新しいモジュールへと移行する。それ以外の機械は自動的に均衡を取り戻し、これに応じて釣り合う力とフロー（価格、生産・消費される財）も、調整し直される。

この見解は決して間違っていない。私が大学院時代、経済はこのように考えるものだと教わり、現在の経済学のテキストでも、経済はまさにこの見解で捉えられている。だからといって、これがまったく正しいとも言えないのだ。そこで構造面の変化について考察するため、経済を別の観点から捉えてみたいと思う。

私は、経済を〝社会が自身のニーズを満たすための調整と活動の集合〟と定義したい（つまり、この経済の研究が経済学となる）。さて、ここでの〝調整〟とは、いったいどういうものなのだろうか。そのためには、工業生産のプロセスが経済学の核となると考えたヴィクトリア朝の経済学者の〝生産手段〟論から議論を始めるべきだろう。たしかに、カール・マルクスは私の定義では驚くまい。マルクスは経済を〝生産用具〟から生じたものだと見なしている。当時の大規模工場や紡績機械を念頭に置いているのだろう。

しかし私は、マルクスが想定する大規模製鉄工場や紡績機械の先にあるものについて考えてみたい。経済を形成する調整の集合には、あらゆる装置や方法、そして私たちがテクノロジーと呼ぶ目的をもつ全システムが包含されている。病院や手術手順、市場や価格体系も経済の一部である。商業上の仕組みや流通システム、組織、事業活動もそうだ。金融システム、銀行、管理システム、法体系も経済を構成する要素である。いままで述べた要素はすべて、人間のニーズを満たす手段であり、人間の目的達成のための手段である。したがって、私が前述した〝テクノロジー〟つまり目的をもつシステムの基準を満たしている。本件については第3章で述べているので、この理論は記憶のどこかに残っているはずだ。つまりニューヨーク証券取引所と契約法の特別条項と製鉄工場、繊維機械は、どこを取っても人間の目的を満たす手段にほかならないというわけである。両者は広義のテクノロジーとも考えられる。

こうした〝調整〟をすべてテクノロジーの集合体に組み込むと、経済はテクノロジーの受け皿ではなく、テクノロジーをもとに組み上げた、意義のある存在とみなされるようになる。経済は、そのテクノロジーが仲介する——または覆いつくす——活動、行動、財貨サービスのフローの集合である。私がこれまで述べてきた方法、過程、組織構造が経済を〝形成している〟ということになる。

経済とはテクノロジーの表現なのだ。

経済とそこで成立しているテクノロジーが同一であると言っているわけではない。経済にはそれ以上の意味がある。事業上の戦略策定、投資、入札、取引——すべて経済活動であっても、目的をもつシステムではない。ここで言いたいのは、経済構造はテクノロジーで形成され、そのテクノロジーは、言ってみれば、経済の骨格を形成するということだ。経済の骨格以外の部分、すなわち商業活動、戦略、計画に関わる多種多様な利害関係者、財貨サービスのフロー、その結果生じる投資活動が、経済という身体の血となり肉となり、神経構造を形成している。一方で、こうした経済の部分はテクノロジーの集合を囲むと同時に、この集合によって形状が作られている。この集合は目的をもつシステムであり、それが経済の構造の形となっているのである。

私がここで提唱してる思考の転換は大変化ではない。巧妙なものだ。意識を概念や習慣的な思考プロセスの容器としてではなく、概念や思考プロセスから生じる何かであるとみなすような転換だ。あるいはこう考えてもよい。生態環境は生物種の集合の容器なのではなく、種の集合から形成されるものだ、と。よって、経済に関しても同じだ。経済はそのテクノロジーの生態環境を形成し、経済はまたテクノロジーから形成されるのである。経済は単独で存在するわけではない。生態環境と同様に、経済は新たなテクノロジーのために機会のニッチを形成し、新たなテクノロジーが生じたときに、これらのニッチを充足するのだ。

こうした考え方から結論が導出される。つまり経済とは、そこにあるテクノロジーから出現する（あるいは湧き上がる）のだ。要するに、経済はテクノロジーの変化に応じて再調整を図るだけではなく、テクノロジーが変化するのに応じて連続的に形成と再形成を行うのである。経済の特徴、つまりその形態と構造も、テクノロジーの変化に応じて、変わっていく。

まとめると、次のようになる。テクノロジーの集合体が構築されると、意思決定、活動、財貨サービスのフローが生じる範囲内で、ひとつの構造が創出される。私たちが〝経済〟と呼ぶ存在を生み出す。経済はこのようにしてテクノロジーから創発する。経済は自己自身をそのテクノロジーから創出するとともに、どの新テクノロジーが経済に入るかを決定する。因果律がここで循環的に働いていることに注意が必要だ。テクノロジーは経済の構造を創出し、経済は新たなテクノロジーの創出（したがって、自分自身の創出）も仲介する。ふつうの状況では、テクノロジーが経済を創出し、経済がテクノロジーを創出する過程を見ることはない。一年程度の期間で見れば、経済は所与で不動であるように見え、さまざまな活動の容器に見える。数十年の観察をして初めて、経済が形を成して誕生し、相互作用し、ふたたび崩壊するまでの調整と過程が見えるようになる。時間の範囲を長くとってこそ、経済についてこうした連続的な創出と再創出があることがわかるのである。

構造変化

テクノロジーで形成されている経済というシステムは、新たなテクノロジーの参入によってどう変わるのだろうか。第8章で述べた調整作業や新たな組み合わせが当然起こる。これらは完全に妥当な説明だ。ところが私たちは、また別の現象を目撃することになる。新たなテクノロジーが参入すると、経済構造や経済を形成するいくつかの仕組みが、順を追うようにして、何度も変化していくのだ。

私たちは構造上の変化という、経済理論が通常取り上げない領域に突入しつつある。だがここは未踏の領域ではない。複数の歴史学者、この場合は経済史の専門家らがたずさわっている。経済史家は、新たなテクノロジーが導入されるのは再調整と成長の結果にすぎないと捉えるだけではなく、経済そのもの、その構造の組成に変化をもたらす原因であると考える。だが、通常はその場限りの継続性のない変化であるとみなすことが多い。それに対して、われわれの見方を採用すれば、構造上の変化を抽象的に検討する道筋ができる。

実際の社会では、新テクノロジーが新産業を生むだろう。新たな組織改編の準備も必要だろう。テクノロジーや社会的な側面で新たな問題が生まれ、その結果、機会のニッチが新たに生まれることもあるだろう。こうした要素はいずれも、さらなる組成の変化を呼び起こすだろう。この一連の変化は、前章で述べたテクノロジーが進化する段階の概念で把握できるだろうが、本章では経済の視点を通して検証していこう。

新たなテクノロジーが経済に参入したと想定しよう。その用途を担っていた従来のテクノロジーとの世代交代が起こる（旧世代のテクノロジーに依存していた産業やその他のテクノロジーも陳腐化するだろう）。当然のことながら、新たなテクノロジーは、前述した一種の経済再構築を成し遂げる（ここまでが、第9章で言及した進化の第一、第二、第四、第六段階にあたる）。

第三と第五段階でも、以下のような現象が起こる。

- 新たなテクノロジーは、他のテクノロジー内で活用できる新要素となり得るものをもたらす。その結果、新要素を利用し、適応する他のテクノロジーを引き出す役割も果たす。特にその要素を備えた新たな組織を生むであろう。
- 新たなテクノロジーは、さらなるテクノロジーを生み出す機会のニッチを準備するであろう。

こうした機会はさまざまな形で生じるが、とくに、新テクノロジーがこれまでになかった新たな技術的、経済的、社会的諸問題を引き起こすことから生じるであろう。そうなると、新テクノロジーはこれらの問題を解決する次代のテクノロジーのニーズを作り出すことになる。

私は実はいま、テクノロジーの集合体が進化するメカニズムを形成する諸段階を経済学的観点から言い換えたにすぎない。だが、経済の新たな構造が形成される過程を示すことでこれらの段階を再解釈しているため、力点が異なる。新たなテクノロジーが経済に参入すると、新たな調整、すなわち新たなテクノロジーと組織的な形態が必要になる。新たなテクノロジー、つまり新たな調整は次に新たな問題を招くだろう。ひとつひとつ対策を設けて処理すると（またはその目的に特化した既存のテクノロジーを適応させると）、今度は新たなテクノロジーへのさらなる需要が開かれるだろう。問題が発生すれば解決する、つまり挑戦と対応という手順を繰り返すことにより、全体が進展していく。こうした一連の動きを〝構造変化〟と呼ぶ。このようにして、多発する変化の中で経済そのものが形成され、再形成され、かつてなかった事象として、この問題に対処する新たな対応が講じられ、相互に支援する機会のニッチが開かれるのである。

この仮説を典型的な事例で具体化してみよう。一七六〇年代のイギリスで実用に耐えうる繊維機械が出現するようになると、当時主流だった前貸制度で羊毛や綿花を紡ぎ、自宅で織物を織る家内制手工業に取って替わる存在になった(2)。だが新しい織機を導入した事業は家内制手工業よりも大規模な組織が求められたため、当時の成果は限られたものだった。そこで、繊維工場や紡績工場といった高いレベルの組織が編成される機会が生まれ、織物工業の運営に欠かせないコンポーネントとなる。工場そのものが組織の一手段、すなわちテクノロジーとなり、その後は機械の機能を補完する手段、すなわち工場労働者への需要が生まれる。労働者はもちろん経済にすでに存在していたが、新たな工場システムに投入するほど十分には確保されていなかった。労働力の大半は農業従事者から調達され、今度は工場周辺の住宅確保が求められた。労働者向けの寮と家族用住宅が建設され、紡績工場、労働者、その住宅がそろうと、工業都市の拡大が始まった。組織化の社会的手段の新しい集合、つまり、調整の新しい集合が出現し、こうした調整とともにヴィクトリア朝時代における産業経済の構造が現れてきたのである。この時代の特徴ともいえる、工業機械の卓越したテクノロジーと共存する調整の集合は、このようにして定着していったのである。

だが、産業革命期はこれでけっして完了となったわけではない。工業労働に従事する子供たちの大半は、ディケンズの小説にあるような劣悪な条件で働いていた。「低所得者層の道徳的状況」(3)はもちろん、労働者に安全な環境を提供するためにも、工場労働の改革に対する強硬な意見が示された。やがて法体系の改正によって労働者を対象とした措置が追加で講じられ、過剰労働の劣悪な環境を回避する労働法が制定された。そして新しい労働者階級は、工場が生み出す多大な利益を自分たちにも分配するようにと要求する。労働者らは、労働条件改善のための手段、労働組合をうまく利用した。工場で働く人々は家内制手工業の従事者より、いとも簡単に団結し、数十年で政治的権力をもつまでに成長した。(4)

このようにして、織機の発明は本来の家内制手工業の綿織物に代わる産業を生み出しただけではなく、工場労働者に高水準の処遇を与える格好の条件である工場制度を打ち立て、機械は工場を構成するコンポーネントのひとつにすぎなくなった。新しい工場制度ができると、今度は労働者や住宅に対する連鎖的なニーズが生じ、ニーズが満たされるとまた新たなニーズが生まれ、この時期のニーズがヴィクトリア朝時代の工業システムとなった。この制度は百年以上の時間を経て、ようやく完成の域に達する。

読者諸賢の中には、産業革命がもたらした構造上の変化にしてはあまりにも単純であり、機械的すぎると抵抗を示すかたもいるかもしれない。Aというテクノロジーは、Bへの対処というニーズを打ち出す。Cというテクノロジーがそのニーズを満たすが、DとEというニーズが新たに生まれ、その解決策となるテクノロジーがFとGである。たしかに、構造が変化する基盤はこうした順序で形成されてはいるが、だからといって単純であるとは言えない。新たなテクノロジーや対処策は繰り返し実行されていくうちに細分化が進む。工場制度自体としては、新しい機械の動力源やロープや滑車でその動力を機械に送るシステム、原材料を入手し、在庫を把握する手段、簿記の知識、管理手法、製品の流通手段が必要である。こうした対処策は別のコンポーネントから次々と生み出され、それぞれ独自のニーズをもっていた。構造上の変化はフラクタルであり、源流の動脈系から小動脈や毛細血管が分岐するように、下位構造に進むにつれて次々と分岐していく。

さらに、必ずしもすべての対応が経済的であるとは限らない。手作業の機械化というアイデアそのものが、繊維産業から他の産業へと波及できるようなものであった。このことが、いままでなかった機会を生み出した。再び心理学的側面で考えると、工場は組織面で調整の新しい集合を創出したばかりでなく、新たな種類の人材を求めていた。たとえば歴史学者のデイヴィッド・ランデスは、工場の規律についてこう語っている。「新しいタイプの労働者が必要になり、やがてそうした労働者が生み出された……かつての良き時代のように、監視なしで、自宅で紡ぎ車を回して梭で横糸を通す自由はもはやありえなくなった。いまや作業はかならず工場で行わねばならないようになって、疲れを知らない、生き物ではない機械のペースで進み、全員が一斉に労働を開始し、休憩を取り、終業時間を迎える大規模なチームの一部となった。監督者はあらゆる箇所に細かく目を配ることにより、また金銭を与えることにより、ときには物理的な強制手段の行使により、勤勉を強要した。工場は新時代の牢獄であり、時計が新しい看守となった」(5)。新たなテクノロジーは経済のみならず、心理面の変化をもたらしたというわけだ。

さて、構造変化について語る際、変化の集合は有形でない場合、また〝調整〟でない場合があることを認識するべきである。さらに多重の原因をもち、それらの影響が高度に重なることがあることも念頭に置く必要がある。そうであっても、テクノロジーの進化を考察する際に示した段階を踏む形で、論理的——理論的と言ってもいい——観点で構造が変化する過程が考察できるのである。経済の構造変化は新たなテクノロジーの参入とテクノロジーの世代交代、こうした事象に追随する経済面の調整だけにとどまらない。経済の骨格となる調整が絶えず新たな調整を求めるという結果の連鎖である。

経済構造に配置され、それを定義する調整には、必然的なものも、あらかじめ決まったものもない(6)。テクノロジーに起因する諸問題は、きわめて多数のさまざまな組み合わせや、きわめて多数の調整で解決できることについてはすでに述べた。どれを選ぶかは、ある程度は歴史の小事象が関与する。つまり、たとえば、問題に対処した順番、個人のパーソナリティに由来する好みの偏りといったようなものである。別の言い方をすれば、偶然の働きである。テクノロジーは経済、ひいては、この経済から創発した世界の大半の構造を決定するが、どのテクノロジーが配置されるかは前もって決まってはいない。

問題から解決策を導く(7)

私は経済構造の開花は経済を形成する調整の絶えざる改良であると述べてきた。一組の調整の集合が次代の調整の到来のための諸条件を準備する。この運動がいったんセットされると、改良作業に終わりは来ない。コンピュータや蒸気エンジンを考えてみて欲しい。たったひとつの新たなテクノロジーのもたらした結果ですらたゆまなく持続しうるのだ。

つまり、経済は決して静止しないのだとわかる。経済構造にはある程度強力な相互互換力が働き、その結果、一見変化がないように見える。だが、この静止のなかに自己崩壊の種子が潜んでいると、シュンペーターが百年前に指摘している。(8)この原因は、新たな組み合わせや新たな調整の創出であり、シュンペーターは、「新しい製品、新しい生産・輸送方法、新しい市場、新しい産業組織形態」が「産業の突然変異」の過程を準備し、「絶えず内側から〟経済構造に変革を起こし、その結果、絶え間なく古い構造が破壊され、絶え間なく新しい構造が創出される」と述べている。(9)

システムは内側からいつでも改革できるよう準備が整っているのである。

しかし私が行っている議論は、シュンペーターの主張以上に、はるかに多くのことを暗示している。新たなテクノロジーの到来は、現在採用されている財と方法よりもすぐれている新しい組み合わせを発見し、現行のテクノロジーを破壊するだけではない。一連のテクノロジー面の適応と、一連のいままで起こらなかった問題を準備し、そのうえで、かつてない組み合わせを引き出す新しい機会のニッチを創出し、またさらに別のテクノロジー——別の問題を取り入れていくのである。

したがって経済には、変化に対する果てしない開放性、つまり果てしない新たさが常に存在する。自己創出の過程は果てしなく続く。経済が満たされることは常にないのだ。これに加えて、新たなテクノロジーは、重要性の度合いが異なっても、どれもみな相互に一緒に経済に参入する。この帰結はシュンペーターのいう平衡状態の擾乱にとどまらない。変化が同時に進行するため不断に混乱が生じ、あらゆる場所で重複し、相互作用し、新たな変化を引き起こすきっかけが生まれる。変化が変化を生むことになるのだ。

不思議なことだが、こうした不断の混乱がいつでも起きていることを強く意識することはない。構造が変化するプロセスが月単位ではなく、数十年というスパンで行われるからだ。これは足元で地質がゆるやかに隆起するような動きである。短期的に見た場合、現状の経済構造の継続性は高い。構造は、システム間で互換性をもったゆるやかな集合であって、そこで計画がなされ、活動が起こる。それでいて、この構造は絶え間なく変更されているのだ。経済は果てしなく自己構築を繰り返している。

テクノロジーの絶え間ない進化や経済の改良過程に終わりはないのだろうか。原則的に見て、終わる可能性はある。だがそれは原則にすぎない。今後、新たな現象が発見されないか、テクノロジーの組み合わせが何らかの形で枯渇すれば、テクノロジーは変化しなくなる。だが、いずれの可能性も期待できない。たえずニーズが開発されて、新しい現象が発見される可能性があれば、テクノロジーの開発を永続的に駆動させるのに十分であり、経済もそれに伴って変化する。

テクノロジーや経済は変化しつづけると断言できる理由がもうひとつある。これまで私は、新たなテクノロジーの形を取る解決策はどれも、新しい挑戦と問題を生み出すと強調してきた。一般論として述べると、〝テクノロジーには必ず問題の種がある〟、しかも複数ある場合が多いのだ。これは決してテクノロジーや経済の〝法則〟ではなく、ましてや森羅万象のひとつでもない。人類が歴史から引き出したもので、嘆かわしいとはいえ、広い層から支持を得ている経験的な観察事実にほかならない。石炭を原料とする燃料技術の採用が地球温暖化を招いた。環境に優しいエネルギーである原子力の採用が放射線廃棄物の問題を引き起こした。空路輸送技術の採用が短期間によるウイルスの世界的流行の可能性をもたらした。経済では、解決策が問題を招き、問題からさらなる解決策が生まれている。解決策と問題が織りなすダンスは、今後もずっと変わりそうにはない。運が良ければ、進歩という名の恩恵に結局は浴することができる。進歩があろうがなかろうが、このダンスがある限り、テクノロジー、そしてその帰結として経済も、休むことなく変化せざるを得ないのだ。

本章では、経済の視点で捉えたテクノロジーの進化を中心に語ってきた。経済はそこで展開されるテクノロジーの表現であるため、進化する集合体を形成する過程、組織、装置、制度上の規定から生じた一連の調整であり、テクノロジーと同様に進化している。経済はテクノロジーから生じるため、自己創造、果てしない開放性、そして果てしない新たさを受け継いでいる。つきつめて考えると、経済とはテクノロジーを創出する現象から生じたものだ。経済は人類のニーズに応えるために組織された自然的摂理である。

この経済には単純なところはどこにもない。次々に仕組みが作られていく。法体系の商業に該当する部分は、市場と契約があることを前提に作成され、市場と契約は、銀行と投資のメカニズムを前提に成立している。ゆえに経済は均質ではない。相互に影響を与える構造——壮大な構造であり、相互に支援する調整がさまざまな水準で存在し、数百年というスパンで自己創出している。経済は生物に近い。いや、少なくとも進化する存在であり、自らの構造を常に変化させることで、経済内の調整が新たな可能性と問題を生み出し、これによってさらなる反応が引き起こされ、ついにはさらなる調整をもたらす。

このような構造の進化とは、経済を形成する調整を常に改良するものであり、ある調整の集合が次代の構造の到来の条件を準備する。あらかじめ決まった調整や産業の範囲内での再構成ではなく、経済成長とも異なる。断続的に繰り返され、フラクタルに浸透し、止めようもないのが進化だ。しかも終わることのない変化をもたらしている。

構造上の変化に法則性はあるのだろうか。たしかに経済はかならず同一の諸要素からパターンを形成している。つまり、同一の諸要素とは、人間行動に偏った好みがあること、会計上の基礎的な事実関係、購入される財は販売される財と等価であるべきという真理である。こういった基底となる「法則」は変わらぬままである。だが、それらが表現される手段は時を経て変化し、それらが形成するパターンも時を経て変化し再形成される。このとき、新パターン、つまり、調整の新集合はどれも、経済に新構造をもたらし、古い構造は消滅し、それを形成する基調となるコンポーネント、基底となる法則はつねに同一のままである。

学科としての経済学は、物理学や化学のような〝ハード・サイエンス〟とは異なり、時が経ても変わらない記述の不変性を保持することができないことで、よく批判を受ける。だからといって経済学が自然科学よりも劣っているわけではなく、経済学として妥当であり、自然なことなのだ。経済は単純なシステムではない。つまり、経済は進化する複雑なシステムであり、形成される構造は長期にわたって変化し続ける。つまり、経済に対する人間の解釈は時代が移り変わるたびに変わって当然なのだ。私はよく、経済を第一次世界大戦時の夜襲にたとえることがある。暗闇の中、胸壁越しには何も見えない。一キロほど先にある敵陣の喧噪が聞こえ、砲座の配置が変わり、軍勢が移動を始める気配が高まってくる。だが、新たな配置を最善に推定するには元の配置から推察するしかない。そこで誰かが照明弾を放つと、偵察者たちの脳裏に配置と配列、軍勢と塹壕の全貌が浮かぶのだが、やがてすべてが闇の中へと消えていく。経済でも同じようなことが起こっている。経済界における偉大なる光に相当するのは、スミスやリカード、マルクス、ケインズといった理論家たちだ。シュンペーター自身も、まさにそのひとりだ。彼らがいっとき光を投げかけても、暗闇の中で経済の喧噪も、再編成も継続している。私たちは確かに経済を観察することができるのに、われわれが使う経済に対する用語やラベル、理解はすべて、かつてこの世界に光をもたらした偉人たち、とくに前述した経済学者の時代のまま凍結している。

第11章　テクノロジー——この創造物とどう共存するか

冒頭で、本書の目的はテクノロジー理論、すなわち、テクノロジーとは何か、一般社会でどう機能しているかを理解するうえで枠組となる〝一般命題の矛盾のないまとまり〟の形成にあると述べた。とくにテクノロジーに適用できる進化論を、理論の外にあるものを利用せずに内生的に作り出すことを目指した。その成果をダーウィンの言葉で述べるとしたら、〝ある長い論証〟となった。これまで述べてきた内容と一部重複するが、この議論について簡単にまとめたいと思う。

理論では、まず一般命題、つまり原理を定義する。本書では三つの原理を定めた。（一）テクノロジーはすべて要素の組み合わせである。（二）要素それ自体がテクノロジーである。（三）テクノロジーはすべて何らかの目的において現象を利用している。特に第三の原理は、テクノロジーとは自然界をプログラミングしたものだということを私たちに示している。テクノロジーは現象を取り込み、人類の諸目的のために役立てるためのものである。個々のテクノロジーはさまざまな現象をプログラムし、ひとつに取りまとめて特定の目的を達成する。

テクノロジーが新たに成立すると、個々のテクノロジーは次代の新しいテクノロジーを創出する構成要素《ビルディング・ブロック》となる。こうして組み合わせ進化という進化の様式が生まれる。その基底となるメカニズムはダーウィンの標準的な進化論とは異なる。新たなテクノロジーは、それ自体がテクノロジーである構成要素から生じ、その後、テクノロジーを新たに築く構成要素となってゆく。この進化を押し進めるのは、絶えず新たな現象を取り込み、役立てていくことであるが、その両方で必要になるのが既存のテクノロジーである。いま述べたこれら二つの主張から、テクノロジーは自己創出しているといえる。このようにして、ある文化における機械技術の集合体は、自力でみずからを、少ない構成要素を多数の構成要素に、したがってまた単純な要素から複雑な要素に変容させていくのである。

こうした進化の様式はシンプルに思える。だがダーウィンの進化論にも言えるように、多くの細部やメカニズムをもっている。言うまでもなく、中核を成すのは、飛び抜けて斬新なテクノロジーを生み出すメカニズムである。テクノロジーの新しい〝種〟は、あるニーズと、それを満たすことのできる（複数の）ある効果をリンクすることによって生じる。このリンクはひとつの過程であり、それは、ひとつの概念（行動の結果がどうなるかという集合）を造成し、かつ、その概念を実現するコンポーネントとアセンブリを見いだすためのものであって、時間のかかるものである。その過程は再帰的だ。概念を実用化させようとすると問題が生じ、その問題への解決策がさらなる問題を引き起こす。問題と解決策のあいだを行き来する段階をいくつか経た結果、概念が実現するのである。

この過程の中核を成すのは、適合する部品や機能を頭の中で、あるいは実際に組み立てて解決策を導出する組み合わせ作業である。しかし、それはテクノロジー進化にとって唯一の駆動力ではない。

もうひとつはニーズ、すなわち作業処理の新たな手段への需要である。ニーズそのものはテクノロジー自体より、むしろ人間の欲望から直に引き出される。主としては、テクノロジーそのものが直面した限界や生み出した問題から引き出される。当然、こうした限界や問題はさらに多くのテクノロジーを集めて解決されることになる。こうして、テクノロジーとともに、ニーズが解決策をもたらし、解決策がニーズをもたらすのである。組み合わせ進化はあらゆる点においてニーズの拡大であると同時に、ニーズの解決策である。

ここで生じる全過程は一様でも、順調でもない。テクノロジーの集合体はテクノロジーを常に取捨選択し、機会のニッチを創出して別のテクノロジーを生み出し、新たな現象を発見して進化していく。継続的発展という狭い視点で考えても、テクノロジーの本体は進化している。創発し、提供する「語彙」を絶えず変え、経済の中の産業に吸収されていく。個々のテクノロジーも進化し、発展している。性能を高めるために内部部品の交換を継続的に行い、複雑なアセンブリを追加する。

その結果、テクノロジーはあらゆる水準で混乱を繰り返すことになる。あらゆる水準で新たな組み合わせが現れ、新たなテクノロジーが加わり、旧世代のテクノロジーが姿を消していく。このようにして、テクノロジーは絶え間なく未知の領域を探究し、新たな解決策やニーズと同時に、新たなテクノロジーを絶え間なく創出しているのである。その過程は有機的である。古い階層の上に新しい階層が生まれ、創出と世代交代が同時に行われている。集合体として見ると、テクノロジーは個々のパーツをただ列挙したカタログではない。テクノロジーは、代謝の化学であり、無限に近い相互作用する実体の集合体であり、現にあるものから立ち上がり、新たな実体、そしてさらなるニーズを生むものである。

経済はこのすべての方向を定め仲介する。ニーズを知らせ、アイデアが商業的に実行可能かどうかをテストし、需要を新型テクノロジーに提供する。だが経済はテクノロジーの単なる受容体でもなければ、頻繁に部品を交換して機能を向上させる機械でもない。経済とは、テクノロジー全体の表現なのだ。その骨格構造は、それ自体が広義のテクノロジーである、事業、生産手段、制度、組織といった取り決めから構成されており、相互に支持し合う集合になっている。商業的活動とその影響はこれらの周辺で生じる。これらの「取り決め」が次代の「取り決め」の機会を創出し、このような連続が経済の構造を変化させる。こうして成立した経済には、包含されたテクノロジーのもつ資質がすべて備わっている。長期的スケールで見ると、変化に湧き立つ。テクノロジーと同じく、開放性、歴史依存性、階層性、不決定性をもつ。そして恒久的に変化していく。

生物学になるテクノロジー、テクノロジーになる生物学

私の理論に反駁する意見もあるだろう。本書で提示したテクノロジーの事例は、一九世紀から二〇世紀にかけての過去のものが多い。だからもし未来に行けるとしたら、テクノロジーを多様な構成で多目的なものにプログラムできる機能性の化学と捉えようとしても、有効性がなくなるかもしれない。

しかし実際には、その逆が真実だ。テクノロジーの進化とともに、本書の見方が適切になってくるのだ。テクノロジーがデジタルのドメインに参入すると、機能は同形式のオブジェクト（データ文字列）となり、どれも同じように動作するので、たとえ別のドメインに由来するものであろうとも、結

合することが容易になる。電気通信はこれらのデジタル要素を遠隔から結合できるようにするので、事実上、実行可能ならどこからでも、何でも、他の要素を動作させることができる。まだ開発途上ではあるが、システムはセンサー機器で自分たちの環境を認知して動作設定が可能である。そうなると、別のドメインや遠隔地のさまざまな地点にある機能を引き寄せた一時的なネットワークが構築され、環境を検知して適切に反応する対話型で接続された集合体が出来上がる。たとえば現代の民間機の操縦では、オンボード・ジャイロ機構、GPS、数種類の航行衛星と地上局、原子時計、自動操縦装置とフライバイワイヤー・システム、そして操縦面の位置を特定するアクチュエータといったテクノロジー全体が相互に〝対話〟し、問い合わせ、反応を引き出し、実行されている。これはコンピュータのアルゴリズムによるサブルーチン群が問い合わせ、相互に反応を引き出して実行されているのと同じである。

現代を代表するテクノロジーは、すでに定型機能を実行する定型のアーキテクチャを搭載した機械ではなくなっている。システムであり、状況が状況を処理する代謝機構で、複数の機能を実行するネットワークである。環境を検知し、それに応じて動作を再設定し、適切に実行する。

このような状況が状況を処理するネットワークはトップダウン形式で設計され、その場の環境を感知して適切に反応できる。だがこれには難しい問題がある。影響を与え合う多数の独立したパーツで構成され、環境が短時間で変わるネットワークの場合、どれほど信頼性の高い手段を講じても、トップダウン形式の設計はほぼ不可能である。したがってネットワークは、単純な対話型ルールが別の環境で快適に動作するという経験から〝学習する〟よう設計されている。こうしたルールを搭載すれば、検知したデータに適切に対応できる。このプログラムには、何らかの形で〝知性〟が宿っているのだろうか。ある程度の知性ならある。たとえば大腸菌はグルコースの密度が増えた場所を察知して移動するが、このような生物的認知とは、ある環境を察知し、適切に反応するものだと簡単な定義をすることができる。ゆえに、現代のテクノロジーそのものがしだいに組織化して、適切に察知し、構成し、実行するパーツのネットワークを組むようになると、ある程度の認知を示す〝スマートな〟システムへと一歩を踏み出すことになる。ゲノム学やナノテクノロジーの出現によって、スマートなシステムは後押しされるだろう。事実、こうしたシステムは今後、自己構成や自己最適化能力や認知能力をもつだけではなく、自己集合や自己修復、自己防衛能力を身に付けるだろう。

ここで私は、SF的な未来を指摘したいのでも、こうしたトレンドが潜在的にもち合わせている要素について話し合いたいわけでもない。そういうものは他の研究者がどこかですでに取り組んでいる。それよりも、もっと別のことに目を向けてもらいたいのだ。自己構成、自己修復、認知といった用語からはこれまで、テクノロジーを連想することがなかった。いずれも生物学上の用語だ。これが示しているのは、テクノロジーがさらに洗練されるようになると、生物学に近づいてくるということだ。これは逆説的のように思える。テクノロジーの本質は機械であるため、複雑になるにつれ、ただ複雑な機械になるのは確かなことだ。では、テクノロジーはどのように生物学に近づこうとしているのだろうか。

答えは二つある。まず、テクノロジーというものは、ある意味機械的であり、かつ有機的である。テクノロジーをトップダウン形式で検証すると、ある目的を満たすために、接続されたパーツ同士が相互に作用し、かみ合うよう配置されていることがわかる。こう考えると、テクノロジーは時計仕掛けの装置となり、機械になる。ところがこの検証を、どのようにパーツが取りまとめられているかという観点から、ボトムアップ形式で考えてみた場合、より高度で機能性が要求される目的をもった全体を形成する、欠くことのできないパーツ（欠くことのできない器官）に見えてくる。機能性のある本体となり、有機的になる。ゆえに、テクノロジーが機械的か、有機的かという問題は、人によって見解が異なる。もうひとつの答えは純粋に生物学的で、テクノロジーは生命体を連想させる特性を取得しつつあるからだ。与えられた環境を検知して反応し、自己集合や自己構成、自己修復、そして〝認知〟機能をもつようになると、ますます生命体に似てくる。精巧になり、〝ハイテク化〟するほど、テクノロジーは生物学的になる。そして、テクノロジーはメカニズムというより代謝系だと認識されるようになる。

この関係には対照的な側面がある。生物学に対する理解が増すにつれ、生物学は機械的なものと着実にみなされるようになる。もちろん、生物体はつながった器官でできており、機械のパーツのように作用するという考えは旧来のものだ。この思想は少なくとも、メルセンヌやデカルトなどの哲学者が、生物に機械的な可能性があると考えるようになった一六二〇年代にさかのぼる。現在が過去と違うのは、私たちはすでにこの機械の大半の動作を詳しく知っていることだ。一九五〇年代以降、人類は細胞内におけるDNAの精緻な働き、遺伝子発現が精巧に制御されていること、脳組織の機能などをひとつずつ究明してきた。この研究は完成にはほど遠いが、生物組織や細胞小器官《オルガネラ》がきわめて精巧なテクノロジーであることを明らかにしている。事実、生物体はテクノロジーがまだ到達していない部分を垣間見せてくれる。細胞のように複雑であり、あのように動作する工学技術は存在しない。少なくとも概念的には、生物学はテクノロジーになりつつある。そして物理的には、テクノロジーが生物学になりつつある。両者はお互い歩み寄り、両者はゲノム学とナノテクノロジーのまさに深層に分け入っていく。それよりも意義深いのは、双方の混在が始まりつつあることだ。

生成的な経済

テクノロジーが設定しやすくなり、生物的になりつつあるなら、これに経済は何らかの影響を受けるのだろうか。経済がテクノロジーの表現にほかならないとすれば、影響を受けなければおかしいし、実際そうなっている。

この影響で、経済の、少なくともハイテクに関わる分野では、定型処理に磨きをかけるより、処理を統合する方向に向かっている。商業銀行、石油企業、保険会社といった事業経営は、当然のように大規模で固定的なテクノロジーの時代をいまだに反映している。しかし、こうした企業も、新興企業やベンチャー・キャピタル、デリバティブ金融、デジタル産業、コンビナトリアル・バイオロジーと同様に、短期にさまざまな目的を再構造化できるように、さまざまな機能性を組み合わせる方向、つまり、活動とビジネスの諸プロセスを組み合わせる方向をますます目指していくだろう。

要するに、経済は生成能力をもちつつあるのだ。一定の処理の最適化から、新たな組み合わせ、そして構成可能な新たな提案へと重点が移行していく。

新興企業でこうした新たな組み合わせを創出している起業家には、はっきりわかっていることはほとんどない。どこが競合相手かわからない。新テクノロジーに実用性があるのか、社会から受け入れられるのかも定かではない。政府の規制が適用されるかどうかも知らない。さながらカジノに入って、ゲームのルールも、いくら儲かるのかもわからぬまま掛け金を積んでしまうようなものだ。新世代の組み合わせ型ビジネスの起業を取り巻く環境は単に不確実だというわけではない。特定の側面に関しては単純にわからないのである。

　ここからわかるのは、ハイテク経済における意思決定上の〝問題〟が明確に定義されていないということである。（読者諸賢はおそらく驚いておられるだろうが）問題に対して最適な〝解決策〟もない。このような状況でマネジメントに課されるのは、問題を合理的に解決することではなく、定義されていない状況を理解できるようにする、つまり状況を〝認識〟すること、または状況を対処できる枠の中におさめることであり、同時にまた、状況に沿った形で提案を位置付けることなのである。外見上の逆説が、ここでも生じている。ハイテク化が進むほど、処理業務の合理性はどんどん無くなっていく。先端テクノロジーの分野で起業するのは、単に意思決定の問題ではない。重要なのは、明確に定義できない状況が繰り返されるなかで、状況を認識するための秩序を与えることなのだ。テクノロジー思想家のジョン・シーリー・ブラウンは言う。「マネジメントは、もの作り《メイキング・プロダクト》からつじつま合わせ《メイキング・センス》に移行してきた」

　生成力をもつ経済においては、マネジメントが競争優位を引き出すのは、リソースの蓄えや最終生産物に仕上げる能力からではなく、蓄積した深い専門知識を新しい組み合わせ戦略へと転換する能力からなのである。そのため、国家の富は、資源を所有することからそれほど引き出せるわけではなく、むしろ専門性の高い科学技術の知識を所有することによって得られる。企業も技術面の専門知識から競争優位性を引き出す。新しい組み合わせを考えついても、専門的知識が欠けていて実現できなかったり、競争の重圧のため自社開発をする余裕がないことが多い。そこで彼らは小規模企業を買収するか、あるいは必要不可欠なテクノロジーを実際に所有している他の企業と戦略的提携関係を結ぶ。このような提携関係は特別な目的のために限られていることが多く、その後は編成を変えるか終結する。このように、企業レベルでの組み合わせは絶え間なく再構築される一連のゆるやかな提携関係と表現することができる。この関係は短命だが、ときに大成功をおさめることもある。

現代テクノロジーの本質は一連の新たな変化を迎えつつある。ビジネス・マネジメントの分野では、生産過程の最適化から、新製品、新機能など、新たな組み合わせの創出へ、そして、合理化から意味形成へ、商品ベースの企業から技能ベースの企業へ、コンポーネントの購買から提携関係の形成へ、安定した運営から不断の適応へ。これまでに述べた変化はどれも突然生じるわけではなく、実際に経済には、新旧のスタイルをもつ要素が共存している。新旧ビジネスは重複し、相互の関連性が深い。しかし、テクノロジー水準の高い経済が表に出てくるにつれて、工場をノードとし、投入産出のリンクを連結させた機械型の二十世紀経済は、有機的で相互関係のある二一世紀の経済へと変化するのである。前世紀の経済が機械型であったなら、今世紀の経済は化学型であり、それ自体が常に新たな組み合わせによる自己を生み出し、常に発見し、常に進化の途上にある。

経済学自体もこれに対応して変化しつつあり、その影響で研究対象は、均衡状態のシステムではなく、消費者、投資家、企業、行政機関といった要素がみずからが生み出したパターンに反応する、進化する複雑系となってきている。[1] これまでの経済学の標準的学説は予測可能性、秩序、均衡、そして合理性の行使という基盤原則を踏まえていた。またこの、年々まったく変わることがなかった大量加工テクノロジーからできた経済に適ったものであった。だが、経済で組み合わせが自由にできるようになり、テクノロジーがより開放的になると、新たな原則が経済学の基礎に参入してくる。閉性、均衡といったさまざまな解釈をとりまとめるための道具は、オープンエンドになること、不決定性、果てしない新たさ、などに道を譲りつつある。

〈純然たる秩序〉対〈不格好な生命力〉

経済の変化についての理解ばかりが開放的、有機的な見方を反映するようになったのではない。世界に対する人間の解釈も、開放的で有機的になりつつあり、テクノロジーも、この変化の中にある。機械の連携、正規の秩序、動力源、簡単な外部構造、整然とした外観、常に規則性を保つ正確さなど、テクノロジーの質の高さを認める方向で解釈するようになったのがデカルトの時代である。質の高いテクノロジーは文化に投影され、解釈と精密さの理想と考えられた。ガリレオやニュートンが科学界で活躍した頃、簡潔な秩序や規則性を崩さない正確な概念が発見されると、文化におけるテクノロジーの地位はかなりの勢いで上昇する。ここから、世界は要素で構成され、理性《リーズン》（十八世紀、この単語は大文字で始まる女性形 Reason だった）と簡潔性が支配する合理的なものだという見解が生まれる。建築家のロバート・ヴェントゥーリの言葉を借りれば、〝純然たる秩序という堅苦しい夢〟を生んだというわけだ。

ニュートン以後の三世紀という長い期間にわたって、テクノロジー、機械、事物の純然たる秩序という夢は人々を魅了した。二〇世紀には、この機械論的見解が支配的になり、より高次の表現をとるようになった。たとえば心理学や経済学といった多くの学術的分野で、機械論的解釈により、洞察深い思想よりも技術的なことの魅力が優先されるようになった。哲学の分野では、合理的な哲学を、論理式から、のちには言語を要素として組み立てようとする願望が生まれた。政治の世界では統制し操作できる社会という理想が生まれ、そこから管理、統制された構造としての社会主義、共産主義、さまざまな形のファシズムが生まれた。建築の世界では、装飾を廃した幾何学的デザイン、整然とした外観のル・コルビュジエやバウハウスが登場する。しかししだいに、こうしたドメインはそれらを組み込んだどんなシステムをも越境して蔓延した。結局、純然たる秩序という機械論的な夢を根底にもつ二〇世紀の各種運動はすべて崩壊した。

それに代わるものとして、世界はその世界にある諸メカニズムの和以上のものを反映するという認識が高まりつつある。メカニズムは確かにいまでも中核を成す存在である。だが、メカニズムは相互に結合して複雑になっており、そのメカニズムによって明らかになるさまざまな世界も複雑であると、私たちはすでに気づいている。世界は開放的で進化し、それらのパーツから予期せぬ創発的な特性をもたらす。いま私たちが向かっている見解はもはや純然たる秩序ではない。それは全体性、有機的全体性、不完全性である。(2) ここでふたたび、ヴェントゥーリが建築について述べた発言を引用しよう。

私が好きな要素は次のようなものだ。〝純粋〟よりも入り交じったもの、〝整然さ〟よりも妥協したもの。〝まっすぐ〟よりもひずんだもの、〝明晰〟よりもあいまいなもの。屈折しつつ匿名であり、退屈であると同時に〝面白い〟。〝立案されたもの〟よりも紋切り型、排外的ではなく親和的。シンプルよりも冗長なもの。古《いにしえ》の名残りがあるのに斬新であり、直截と明瞭よりも不整合と両義的、どこから見ても同じ形のものより、不格好だが生命力のあるもののほうが好きだ。不合理であっても構わないし、多重的だとも言おう。意味が明瞭であるより、豊富にあるほうがいい。機能は外的でも内的でもいいのだ。(3)

不格好だが生命力のあるもの、とヴェントゥーリは言った。さまざまな意味に取れるものが好きだとも語っている。そのとおり。わたしもそういうものを心から好んでいる。完璧さのイメージを全体性に置き換えつつあり、その全体性の中に不格好だが生命力のあるものが存在している。このような思考のシフトには、現代のテクノロジーよりも、進化生物学の影響や、単純な機械論的見方の衰退が関係している。しかしこのシフトは、連結性、適応性、進化する傾向、有機的属性といった、現代テクノロジーの諸属性によって強化されている。つまり、不格好な生命力だ。

テクノロジーにどう向き合うのか

どのようにテクノロジーを通して世界を見るかという点で、確かに私たちは変貌してきた。だが、テクノロジーそのものはどうなのだろうか。私たちはテクノロジーをどう見るのか。人類がこの世に送り出したテクノロジーにどう向き合うのか。

着実に成長を遂げているテクノロジーに対し、強い心理的葛藤を抱くのも無理のないことだ。だが、この葛藤はテクノロジーと人間との関係に起因するのではない。いずれにせよ直接の因果性はない。むしろ人間と自然現象との関係に起因しているのである。取り立てて驚くべきことではない。テクノロジーが人間の目的達成のために組織された自然現象なら、この自然現象を活用する人間との関わり合いが、テクノロジーへの認識にかなり大きな決定力をもつはずである。

一九五三年、マルティン・ハイデガーは『テクノロジーについての問い』という講義を行った。ハイデガーは、テクノロジーの本質はけっしてテクノロジーに関わるものではないと述べた。テクノロジーとは自然を見る方法であって、自然にあるすべてのものを私たち人類が利用できるような潜在的資源として自己顕現させる方法のことであるというのだ。これは残念な見解である。「自然は巨大なガソリンスタンドとなり」(4)、人間はそれを開拓可能な資源とみなし、人間の目的を満たすために与えられた〝不滅の蓄え〟だと考えているのだ。テクノロジー、すなわち古代ギリシア語で工芸品や実用的な知識を表す〝*techne*（テクネ）〟はいまや、生け贄用の聖杯を作る古代の銀細工師の腕前のように〝ありのままの形を美しいものに変える〟ものではなくなっている。テクノロジーそのものが世界に適合するのではなく、テクノロジーが世界を適合させようとしている。ハイデガーは、テクノロジーに潜む問題には言及していない。その問題は、テクノロジーによってもたらされた姿勢の中にある。私たちはかつて自然を敬い、心の底から崇敬したが、今では自然を〝けしかけて〟、私たちが使うためだけに存在するものに貶めているのだ。

さらに悪いのは、人間よりも自身の利害を本質的に優先してしまう、テクノロジーを創造してしまったことだ。ハイデガーの翻訳者は次のように敷衍している。「テクノロジーが人間の製作手段になったり、人間の支配下にあることはない。むしろ現象であり、西洋史全体で中心に立ってすべてを決めてきた存在自体から発した現象なのだ」(5)。フランス人の社会学者ジャック・エリュールをはじめとした人々も、まったく同じ発言をしているが、これほどドラマチックな言葉は使っていない。テクノロジーとは人間の生活の方向を定めるモノであり、人間の生活が服従し適応するモノであり、「閉包性と自己決定に向かう生き物」である。テクノロジーはそれ自身が目的であるのだ(6)。

だがハイデガーも認めるように、人間とテクノロジーの関係はうまくいってもいる。テクノロジーは人間に経済をもたらし、人間の富と安全はすべて経済によるものだ。経済のおかげで祖先よりも長生きできるようになり、困窮した生活から開放され、恵まれた生活を送っている。

このような二つの見方、つまり、テクノロジーは人間の生活の方向を定めるという見解と、私たちの生活を恵まれたものにするという見解は、同時に成り立つ。だが両者は不安や継続的な緊張感を引き起こし、私たちのテクノロジーに対する姿勢やテクノロジーを取り巻く政治にまで及ぶ。

この緊張感は、テクノロジーによって人間が自然を開発するようになったことや、テクノロジーが人間の生活の大半を決定していることだけで生じているのではない。第1章で述べたように、人間は本来自然の中に存在するのであって、〝信頼〟しているのは自然であり、テクノロジーではないからだ。それでも私たちは、テクノロジーが人間の未来を守ってくれると見なして、テクノロジーに〝期待〟している。つまり、本当はそれほど信頼してはしていないのに期待だけは寄せている。ここに皮肉がある。これまで述べたように、テクノロジーとは自然の現象を編成し利用する、自然のプログラミングなのである。ゆえにその根底にあるのは自然である。深遠なる自然である。だがテクノロジーが自然だとは感じられないのだ。

自然界の現象をただありのままの形で、水車の回転や帆船の動力として利用していただけなら、テクノロジーへの親近感は増しただろうし、相反する信頼や期待もあまり生じなかっただろう。しかし遺伝子工学や人工知能、生体工学、気候工学が誕生した現在の私たちは、テクノロジーを（または自然を）利用し、直接内側から自然に介入しようとしている。だが、森林や草原を住処とする私たち霊長類やその他の動物たちにとって、こうした自然への介入は想像を絶する不自然な行為である。このことは私たちの自然への真摯な信頼を動揺させる。

人は知らず知らずのうちに、さまざまな形でこの深刻な不安に反応している。伝統に頼り、環境保護主義に頼り家族の価値に耳を傾け、原理主義に頼る。そして反対の声を上げる。正しいかどうかは別にして、こうした行動には恐怖が潜んでいる。テクノロジーが人間から自然を分離し、自然を破壊し、私たちの自然を破壊するのではないかと恐れている。人間の力ではどうにもできないようなテクノロジーの現象を恐れている。実体のない何かが束縛を解かれ、何らかの形で自らの生命を得、私たちを支配するようになると恐れている。テクノロジーは人間を死へといざなう、生命をもった存在なのではないかと恐れている。存在が無になる死ではなく、もっと悲惨な死。自由のない死。意志の死だ。

私たちは無意識のうちにこんな恐怖を感じている。この問題は、現代の神話として有名な物語でも取り上げられている。小説でも映画でも、そのストーリーを自分に問いかけてみると、テクノロジーをもつべきかどうかが要点ではないのだとわかる。大事なのは、テクノロジーを顔のない意志を削ぐ存在として受け入れるべきか、それとも、有機的で生活を豊かにするものとしてテクノロジーを所有するかだ。映画『スター・ウォーズ』には、テクノロジーの悪の象徴、《デス・スター》が登場する。巨大で人間性を排除した物体であり、捕らえた人間をクローンに変えてしまう——クローンは、一見人間と変わりはないが、その姿のまま機械に支配され、個性も意志の力も奪われてしまう。主役のひとり、ダース・ベイダーも完全な人間ではない。テクノロジーと人間の器官で組み立てられた人間だ。一方ヒーローのルーク・スカイウォーカーとハン・ソロは、生身の身体をもつ人間である。個性があり、意志をもち、モス・アイズリーの酒場で異星人と酒を酌み交わす。奇妙な姿をした、ひねくれものであまのじゃくな異星人たちには、むせかえらんばかりに活力がみなぎっている。ヒーローたちに目を向けると、彼らもテクノロジーの使い手だ。しかし、ダース・ベイダーとは違う。まやかしもなければ、人間を機械に変えることもない。彼らが操る宇宙船はおんぼろで有機的であり、蹴飛ばさないと発進しない。ここに決定的な違いがある。彼らのテクノロジー、それは人間なのだ。ミスはするし、人間味があり、個性的であるがゆえに情け深い。宇宙船はこうした人間の本質の延長線上にある。彼らはおのれの人間性と引き替えにテクノロジーを手に入れたりはせず、テクノロジーに屈服することもない。逆にテクノロジーが人間に飼い慣らされている。このことが、キャラクターの自然さをひきたてている。

『スター・ウォーズ』が無意識のうちに示しているように、私たちはテクノロジーを拒絶していないのだ。テクノロジーを手放すことは、人間であることをやめることなのである。テクノロジーは人間を形成するうえで大きな役割を果たしている。ロバート・パーシグは著書『禅とオートバイ修理技術』の中で、「仏であるブッダは山の頂や蓮の花の上にいるのと同じように、コンピュータのデジタル回路やバイクの変速ギアの中にも居心地よさそうにたたずんでおられるのだ」と書いた。(7) テクノロジーは万物の深遠な秩序の一部なのだ。それなのに、私たちは気づかぬうちに、自然を隷属させようとするテクノロジーと、自然の延長線にあるテクノロジーを分けて考えている。これは適切な区別と言えるだろう。私たちは人間の感覚をなくすテクノロジーを受け容れるべきでないし、可能なものと望ましいものを同じだと考えてもいけない。私たちは人間であり、経済的充足以外のものも必要だ。人間は挑戦を必要とし、意義を必要とし、目的を必要とし、自然との共存を必要としている。テクノロジーが人間からこれらを引き離すなら、それはある種の死をもたらす。逆にテクノロジーがこれらを高めるのなら、テクノロジーは人生を肯定する。私たちが人間であることを肯定しているのである。

謝辞

このプロジェクトは数年のあいだ、いささか無計画のうちに発展してきたものである。当初はアーネスト・イリーの援助を得て、一九九八年のサンタフェ研究所におけるスタニスラフ・ウラム記念講演と、二〇〇〇年のアイルランド国立大学ゴールウェイ校におけるケアンズ講演へと発展し、二〇〇一年から本としての形を成してきた。その調査と執筆のあいだ、一種の避難場所となってくれた私のホームグラウンドである、サンタフェ研究所とPARCのインテリジェント・システム・ラボに感謝したい。特にそこでの同僚であるジェフリー・ウェストとマーカス・フロムハーツには、お世話になった。

また、オーストリアの国際応用システム・アナリシス研究所は、執筆の一部を通じて私を研究所スカラーとして迎えてくれたし、IBMアルマデン研究所はファカルティ・フェローとして支援をしてくれた。静かな環境における執筆を可能にしてくれたサンタフェのセント・ジョンズ・カレッジ・ライブラリ、書庫の閲覧を許可してくれたスタンフォード・グリーン・ライブラリ（司書マイケル・ケラーの厚意による）にも、感謝したい。そして本書全体は、アルフレッド・P・スローン財団の補助金に支援していただいた。

エージェントのジョン・ブロックマン、編集者のエミリー・ルースと出会えたのは、幸運であった。二人にはとても感謝しているし、エミリーの編集チームと仕事ができたのもありがたかった。多くの人たちが私の原稿を読んで有益な意見を述べてくれたが、中でもマイケル・ヒーニー、ヘンリー・リクステイン、ジム・ニューコム、ケイト・パロット、ジム・スポーラーは貴重なアドバイスをくれた。さまざまな点における技術上の、または記述上のアドバイスに関しては、ジョヴァンニ・ドシ、ドイン・ファーマー、アーヌルフ・グリューブラー、ジョン・ホランド、ケヴィン・ケリー、ジェフリー・マーシー、ネボイシャ・ナキシエノヴィッチ、リチャード・ローズ、ピーター・シュスターにお礼を申しあげる。また、ボーイング社のエンジニア、マイク・トレスティックとジョゼフ・サッターは、航空機関係の助言をくれた。私の息子たち、ロウナン・アーサーとショーン・アーサーも文章についてのコメントをくれたし、ブリッド・アーサーは執筆の作業工程を作るうえで、ニーヴ・アーサーは最終原稿の段階で、協力してくれた。

このプロジェクトを進めるうえで楽しかった要素のひとつは、何年にもわたって友人や同僚から知的な刺激や精神的な援助を得たことだ。この点では、特にコーマック・マッカーシーとサンタフェ研の共同研究者デイヴィッド・レーンに、またケネス・アロウ、ジム・ベイカー、ジョン・シーリー・ブラウン、スチュアート・カウフマン、ビル・ミラー、マイケル・モーブッサン、リチャード・パーマー、ウォルフガング・ポラック、ネイサン・ローゼンバーグ、ポール・サッフォー、マーティン・シュビク、ヤン・ヴァスビンダー、ジテンドラ・シンに、感謝したい。そしてとりわけ、私のパートナーであるルナ・ブイウス。本書執筆中における彼女の忍耐とサポートに、心からの感謝を。

監修者あとがき

本書は W. Brian Arthur, *The Nature of Technology: What It is and How It Evolves*, New York: Free Press, 2009, 246 pp の全訳である。アーサーは複雑系経済学の旗手の一人として世界的に著名な経済学者である。本書でアーサーは、マルティン・ハイデガーなど先人はいたとしても散発的な議論に終わっていた「テクノロジー論」に新局面を切り開いた。私は過去に原著者の記念碑的労作といわれた『収益逓増と経路依存』(1)を翻訳した経験があるが、こちらは難解な専門的な論文集であったのに対して、本書はアーサーの本としては格段にわかり易い内容となっている。

原書を手にして、まず驚いたことは、「人間が主人」の経済学ではなかったことだ。人間は登場するとしてもまったくの黒衣だ。そして「テクノロジーは歴史を創造する行為なのだ」(第9章)という知見に達している。経済がテクノロジーを規定するのでもなければ、文化がテクノロジーを決めるわけでもない。経済はテクノロジーの表れであって、その逆ではない。この結論は経済学の「常識」を逸脱している。

テクノロジー表現として経済

アーサーによれば、テクノロジーは自身が主体となって経済、歴史、文化に表れる。このような意味で、テクノロジーは歴史も文化も創造する。テクノロジーをデザインしたり操作したりする人間が、歴史同様、文化を創造するという意味ではない。アーサーにおいては、先行するテクノロジーが次代のテクノロジーの選択をしていくのであって、人間の自由意志の余地が無辺に許されているのではない。このような状況では「限定合理性」さえも無力である。主体はテクノロジーである。最終章に詳述されているが、この議論はけっしてテクノロジー至上主義を意味しない。テクノロジーが人間の選択から離れて自己組織化していく様態を述べているだけである。

テクノロジーは、テクノロジーにより生産されていくという自己組織化によって進化する。この観点はジョン・フォン・ノイマンの「セルラー・オートマタ」にもあったが、オートマタでは階層深化の構造は単純である。本書で描かれるテクノロジーは階層的系列をもっており、この階層はつねに深化されていく。さらに、階層の深さばかりでなく複雑ネットワークの相互作用が考慮されている。本書において、テクノロジーは、テクノロジーを取り囲むコンティンジェントな諸条件の下で「偶然の一致」に媒介され、斬新なイノベーションの創発によって次代のテクノロジーに交替される。アーサーは、明示的には述べていないが、統計力学的な「組み合わせ論」の推理と「複雑ネットワーク論」の推理のうえに、「テクノロジー進化論」を組み立てている。

こうした議論は、アーサーの研究履歴からはとても自然な展開である。なぜなら、アーサーは、「収益逓増と経路依存」のアイデアを表明したとき、経路依存過程が統計力学で重要な「ポリアの壺過程」と同義であることを証明していたからだ。現在では、ポリアの壺過程を応用すれば、複雑ネットワークの次数の変化も研究できることがわかっている。

したがって、統計力学や複雑ネットワークの知識をもち合わせていると、本書の論証はかなり理解しやすい構成になっている。本書を読むには、多少、複雑系科学の知識があった方がよいだろう。ベキ法則やフラクタルは知っているに越したことはない。知らない場合は複雑系科学の事典を座右に置かれるのがよい(2)。とはいえ、本書の骨子を取り込むのにそれほど神経質になることはない。本書のキーワードである「進化」と「深化」については読み進むに連れて十分理解可能である。

テクノロジーベースの経済理論

経済理論との比較で目から鱗が落ちる議論が本書にはいくつかある。「オプションの導入」のテクノロジーからの分析はその好例だ。現代の金融経済秩序は「オプション」と「再保険」を両輪としている。しかし、アーサーによれば、現代のオプション取引は市場によって自己組織化されたものではない。むしろコンピュータ利用のテクノロジーの進化によって自己組織化されたものだ。米国の銀行は一九七〇年代になるまでオプション取引を拡大できなかった。なぜなら、オプションの期待収益計算は手計算では不可能だったからだ。ブラック－ショールズ方程式の創発とともに、コンピュータの導入と進化、PCの登場、そしてネットワーク社会の設計が起こり、これらすべてが揃ってはじめて取引量の拡大が可能となったのである。つまり、コンピュータベースでリードされ、コンピュータ利用の進化こそが現代オプション市場の諸性質を確定したのである（第8章）。

この議論は、市場を商業テクノロジーから観察している点で斬新だ。一六三七年にオランダで発生した「チューリップバブル」はオプション取引によって発生している。オプションでは「買う権利」を売る場合には制度上、収益に上限がない。制度そのものがバブルの引き金を引ける構造になっている。チューリップバブル以降、バブルが幾度か繰り返されたが、結局、人類はオプション取引を危険視するようになり、米国でも一九七〇年代に入るまでは「例外的な制度」になっていた。しかし、この「商業取引の例外規程」は「テクノロジー進化」によって除去されることになった。

一方、わが国の大坂堂島帳合米取引は「米切手（証券）」を売買する世界初の完全な先物市場であり、幕府が一七三〇年に公認したものだ。堂島の世界的先進性は「値洗い」や「サーキットブレーカー」が歴史上はじめから実装されていたことによって立証できる。「値洗い」は当日のポジションをあたかも最終日の決済であるかにみなして毎回現金決済する制度であり、今日なお東京証券取引所で踏襲されている制度である。オプションの場合、証拠金は逐次積み増ししていく必要があるが、値洗いは観念上のものである。私は「値洗い」が観念上の制度ではまずいと考えているが、今後のオプション取引問題は、商業テクノロジーの進化がどのようにオプションの諸困難を取り除けるかに懸かっているであろう。このように考えると、アーサーの議論は、商業テクノロジーの考察においても、種々の個別問題を研究する道を開いてくれるのである。

さて、アーサーによるテクノロジーの定義は周到である。また定義の基調となる例題もきわめて豊富に与えられている。これを読んでみれば、現代の巨大システムを構成するテクノロジーが数学的に扱い易い「生産集合」で捕捉できないことは明白である。ホモエコノミカスのマイクロな行動のみを取り上げて精緻化しても、所詮は、ラジコンとジャンボジェット機の相違がある。同じく飛ぶことはできるかもしれないが、ラジコンの貢献度は限られたものにすぎない。

アーサーは、「知識財産権」の議論が盛んであった時代に、収益逓増と経路依存の観点からパテント化の奨励推進がかえってイノベーションの創発の障害になることを警告した。この議論は彼が『ハーバード・ビジネス・レビュー』誌で評判を得た論文のなかで行われたものだ。(3) そして、本書で新たに構築されたテクノロジー論からは、アーサーはつぎのようなイノベーションの処方箋を与える。まず、アーサーは、現代のテクノロジーが産業革命時代の固定型テクノロジーから組み合わせ型のテクノロジーにシフトし、産業構造が変質していることを明察している。固定テクノロジーに精通するのでは時代遅れになり結局は生産力を失うことになる。このような時代に一国がテクノロジーで一歩リードしたければ、基礎科学に精通し、各種の可能な組み合わせに即応できるようにならないといけない。このとき、市場はまったく頼りにならない。国家が基礎科学に援助して新産業の基盤を揺るぎないものとすること、これが新産業体制にとってまず必要な第一歩である（第8章）。しかし、これは考えてみれば、至極当然の常識的政策ではないではないか。

最後に、最終章で語られた「経済学の特殊性」についても触れておきたい。アーサーは、経済学を第一次大戦の塹壕線の「照明弾」に見立てた。照明弾が打ち上げられると、一瞬、照明弾の照らす範囲の全体だけが見え、それが斥候と作戦本部に「残像」として固定化されてしまう。実際にはその直後に敵の展開が変わっているかもしれないのだが、「残像」の影響は後々までも支配する。これと似た見解は半世紀ほど前にJ・R・ヒックス（ノーベル経済学賞受賞者）も述べたことがあるが、ヒックスは照明弾を舞台のスポットライトに喩えていた。私たちはまずこの残像を消去し、暗闇でも見えるテクノロジーを開発しないといけない。

実は、私は本書の監訳校正と同時期にクラウス・マインツアー著『複雑系科学から創造的偶然へ――カイロスの科学哲学史』（共立出版、近刊）の校正を行っていた。[4] マインツアーは、コンティンジェントな諸条件の下で「偶然の一致」によって媒介され進化するプロセスをとくに「創造的偶然」のプロセスと呼ぶ。実は、アーサーの扱ったテクノロジー進化も「創造的偶然」によるプロセスにほかならない。アーサーのイノベーションは、明らかに、シュンペーターの創造的破壊より豊富な意味をもっている。マインツアーもアーサーもともに、シュンペーターの「創造的破壊」だけではテクノロジーの階層構造の深化に言及できないことを見抜いている。アーサーの議論はテクノロジーにだけ特化した議論であるが、奇しくも、両書ともに同じ「進化論」を語っているのだ。

最後に、訳文に関しては日暮雅通氏の文章をもとにしたが、専門的な見地から言い回しを変更した部分があることをお断りしておきたい。みすず書房編集部の中林久志氏には深甚の謝意を表したい。

二〇一一年八月

有賀裕二

（1）Brian Arthur, *Increasing Returns and Path Dependence in the Economy*, Ann Arbor: The University of Michigan Press, 1994, xx+201pp.〔邦訳『収益逓増と経路依存――複雑系の経済学』有賀裕二訳、多賀出版、二〇〇三年、二九四頁〕

（2）これらの成果の体系的紹介については以下を参照されたい。青木、青山、有賀、吉川編著『50のキーワードで読み解く経済学教室――社会経済物理学とは何か』東京図書、二〇一一年、四六一頁。

（3）Brian Arthur, Increasing Returns and the New World of Business, *Harvard Business Review*, 74 (1996), July-Aug. pp. 100-109. この論文は原著者の要請で、原著の章を振り替えて、前掲の邦訳書『収益逓増と経路依存――複雑系の経済学』第5章に収められている。

（4）同書は有賀によるドイツ語全訳である。Klaus Mainzer, *Der kreative Zufall: Wie das Neue in die Welt kommt*（創造的な偶然の一致――新しいものはどのようにして生じるのか）, München: C. H. Beck, 2007, 283 pp.

索　引

【ラ】

【ワ】

参考文献

Abbate, Janet. *Inventing the Internet*. MIT Press, Cambridge, MA. 1999.〔ジャネット・アバテ『インターネットをつくる』大森義行／吉田晴代訳、北海道大学図書刊行会、2002年〕

Aitken, Hugh G. J. *The Continuous Wave*. UniversityPress, Princeton.1985.

Aitken, Hugh G. J. *Syntony and Spark: The Origins of Modern Radio*. University Press, Princeton. 1976.

Arthur, W. Brian, and Wolfgang Polak. "The Evolution of Technology Within a Simple Computer Model." *Complexity*, 11, 5. 2006.

Arthur, W. Brian. "Competing Technologies, Increasing Returns, and Lock-in by Small Historical Events," *Economic Journal* 99:116-131. 1989.

Arthur, W. Brian. *Increasing Returns and Path Dependence in the Economy*. University of Michigan Press, Ann Arbor. 1994.〔W・ブライアン・アーサー『収益逓増と経路依存』有賀裕二訳、多賀出版、2003年〕

Baldwin, Carliss Y., and Kim B. Clark. *Design Rules*: The Power of Modularity, Vol. 1. MIT Press, Cambridge, MA. 2000.〔カーリス・Y・ボールドウィン／キム・B・クラーク『デザイン・ルール』安藤晴彦訳、東洋経済新報社、2004年〕

Basalla, George. *The Evolution of Technology*. Cambridge University Press, Cambridge, UK. 1988.

Bijker, Wiebe E., Thomas P. Hughes, and Trevor J. Pinch, eds. *The Social Construction of Technological Systems*. MIT Press, Cambridge, MA. 1993.

Billington, David, P. *Robert Maillart's Bridges*. University Press, Princeton. 1979.

Buderi, Robert. *The Invention that Changed the World* [Radar] Simon & Schuster, New York. 1996.

Bugos, Glenn E. *Engineering the F-4 Phantom II*. Naval institute Press, Annapolis. 1996.

Campbell-Kelly, Martin, and William Aspray. *Computer: A History of the Information Machine*. Basic Books, New York. 1996.〔M・キャンベル-ケリー／W・アスプレイ『コンピューター200年史』山本菊男訳、海文堂出版、1999年〕

Castells, Manuel. *The Rise of the Network Society*. Wiley-Blackwell, New York. 1996.

Constant, Edward W. *The Origins of the Turbojet Revolution*. Johns Hopkins University Press, Baltimore. 1980.

David, Paul. *Technical Choice, Innovation, and Economic Growth*. Cambridge University Press, Cambridge, UK. 1975.

Dosi, Giovanni, Christopher Freeman, Richard Nelson, Gerald Silverberg, and Luc Soete, eds. *Technical Change and Economic Theory*. Pinter, London. 1988.

Ellul, Jacques. *The Technological Society*. Alfred A. Knopf, New York. 1967.〔『エリュール著作集』1・2、すぐ書房所収〕

Ellul, Jacques. *The Technological System*. Continuum, New York. 1980.

Ferguson, Eugene. *Engineering and the Mind's Eye*. MIT Press, Cambridge, MA. 1999.〔ファーガソン『技術屋（エンジニア）の心眼』藤原良樹／砂田久吉訳、平凡社ライブラリー、2009年〕

Foster, Richard. *Innovation*. Summit Books, New York. 1986.〔リチャード・フォスター『イノベーション』大前研一訳、ティビーエス・ブリタニカ、1987年〕

Freeman, Christopher. *The Economics of Innovation*. Edward Elgar Publishers, Aldershot, UK. 1990.

Gilfillan, S. Colum. *Inventing the Ship*. Follett, Chicago. 1935.

Gilfillan, S. Colum. *The Sociology of Invention*. Follett, Chicago. 1935.

Gr_bler, Arnulf. *Technology and Global Change*. Cambridge University Press, Cambridge, UK. 1998.

Heidegger, Martin. *The Question Concerning Technology*. Harper and Row, New York. 1977.〔ハイデッガー『技術への問い』関口浩訳、平凡社、2009年〕

Hiltzik, Michael A. *Dealers of Lightning: Xerox PARC and the Dawn of the Computer Age*. Harper Business, New York. 1999.〔マイケル・ヒルツィック『未来をつくった人々』鴨澤眞夫訳、毎日コミュニケーションズ、2001年〕

Hughes, Thomas P. *Networks of Power: Electrification in Western Society, 1880-1930*. Johns Hopkins University Press, Baltimore. 1983.〔ヒューズ『電力の歴史』市場泰男訳、平凡社、1996年〕

Hughes, Thomas P. *Rescuing Prometheus*. Pantheon Books, New York. 1998.

Jewkes, John, David Sawers, and Richard Stillerman. *The Sources of Invention*. Norton, New York. 1969.〔ジュークス／サワーズ／スティラーマン『発明の源泉』星野芳郎／大谷良一／神戸鉄夫訳、岩波書店、1975 年〕

Kaempffert, Waldemar. *Invention and Society*. Reading with a Purpose Series, No. 56, American Library Association, Chicago. 1930.

Knox, Macgregor, and Williamson Murray. *The Dynamics of Military Revolution, 1300-2050*. Cambridge University Press, Cambridge, UK. 2001.〔マクレガー・ノックス／ウィリアムソン・マーレー編著『軍事革命と RMA の戦略史』今村伸哉訳、芙蓉書房出版、2004 年〕

Kuhn, Thomas S. T*he Structure of Scientific Revolutions*. University of Chicago Press, Chicago. 1962.〔トーマス・クーン『科学革命の構造』中山茂訳、みすず書房、1971 年〕

Landes, David S. *Revolution in Time*. Belknap Press, Cambridge, MA. 1983.

MacKenzie, Donald. *Knowing Machines*. MIT Press, Cambridge, MA. 1998.

MacKenzie, Donald, and Judy Wajcman, eds. *The Social Shaping of Technology*. 2nd Ed. Open University Press, Buckingham, UK. 1999.

Martin, Henri-Jean. *The History and Power of Writing*. University of Chicago Press, Chicago. 1988.

McGee, David. "The Early Sociology of Invention." *Technology & Culture* 36:4. 1995.

McGinn, Robert. *Science, Technology, and Society*. Prentice-Hall, New York. 1990.

Mokyr, Joel. *The Gifts of Athena: Historical Origins of the Knowledge Economy*. University Press, Princeton. 2004.

Ogburn, William F. *Social Change*. 1922. Reprint. Dell, New York. 1966.〔オグバーン『社会変化論』雨宮庸蔵／伊藤安二訳、育英書院、1944 年〕

Otis, Charles. *Aircraft Gas Turbine Powerplants*. Jeppesen Sanderson Aviation, Englewood, Colorado. 1997.

Perez, Carlota. *Technological Revolutions and Financial Capital*. Edward Elgar, Aldershot, UK. 2002.

Rhodes, Richard. *The Making of the Atomic Bomb*. Simon & Schuster, New York. 1986.〔リチャード・ローズ『原子爆弾の誕生』上下、神沼二真／渋谷泰一訳、紀伊國屋書店、1995年〕

Riordan, Michael, and Lillian Hoddeson. *Crystal Fire: The Invention of the Transistor and the Birth of the Information Age*. W.W. Norton, New York. 1997.〔『電子の巨人たち』鶴岡雄二／ディーン・マツシゲ訳、ソフトバンク出版事業部、1998年〕

Rogers, G.F.C. *The Nature of the Engineering: A Philosophy of Technology*. Palgrave Macmillan, London. 1983.

Rosenberg, Nathan. *Inside the Black Box: Technology and Economics*. Cambridge University Press, Cambridge, UK. 1982.

Saviotti, P. Paolo, and J. Stanley Metcalfe, eds. *Evolutionary Theories of Economic and Technological Change*. Harwood Academic Publishers, Newark, NJ. 1991.

Schmookler, Jacob. *Invention and Economic Growth*. Harvard University Press, Cambridge. 1966.

Schumpeter, Joseph. *Theory of Economic Development*. 1912. Reprint. Harvard University Press, Cambridge, MA. 1966. 1934.〔シュムペーター『経済発展の理論』塩野谷祐一ほか訳、岩波書店、1980年〕

Schumpeter, Joseph. *Capitalism, Socialism, and Democracy*. 1942. Reprint. Harper, New York. 1975.〔シュムペーター『資本主義・社会主義・民主主義』中山伊知郎／東畑精一訳、東洋経済新報社、1995年〕

Simon, Herbert. *The Sciences of the Artificial*. MIT Press, Cambridge, MA. 1969.〔ハーバート・A・サイモン『システムの科学』稲葉元吉／吉原英樹訳、パーソナルメディア、1999年〕

Simon, John. “From Sand to Circuits: A Survey of the Origins of the Microprocessor,” in *From Sand to Circuits*, John J. Simon Jr., ed. Harvard University Press, Cambridge, MA. 1986.

Susskind, Charles. “The Invention of Computed Tomography,” in *History of Technology*: Sixth Annual Volume, A. Rupert Hall, and Norman Smith, eds. Mansell Publishing, London. 1981.

Tomayko, James E. *Computers Take Flight: A History of NASA's Pioneering Digital Fly-By-*

Wire Project. NASA, Washington, D.C. 2000.

Townes, Charles H. *How the Laser Happened*. Oxford University Press, New York. 1999.〔タウンズ『レーザーはこうして生まれた』霜田光一訳、岩波書店、1999年〕

Usher, Abbott Payson. *A History of Mechanical Inventions*. 1929. Reprint. Dover, New York. 1988.〔アボット・ペイザン・アッシャー『機械発明史』富成喜馬平訳、岩波書店、1940年〕

Vincenti, Walter. *What Engineers Know and How They Know It*. Johns Hopkins University Press, Baltimore. 1990.

Waldrop, M. Mitchell. *The Dream Machine: J. C. R. Licklider and the Revolution That Made Computing Personal*. Viking, New York. 2001.

Whittle, Frank. *Jet: The Story of a Pioneer*. Frederick Muller, London. 1953.〔フランク・ホイットル『ジエット』巌谷英一／荒木四朗／小茂鳥和生訳、一橋書房、1955年〕

Winner, Langdon. Autonomous Technology. MIT Press, Cambridge. 1977.

原 注

はじめに

1　このアイデアを、私は1987年にステュアート・カウフマンと議論した。以来カウフマンはいくつかの著作で、テクノロジーの自己創造的局面についてさらに思索を深めてきている。

2　特に、Aitken, Constant, Hughes, Landes, Rhodes, Tomayko を参照。

第1章　疑 問

1　Meel Velliste, et al., "Cortical Control of a Prosthetic Arm for Self-feeding," *Nature*, 453, 1098-101, June 19, 2008.

2　Georges Cuvier, *Tableau Élémentaire de l'Histoire Naturelle des Animaux*, Baudouin, Paris, 1798 より引用。

3　Stephen Jay Gould, "Three Facets of Evolution," in *Science, Mind, and Cosmos*, J. Brockman and K. Matson, eds., Phoenix, London, 1995 を参照。

4　Gilfillan, 1935a.

5　現時点で最も完成された学説は、Basalla, *The Evolution of Technology*, 1988 であるが、その結びで著者は「斬新な人工物の出現の理由を私たちは説明できていない」と認めている（p. 210)。

6　初期の一例としては、Robert Thurston, *A History of the Growth of the Steam Engine*, Kegan Paul, Trench, & Co, London, 1883, p. 3 がある。

7　Schumpeter 1912. シュンペーターがその頃、均衡経済学の第一人者レオン・ワルラスをスイスに訪ねたところ、ワルラスから「もちろん経済生活は本来受動的なもので、そこにはたらく自然および社会の影響力に順応するのみだ」と言われた。Richard Swedberg, *Schumpeter: A Biography*, University Press, Princeton, 1991, p. 32 を参照。

8　Usher, p. 11. Gilfillan, 1935b, p. 6 および、McGee を参照。

9　Ogburn, p. 104.

10　この「理論」の定義は、*Dictionary.com Unabridged* (v 1.1). Random House, Inc., accessed 2008 より。

第2章　組み合わせと構造

1　テクノロジーとは、*American College Dictionary* によれば、「工芸技術を扱う学問の

一部門」。*Webster* によれば、「知識を実用目的に応用する科学、応用科学」。*Britannica* によれば、「ものの製作と処理の技法の体系的研究」。Webster's Third New International Dictonary, Merriam-Webster, 1986 では、「手段の総体」。

2　私は、テクノロジーは知識だとは思わない。知識はテクノロジーに必要である ── どうやって構築し、どう考え、どのように処理するかという知識は必要だ ── しかし、だからといってテクノロジーと知識が同じものということにはならない。知識は数学にも必要だと言える ── 定理、体系、手法といった知識は必要だ ── だが、数学は知識と同じものということにはならない。知識というのは情報をもち、事実を知り、理解していることであるが、何かについて知識があるということは、その何かと同等ではないのだ。また私にとってテクノロジーとは、“実行可能なもの”である。飛行機から飛び下りるとしたら、パラシュートの作り方という知識ではなくパラシュートを作ることが必要だ。

3　現代の無線にはたいてい、無線周波数信号を安定した中間周波数に変えて二次回路の処理を最適化する、ヘテロダインの段階も含まれる。

4　ニーチェはこう論じている。「あらゆる概念は、同等ではないものを同等と考えることによって生ずる。ほかの葉と完全に等しい葉などひとつも存在しないのであり、「葉」という概念は、さまざまな個体差から恣意的な抽象化を経て、特異性の捨象を経て形成される。かくして、自然界にはそこにある葉のほかに総称としての「葉」があるという考え方が生じる ── こうしたある種の原型があってこそ、あらゆる葉が人間の不完全な手で織り上げられ、記録のために書き留められ、模写され、色づけされ、丸められ、絵に描かれてきた。しかし、人間の手であるため、どんなコピーも原型形相に正確、確実、忠実なイメージにはならない」。Nietzshe, “On Truth and Lie in an Extra-Moral Sense,” *The Portable Nietzshe*, Penguin, New York, 1976, p. 46 より〔「道徳以外の意味における真理と虚偽について」、白水社版『ニーチェ全集』第1記第2巻所収〕。

5　このアイデアは1950年代にさかのぼる。K. S. Lashley, “The problem of serial order in behavior,” in L. A. Jeffress, ed., *Cerebral Mechanisms in Behavior*, Wiley, New York, 1951; F. Gobet, el al., “Chunking mechanisms in human learning,” *Trends in Cognitive Sciences*, 5, 6: 236-243, 2001.

6　Adam Smith, *The Wealth of Nations*, 1776, Chapter 1.〔アダム・スミス『国富論』水田洋ほか訳、岩波文庫、2000年〕

7　ボールドウィンとクラークは、モジュール化が常に増大していくことを示している。

8　ハーバート・サイモンは階層システムについて語っているが、再帰性については語らなかった。

9 関連する性質で、コンポーネントとして存在するものがもっと上位の存在にある程度類似していることを、“自己相似性”という。私が構造はフラクタルだと言うとき、漠然と意味しているのがそれだ。厳密に言えば、フラクタルは幾何学の対象である。

第3章 現 象

1 物理的効果を集めて編集したものとして、Joachim Schubert, *Dictionary of Effects and Phenomena in Physics*, Wiley, New York, 1987 を参照。

2 2008年2月20日のジェフリー・マーシーとの対談による。

3 引用部分は、James Hamilton, *Faraday: The Life*, HarperCollins, London, 2002 より〔ハミルトン『電気事始め』佐渡正一訳、教文館、2010年〕。

4 John G. Truxal, “Leaning to Think Like an Engineer: Why, What, and How?” *Change 3*, 2:10-19, 1986.

5 Robert P. Crease, *The Prism and the Pendulum*, Random House, New York, 2003.〔ロバート・P・クリース『世界でもっとも美しい10の科学実験』青木薫訳、日経BP社、2006年〕

6 テクノロジー思想家のロバート・マッギンはこう言っている。「銃で脅されて二つの明白な誤認のあいだでぎりぎりの選択を迫られたら、「テクノロジーは応用科学である」という因襲的通念よりも「科学は応用テクノロジーである」という異端の考えを選ばざるをえないのではなかろうか」。Robert McGinn, p. 27.

7 Mokyr.

第4章 ドメイン——目的を達成させる世界

1 もちろん、ドメイン（domains）という語は集合名詞にありがちな問題につきまとわれる。“保守的な人”とはいったい誰のことなのか？ いったいどれとどれが“ルネサンス建築様式”に含まれるのか？ ……ドメインには重複する部分があってよい。たとえばローラーベアリング（ころ軸受け）については、通常それを使用している複数のドメインがある。

2 Tomayko.

3 Joel Shurkin, *Engines of the Mind*, Norton, New York, 1886, p.42〔ジョエル・シャーキン『コンピュータを創った天才たち』名谷一郎訳、草思社、1989年〕; Doron Swade, *The Difference Engine*, Penguin Books, New York, 2002, p. 10.

4 Jules Verne, *From the Earth to the Moon*, Dover, 1962. 1860年代フランス・オリジナル版の挿絵が多く掲載されている。

5 Henry James, “The Art of Fiction,” *Longman's Magazine* 4, September 1884.

6 Erwin Chargaff, "Preface to a Grammar of Biology," *Science* 172, May 14, 1871 より引用。

7 一見背後に自然がなくとも、文法が存在することもある。C++ などプログラミング言語の文法は人工的なもので、合意された諸原理の集合に基づいている。Bjarne Stroustrup, *The Design and Evolution of C++*, Addison-Wesley, Reading, MA, 1994 を参照。文法は必ずしも、自然の仕組みについての私たちの"公式な"理解に、つまり科学に由来するとは、かぎらない。新しく出てきた文法 — たとえばナノテクノロジーや光データ通信などの文法 — のほとんどは科学から生まれた。だが、旧来のテクノロジーに適用されていた金属製錬や皮なめしなどの原理は、主として実践やその時々の自然観察から出てきたものだ。

8 航空機の経験則は、Vincenti, p. 218 より。

9 James Newcomb, "The Future of Energy Efficiency Services in a Competitive Environment," Strategic Issues Paper, E Source, 1994, p. 17.

10 David Gelernter, *Machine Beauty: Elegance and the Heart of Technology*, Basic Books, New York, 1998 を参照。

11 パウル・クレーの言葉と引用部分は、Annie Dillard, *The Writing Life*, Harper & Row, New York, 1989 より〔アニー・ディラード『本を書く』柳沢由実子訳、パピルス、1996 年〕。

12 Paul Goldberger, "Digital Dreams," *The New Yorker*, March 12, 2001.

第5章　エンジニアリングとその解決法

1 トマス・クーンが日常業務としての科学を「通常（ノーマル）科学」と称し、エドワード・コンスタントはそれにならって「通常（ノーマル）エンジニアリング」について語っている。私は「通常（ノーマル）」という用語を使いたくない。科学的活動にはノーマルの範囲にはない独立した並行した活動があることを意味するからだ。「標準的（スタンダード）エンジニアリング」と呼ぶことにしたい。

2 ボーイング 747 についての引用は、Peter Gillchrist, *Boeing 747*, 3rd Ed, Ian Allen Publishing, Shepperton, UK, 1999 および、Guy Norris and Mark Wagner, *Boeing 747: Design and Evolution since 1969*, MBI Publishing Co., Osceola, WI, 1997; ボーイング社ジョゼフ・サッターの 2008 年 11 月の私信より。

3 Ferguson, p. 37.

4 ファーガソンは、この想像が視覚的に起こると言う。私も異論はないが、ここでとりあげているのはもっと無意識のうちに起こる、必ずしも視覚的レベルではないもののことである。

5 クイックソートの詳細については、Gelernter を参照。

6 Billington.

7 Rosenberg, p. 62.

8 Neil Sclater and Nicholas P. Chironis, *Mechanisms and Mechanical Devices Sourcebook*, 4th Ed, McGraw-Hill, New York, 2007.

9 Richard Dawkins, *The Selfish Gene*, Oxford University Press,New York, 1976〔リチャード・ドーキンス『利己的な遺伝子』日高敏隆ほか訳、紀伊國屋書店、1992 年〕。

10 リチャード・ローズ（Richard Rhodes）からの私信および、Theodore Rockwell, *The Rickover Effect*, Naval Institute Press, Annapolis, MD, 1992.

11 Robin Cowas, "Nuclear Power Reactors: A Study in Technological Lock-in," *Journal of Economic History* 50, 541-556, 1990; Mark Hertsgaard, *Nuclear Inc: The Men and Money Behind Nuclear Energy*, Pantheon Books, New York, 1983.

12 Malcolm Chase, p. 16, *Early Trade Unionism*, Ashgate, Aldershot, UK, 2000 より引用。引用内引用は、L. F. Salzmann, *English Industries in the Middle Ages*, pp. 342-343, Oxford University Press, 1923 より。

第6章　テクノロジーの起源

1 本章の資料のほとんどは、拙稿、"The Structure of Invention," *Research Policy* 36, 2:274-287, March 2007 をもとにしている。

2 Schumpeter, 1912, p. 64.

3 Constant, p. 196 より引用。ホイットルとフォン・オハインのほかにももちろん、初期バージョンのジェット・エンジンを実験した人たちはいた。

4 Constant; Whittle.

5 Russell Burns, "The Background to the Development of the Cavity Magnetron," in Burns, ed., *Radar Development to 1945*, Peter Peregrenus, London, 1988; E. B. Callick, *Meters to Microwaves: British Development of Active Components for Radar Systems 1937 to 1944*, Peter Peregrinus, London, 1990; Buderi.

6 ローレンスの引用は、彼のノーベル賞受賞講演、"The Evolution of the Cyclotron," December 11, 1951 より。ヴィデレーの論文は、"Über ein neues Prinzip zur Herstellung hoher Spanungen," *Archiv für Elektrotechnik*, XXI, 386-405, 1928.

7 時として、さまざまな可能性を体系的にさぐっていくことで原理に到達できることもある。「そこで私は、考えうるかぎりのあらゆる方法を体系的に吟味しはじめた」と、フランシス・W・アストンは分光写真器につながる探求について述べている。Francis W. Aston, "Mass Spectra and Isotopes," Nobel Lecture, December 12, 1922.

8 Constant, p. 183.

9 Gary Starkweather, "Highspeed Laser Printing Systems," in M. Ross and F. Aronowitz eds., *Laser Applications* (vol. 4), Academic Press, New York, 1980 および、Starkweather, "Lase Printer Retrospective," in *50th Annual Conference: A Celebration of All Imaging*, IS&T, Cambridge, MA, 1997 を参照。

10 Townes, p. 66.

11 ペニシリンについては、Ronald Hare, *The Birth of Penicillin*, Allen and Unwin, London, 1970 および、Trevor I. Willians, *Howard Florey: Penicillin and After*, Oxford, London, 1984; Eric Lax, *The Mold in Dr. Florey's Coat*, Henry Holt, New York, 2005; Ronald Clark, *The Life of Ernst Chain: Penicillin and Beyond*, St. Martin's Press, New York, 9, 1985; Ernst Chain, "Thirty Years of Penicillin Therapy," *Proc. Royal Soc.* London, B, 179, 293-319, 1971 を参照。

12 独創的洞察に隠された潜在意識プロセスについて述べる文献が増えている。たとえば、Jonathan Schooler and Joseph Melcher, "The Ineffability of Insight," in Steven M. Smith, et al. eds., *The Creative Cognition Approach*, MIT Press, Cambridge, MA, 1995 など。

13 Townes および、M. Berlotti, *Masers and Lasers: an Historical Approach*, Hilger, Bristol, 1983; Buderi を参照。

14 Kary Mullis, *Dancing Naked in the Mind Field*, Vintage, New York, 1999〔キャリー・マリス『マリス博士の奇想天外な人生』福岡伸一訳、早川書店、2000 年、早川文庫、2004 年〕。

15 テクノロジーライターたちはこれを、結合／蓄積の見方という。コンスタント（Constant）は、この見方により、蒸気タービン、ターボ・エアコンプレッサー、そしてガスタービンでの経験がターボジェットの発明につながったことを、みごと示してみせている。

16 Charles Sussind, "Radar as a Study in Simultaneous Invention," in Blumtritt, Petzold, and Aspray, eds., *Tracking the History of Radar*, IEEE, Piscataway, NJ, 1994, pp. 237-45; Susskind, "Who Invented Radar?," in Burns, 1988, pp. 506-12; Manfred Thumm, "Historical German Contributions to Physics and Applications of Electromagnetic Oscillations and Waves," *Proc. Int. Conf. on Progress in Nonlinear Science*, Nizhny Novgorod, Russia, Vol. II; *Frontiers of Nonlin. Physics*, 623-643, 2001 を参照。

17 N. R. Williams, "A Preview of Things to Come: Some Remarks on the First Generation of Computers," in *The First Computers — History and Architecture*, Raul

Rojas and Ulf Hashagen, eds., MIT Press, Combridge, MA, 2000 より引用。

18 ディヴィッド・レーン（David Lane）とロバート・マクスフィールド（Robert Maxfield）は、“生成的関係”について述べたが、それは関係者が自分たちのいる世界を考えそこで働きかけることによって、またエージェント、人工物、ときには制度さえも新しく造ることによって、変化を誘発することができるような関係である。Lane and Maxfield, “Foresight, Complexity, and Strategy,” in *The Economy as an Evolving Complex System*, W. B. Arthur, S. Durlauf, and D. A. Lane, eds., Addison-Wesley, Reading, MA, 1997. エイトケン（Aitken）は、「〔発明の〕プロセスを理解するには、それまでばらばらだった情報の流れや知識の蓄積がひとまとまりとなって新しいものを生み出すと理解することが重要だ」と言う。Aitken, 1985, p. 547.

19 Simon Singh, *Fermat's Last Theorem*, Fourth Estate, London, 1997, p. 304 より引用〔サイモン・シン『フェルマーの最終定理』青木薫訳、新潮社、2000 年、新潮文庫、2006 年〕。

第７章　構造の深化

1 経済学者はこの開発径路を、“テクノロジーの軌跡”と呼ぶ。Richard Nelson and Sidney Winter, “In Search of a Useful Theory of Innovation,” *Research Policy* 6, 36-76, 1977; G. Dosi, “Technological Paradigms and Technological Trajectories,” *Reaearch Policy* 11, 146-62, 1982; Dosi, *Innovation, Orfanization, and Economic Dymnamics*, Edward Elgar, Aldershot, UK, 2000, p. 53 を参照。私がここで触れないことについて経済学者は大いに研究している。彼らは、テクノロジーに利用できる知識やそれを取り巻く科学に、あるいはチームの前に現われるインセンティブに、さまざまなテクノロジー集合体の内部で異なる改良に向けた研究プロセスに、そのテクノロジーを取り巻く特許制度や法的環境に、学習効果に、そしてまたそのテクノロジーが適合する産業の構造に、開発径路がどう影響されるかを考察している。

2 生物学用語で言えば、テクノロジーが“適応放散する”。

3 ダーウィン的アプローチについては、Stanley Metcalfe, *Evolutionary Economics and Creative Destruction*, Routledge, London, 1998; Saviotti and Metcalfe; Joel Mokyr, “Punctuated Equilibria and Technological Progress,” *American Economic Assoc. Papers and Proceedings* 80, 2, 350-54, May 1990; Basalla を参照。

4 Robert Ayres, “Barriers and Breakthroughs: an ‘Expanding Frontiers’ Model of the Technology-Industry Life Cycle,” *Technovation* 7, 87-115, 1988 を参照。

5 コンスタント（Constant）は、「行き詰まりから強制的に生み出された発明」（Constant, p. 245）、そして「変則誘導された」技術的変化（Constant, pp. 5, 244）

の双方について述べている。

6 このテーマの初期の議論については、Arther, “On the Evolution of Complexity,” in *Complexity,* G. Cowan, D. Pines, D. Melzer, eds., Addison-Wesley, Reading, MA, 1994; Arther, “Why do Things Become More Complex?,” *Scientific American*, May 1993 を参照。

7 Marvin Frankel, “Obsolescence and Technological Change in a Maturing Economy,” *American Economic Review* 45, 3, 296-319, 1955.

8 Diane Vaughan, *Uncoupling*, Oxford University Press, New York, 1986, p. 71〔『アンカップリング』岩谷誠ほか訳、日生研、1994 年〕。

9 生物学で言う“外適応（exaptation）”という現象がこれに似ている。たとえば、手に膜を張って飛翔のための翼をつくりだすといった、既存のパーツを新たな目的のために使うことである。適応拡大はそれとは若干違って、既存のパーツを別の目的のために徴用するよりもシステムの深化を伴うことのほうが多い。

10 Samuel D. Heron, *History of the Aircraft Piston*, Engine, Ethyl Corp., Detroit, 1961; Herschel Smith, *Aircraft Piston Engines*, Sunflower University Press, Manhattan, Kansas, 1986.

11 テクノロジーの軌跡をクーンの科学理論発展のとらえ方と対照させた例が、ほかにもある（たとえばドーシ〔Dosi〕）。

第 8 章　変革とドメイン変更

1 ときには例外もある。プログラミング言語（ドメインであることはまちがいない）は、個人や会社が意図的につくりあげたものだ。

2 遺伝子工学は、ここで私が論じようとするよりも広範囲にわたる。農業にも多く応用され、モノクローナル抗体生産などの技術も遺伝子工学に含まれる。初期の発展に ついて詳しくは、Horace F. Judson, “A History of the Science and Technology Behind Gene Mapping and Sequencing,” in *The Code of Codes*, Daniel J. Kevles and Leroy Hood, eds., Harvard University Press, Cambridge, MA, 1992 など〔ダニエル・J・ケブルス、リーロイ・フード編『ヒト遺伝子の聖杯』石浦章一、丸山敬訳、アグネ承風社、1997 年〕。

3 Perez を参照。この節で述べるテクノロジーの“増築”は、大部分が私自身の解釈によるものである。

4 David Edgerton, *The Shock of the Old: Technology and Global History Since 1900*, Oxgord University Press, New York, 2006.

5 ローゼンバーグ（Rosenberg）は、テクノロジーが最後までもともとの応用のされ方

のままであることはめったにないと指摘している。

6 経済成長を推進もする。それがどのように起こるかは、内生的成長理論という経済学の一部門のテーマである。新しいテクノロジーの出現は、その目的のために経済が必要とする資源は以前より少なくなる、したがってそれを解放するということを意味する。新しいテクノロジーに内在する知識が、ほかの産業にもあふれ出ていくはずだ。その両方の理由から、経済は成長する。

7 経済への影響について詳しくは、Robert W, Fogel, *Railroads and American Economic Growth*, Johns Hopkins Press, Baltimore, 1964; Alfred Chandler, *The Railroads*, Harcourt, Brace & World, New York, 1965; Albert Fishlow, *American Railroads and the Transformation of the Antebellum Economy*, Harvard University Press, Cambridge, MA,1965 を参照。

8 若干文脈が異なるが、*Does Technology Drive History*, M. Smith and L. Marx, eds., MIT Press, Cambridge, MA, 1990 のなかでヒューズ（Hughes）は、「テクノロジーの勢い」について述べている。

9 Paul David, "The Dynamo and the Computer," *AEA Papers & Proc*. 80, 2, May 1990.

10 マイケル・ポランニー（Michael Polanyi）は早くから、人間の知識の多くが言葉に表わされない暗黙のものであり、実はそういう知識こそ必要不可欠なのだと指摘していた。Polanyi, *The Tacit Dimension*, Anchor Books, New York, 1966, p. 20〔マイケル・ポラニー『暗黙知の次元』佐藤敬三訳、紀伊國屋書店、1980 年、ちくま学芸文庫、2003 年〕。

11 専門家たちが物理的に群がらずともインターネット経由で貢献できる " オープン・イノベーション " は、こうした専門知識の結集する傾向に対抗できそうに思える。それは有用かつ重要には違いない。ただし、それでは顔を合わせての対話はできず、すぐに文化をつくることもないし、廊下に出ればそこにしかない情報の宝庫にアクセスできるということもありえない。John Seely Brown and Paul Duguid, *The Social Life of Infomation*, Harvard Business Press, Cambridge, MA, 2000 も参照〔ジョン・シーリー・ブラウン、ポール・ドゥグッド『なぜ IT は社会を変えないのか』宮本喜一訳、日本経済新聞社、2002 年〕。

12 Brian Cathcart, *The Fly in the Cathedral: How a Group of Cambridge Sientists Won the International Race to Split the Atom*, Farrar, Straus, & Giroux, New York, 2004 より引用。

13 Alfred Marshall, *Principles of Economics*, p. 271, Macmillan, London, 8th Ed., 1890〔マーシャル『経済学原理』永沢越郎訳、1991 年〕。

14 グッドイヤーはアクロンにとどまった。しかし 1990 年以降、アクロンは自家用車向けタイヤの製造を中止した。

15 Johan P. Murmann, *Knowledge and Competitive Advantage*, Cambridge University Press, Cambridge, UK, 2003 を参照。

16 経済学者の見解については、Dosi, "Sources, Procedures, and Microeconomic Effects of Innovation," *J. Econ. Literature*, XXVI, 1120-1171, 1988; R. Nelson and S. Winter, *op. cit.* を参照。

第9章　進化のメカニズム

1 初期の無線通信の歴史について詳しくは、Aitkien, 1976, 1983 を参照。

2 だからといって、新たなテクノロジーのコンポーネントがすべて既存のものだということではない。原子爆弾は、核分裂物質であるウラン 235 と化学的性質は相似の同位元素であるウラン 238 を分離するという、それまでになかった方法を使って生まれた。ただし、これらの物質は、遠心分離機による分離や電磁分離機、気体遮断および液体熱拡散という既存の方法からつくられた。つまり、テクノロジーは既存のテクノロジーから構築されるというのは、既存のテクノロジー、あるいは既存のものから少し離れて構築されるテクノロジーから構築されるということを、略して言うものである。

3 Ian McNeil, "Basic Tools, Devices, and Mechanisms," in An *Encyclopedia of the History of Technology*, McNeil, ed., Routledge, London, 1990 を参照。

4 Ogburn, p. 104.

5 Schumpeter, 1942, pp. 82-85.

6 Arthur and Polak.

7 Richard Lenski, et al., "The evolutionary origin of complex features," *Nature*, 423, 139-143, 2003.

8 ポラック（Polak）と私は、このように " 砂山 " がなだれ落ちて崩壊する現象はベキ法則によることを看破した。つまり、専門的な言い方をすれば、私たちのテクノロジー体系は自己組織化の臨界状態にあるのだ。

9 もうひとつ重要な原因に、遺伝子やゲノムの複製がある。ジャコブ（Jacob）の言葉は、François Jacob, *The Possible and the Actual*, Pantheon, New York, 1982, p. 30 より引用〔フランソワ・ジャコブ『可能世界と現実世界』田村俊秀、安田純一訳、みすず書房、1994 年〕。

第 10 章　テクノロジーの進化に伴う経済の進化

1　定義は、Dictionary.com. Word Net ® 3.0, Princeton University, 2008 より。

2　産業革命については特に、David S. Landes, *The Unboud Prometheus*, Cambridge University Press, Cambridge, UK, 1969〔ランデス『西ヨーロッパ工業史』1・2、石坂昭雄、富岡庄一訳、みすず書房、1980・1982 年〕; Joel Mokyr, *The Lever of Riches*, Oxford University Press, New York, 1990; T. S. Ashton, *The Industrial Revolution*, Oxford University Press, New York, 1968〔アシュトン『産業革命』中川敬一郎訳、岩波書店、1973 年〕を参照。

3　M. E. Rose, "Social Change and the Industrial Revolution," in *The Economic History of Britain since 1700*, Vol. 1, R. Floud and D. McCloskey, eds., Cambridge University Press, Cambridge, UK, 1981 より引用。P. W. J. Bartrip and S. B. Burman, *The Wounded Soldiers of Industry*, Clarendon Press, Oxford, UK, 1983 も参照。

4　M. Chase, *Early Trade Unionism*, Ashgate, Aldershot, UK, 2000; W. H. Fraser, *A History of British Trade Unionism 1700-1998*, Macmillan, London, 1999.

5　Landes, op. cit., p. 43.

6　テクノロジーが将来の経済と将来の社会関係を決めるという考えを、テクノロジー決定論という。マルクス（Marx）はこの考え方をよく非難した。「手回しの粉挽きが封建制君主の君臨する社会をもたらす。蒸気力による製粉機は産業資本家の牛耳る社会をもたらす」。ローゼンバーグ（Rosenberg）は、マルクスは敏感すぎて決定論信奉者になれなかったと、もっともなことを言っている。

7　フリードリッヒ・ラップ（Friedrich Rapp）が、これについても言及している。Paul T. Durbin, ed., *Philosophy of Technology*, Kluwer Academic Publishers, Norwell, MA, 1989 所収の彼の論稿を参照。

8　Schumpeter, 1912.

9　Schumpeter, 1942, pp. 82-85.

第 11 章　テクノロジー —— この創造物とどう共存するか

1　W. B. Arthur, "Complexity and the Economy," *Science* 284, 107-9, April 2, 1999 を参照。

2　心理学者のロバート・ジョンソン（Robert Johnson）は言う。「進化の目的は今や、完璧というイメージを、完全である（コンプリートネス）、あるいは、無欠である（ホールネス）という概念に置き換えることのように思える。完璧といえばどこをとってもまじりけのない、きずや汚れや疑わしい部分のひとつもないものを思わせる。

全体としてそろっていること（ホールネス）には、不明瞭（ダークネス）も含まれるが、それが明白な要素と結びついて、どんな理念よりもリアルで完全な、全体である状態となる。これはたいへんな課題であり、私たちの目の前にある問題は、人類がそういう努力をして成長していくことができるか否かということだ。否が応でも、私たちはそういう過程にいる」。R. A. Johnson, *He: Understanding Masculine Psychology*, Harper and Row, New York, 1989, p. 64〔ロバート・A・ジョンソン『He 神話に学ぶ男の生き方』菅靖彦、小金沢正子訳、青土社、2000 年〕。

3　R. Venturi, *Complexity and Contradiction in Architecture*, Museum of Modern Art, New York, 1966, p. 64〔ヴェンチューリ『建築の多様性と対立性』伊藤公文訳、鹿島出版会、1982 年〕。

4　Martin Heidegger, *Discourse on Thinking*, John M. Anderson and E. Hans Freund, trans., Harper & Row, 1966〔「放下」辻村公一訳『ハイデッガー選集』第 15-16、理想社、1963 年所収〕。

5　Anderson and Heidegger, introduction to Heidegger, p. xxix.

6　Ellul, 1980, p. 125.

7　Robert M. Pirsig, *Zen and the Art of Motorcycle Maintenance,* HarperCollins, New York, 1974〔ロバート・パーシグ『禅とオートバイ修理技術』五十嵐美克、児玉光弘訳、めるくまーる社、1990 年、早川文庫、2008 年〕。

著者略歴

(W. Brian Arthur)

1945年，北アイルランドのベルファストに生まれる．スタンフォード大学教授を経て，現在は，サンタフェ研究所招聘教授，パロアルト研究所客員研究員．複雑系理論の開拓者のひとり．収穫逓増理論を定式化し，ハイテク企業の大きな成功を説明するパラダイムをもたらした．1990年には国際シュンペーター賞を受賞．著書『収益逓増と経路依存』（有賀裕二訳 多賀出版 2003），編著『進化複雑系としての経済Ⅱ』（未邦訳）ほか．

監修者略歴

有賀裕二〈あるか・ゆうじ〉1949年生まれ．1972年早稲田大学政経学部経済学科卒，1980年京都大学大学院経済学研究科博士課程単位取得退学．京都大学博士（経済学）．1990年より中央大学商学部教授．著書『進化経済学の数理入門』（共立出版，2004）編著『50のキーワードで読み解く経済学教室』（東京図書 2011）ほか．

訳者略歴

日暮雅通〈ひぐらし・まさみち〉1954年生まれ．翻訳家．訳書 ラインゴールド『新・思考のための道具』『エニアック 世界最初のコンピュータ開発秘話』（以上パーソナルメディア）クーパー／ヘンベスト『ビジュアル版 天文学の歴史』（東洋書林）ハート＝デイヴィス『サイエンス大図鑑』（河出書房新社）など多数．

W・ブライアン・アーサー

テクノロジーとイノベーション

進化/生成の理論

有賀裕二監修
日暮雅通訳

2011年 9月 22日　第 1 刷発行
2021年 3月 16日　第 6 刷発行

発行所 株式会社 みすず書房
〒113-0033 東京都文京区本郷 2 丁目 20-7
電話 03-3814-0131(営業) 03-3815-9181(編集)
www.msz.co.jp

本文印刷所 萩原印刷
扉・表紙・カバー印刷所 リヒトプランニング
製本所 誠製本

ISBN 978-4-622-07621-6
[テクノロジーとイノベーション]